REISE TEXTBUCH PARIS

Ein literarischer Begleiter auf den Wegen durch die Stadt
Herausgegeben von Hans von Ziegesar

Deutscher Taschenbuch Verlag

Originalausgabe
1. Auflage Oktober 1986
3. Auflage Januar 1990: 13. bis 16. Tausend
© Deutscher Taschenbuch Verlag GmbH & Co. KG, München
Redaktion Langewiesche-Brandt
Umschlaggestaltung: Celestino Piatti / Prenzel-IFA
Copyright-Einzel-Nachweise Seite 323 ff.
Bildnachweise Seite 333
Gesamtherstellung: Kösel, Kempten
ISBN 3-423-03902-7 · Printed in Germany

INHALTSVERZEICHNIS

INHALT

INHALT

CONCORDE · CHAMPS-ELYSEES

DIE METRO

INHALT

INHALT

INHALT

BLICK AUF PARIS

Die Herausforderung

Der Tag ging zur Neige und eine feuchte Dämmerung stieg herauf; Rastignac war angegriffen. Er warf noch einen Blick auf das Grab, dann opferte er eine letzte Träne, die letzte des Jünglings, eine jener Tränen, die aus der heiligsten Erschütterung eines reinen Herzens quellen und auf die Erde tropfen, um bis zum Himmel aufzusteigen. Er verschränkte die Arme und starrte in die Wolken; Christophe ließ ihn allein.

Mit ein paar Schritten war er auf dem höchsten Punkt des Friedhofs und schaute auf die Stadt: schlangengleich wand sie sich die beiden Seineufer entlang, hier und da flammten Lichter auf. Da saugten sich seine Augen zwischen der Säule auf der Place Vendôme und der Domkuppel der Invaliden fest. Dort lebte die vornehme Gesellschaft, dort hatte er eindringen wollen. Und mit einer Miene, die den ersten Honig aus diesem riesigen summenden Bienenstock schon zu schlürfen schien, sprach er das stolze Wort: «Jetzt Paris, du oder ich!»

Sein erster Schritt aber, Rastignacs erster Waffengang sollte ihn zu Frau von Nucingen führen; dorthin begab er sich zu Tisch.

Honoré de Balzac (1835)

Paris ojaja

Oja! Auch ich war in Parih
Oja! Ich sah den Luver
Oja! Ich hörte an der Sehn
die Wifdegohle-Rufer

Oja! Ich kenn' die Tüllerien
Oja! Das Schöhdepohme
Oja! Ich ging von Notterdam
a pjeh zum Plahs Wangdohme

Oja! Ich war in Sackerköhr
Oja! Auf dem Mongmatter
Oja! Ich traf am Mongpahnass
den Dichter Schang Poll Satter

Oja! Ich kenne mein Parih.
Mäh wih!

Robert Gernhardt (1981)

Von Notre-Dame

Vom Turme Notre Dame herab übersah ich gestern die
ungeheuere Stadt; wer hat das erste Haus gebaut, wann wird
das letzte zusammenstürzen und der Boden von Paris aussehen wie der von Theben und Babylon? Der Mensch findet
hier keine Ewigkeit, so auch nicht seiner Hände Werk. Als
ich unter den Millionen umherwandelte, die auf dem Kirch-
hofe des Paters la Chaise begraben liegen, kam mir alles
menschliche Tun und Treiben so ganz unbedeutend vor, daß
ich mich ohne Widerspruch selbst hätte zur Ruhe bringen
lassen. Aller Ruhm, alle Größe, alle Tätigkeit scheint hier
gleichmäßig in Nichts zu versinken, und nur die *Liebe* ist

höheren Ursprungs, die dem Toten noch Leben beimißt und ihm Blumen und Kränze opfert.

Friedrich von Raumer (1830)

Parisophobie

Europa vor mir! Paris!

Am Vortage von Paris, da ich Glanz haben sollte, die Härte und Schärfe eines Rasiermessers, bin ich verwischt, zerstreut, aufgelöst (...)

In dieser Abgespanntheit quält mich eine Notwendigkeit, von der ich weiß, daß sie unvermeidlich ist – daß ich in Paris ein Feind von Paris werde sein müssen. Was ist da zu reden! Sie werden mich allzu leicht herunterschlucken, wenn ich ihnen nicht wie ein Knochen im Halse stecken bleibe – ich werde nicht fähig sein, existent zu werden, wenn sie mich nicht als Feind empfinden werden. Nein, keinerlei Skrupel bezüglich der Ehrlichkeit einer solchen kalt ausgeklügelten Stellungnahme *ad hoc*. (...)

Was ist das? Die Möglichkeit, Paris zu hassen – diese Möglichkeit, die sich mir geradezu aufdrängte als eine Notwendigkeit im Kampf um die Existenz – sie ist schon erwacht und sucht Nahrung. Passanten, die ich, mit Jelenski im Café sitzend, gesehen hatte, ein wenig von ihnen und der Akzent und Geruch des Franzosentums hatten schon genügt; die Bewegung, die Geste, der Ausdruck, die Kleidung – und schon brechen in mir Antipathien hervor, seit langem genährte. Werde ich bereits zu einem Feinde von Paris? (...)

Gouvernanten? Gouvernanten? Mlle. Jeanette, dann Mlle. Zwieck, eine Schweizerin, die uns Kindern Französisch und Manieren beibrachten, damals dort, in Maloszyce. Hineingesetzt in die frische und rauhe Landschaft polnischer Ländlichkeit wie Papageien. Mein Widerwille gegen die französische Sprache ... haben sie ihn mir nicht eingeimpft? Und

Paris? Ist das nicht für mich heute eine einzige gigantische französische Gouvernante? Der Tanz Mademoiselle Jeanettes und Zwiecks, der flatternden, um den Eiffelturm, auf dem Opernplatz ... sind sie es nicht, die über den Trottoirs dahinschweben?

Fort, fort, ihr lächerlichen Nymphen, die ihr meine Attacke auf Paris kompromittiert!

Witold Gombrowicz (1963)

Von der Conciergerie

Eins steht fest: die Ile de France und diese Stadt Paris liegen überaus günstig; sie können zwei mächtige Heere ernähren. Wir nämlich litten niemals Mangel an Lebensmitteln, und auch die in Paris spürten kaum etwas davon, daß da noch andere waren. Nur das Brot wurde teurer, aber nicht mehr als um einen Heller. Wir hielten ja auch weder Marne, Yonne und Seine, noch deren verschiedene Nebenflüßchen besetzt. Alles in allem kann ich schon sagen, niemals eine Stadt gesehen zu haben, die von solch fruchtbarem, ergiebigem Gelände umgeben war; es ist kaum zu glauben, wieviel Güter in Paris eintreffen.

Ich bin mit König Ludwig später für ein halbes Jahr dort gewesen, wohnte in Tournelles, aß und schlief gewöhnlich mit ihm zusammen; dann, nach seinem Tode, noch einmal zwanzig Monate, diesmal wider Willen als Gefangener in seinem Justizpalast. Da hatte ich genügend Gelegenheit, aus meinem Fenster all das zu sehen, was aus der Normandie die Seine aufwärts kam. Von dort oben kommt viel mehr, als ich je für möglich gehalten hätte; ich hab's aber mit eigenen Augen gesehen.

Philippe de Commynes (um 1490)

Das Ende der alten Welt

Das Schicksal von Paris ist besiegelt, ein paar Tage höchstens noch und dann ist eine der furchtbarsten Wendungen innerhalb der Geschichte geschehen. Ich muß mich jetzt fragen: wofür denkt man dann noch. Dieser Krieg gieng um ein Princip, auf dem unsere ganze Existenz ruht; wenn dieses Princip fällt, so damit unsere Existenz. Ich weiß dann nicht mehr wozu leben und wo leben. Es würde nur mehr eine ständige Flucht sein, ein sich über dem Wasser-Halten-Wollen, aber ich sehe kein Land, in dem sich in meinem Alter noch wohnhaft machen (...)

die Hakenkreuzflagge auf dem Eiffelturm! Hitlersoldaten als Garde vor dem Arc de Triomphe. Das Leben ist nicht mehr lebenswert. Ich bin fast 59 Jahre und die nächsten werden grauenhaft sein – wozu alle diese Erniedrigungen noch durchmachen (...) man ist verloren, unser Leben auf Jahrzehnte zerstört und ich habe keine Jahrzehnte mehr vor mir, ich *will* sie nicht vor mir haben. Ein beunruhigendes Zeichen: Mittags wird ein erster, abends ein zweiter Ministerrat aus Bordeaux gemeldet und ich ahne sofort, was dies zu bedeuten hat – die bevorstehende Capitulation. Daß Petain jetzt Chef wird besagt alles und jedes. Es ist vorbei. Europa erledigt, unsere Welt zerstört. *Jetzt* sind wir erst wirklich heimatlos. (...)

Totale Depression. Frankreich verloren, für Jahrhunderte zertrümmert, dieses liebenswerteste Land Europas, für wen soll man schreiben, für was leben.

Stefan Zweig (1940)

Vom Pantheon

Bin heute (...) in der Stadt herumgeschlendert. Pantheon. Prachtvolles Gebäude, wunderlicherweise ganz leer. In den Souterrains höchst widerlich die Sarkophage einiger grands hommes aufgeschichtet, die niemand kennt. Ich dachte mir die Monumente in der Kirche selbst. Rousseaus erstes Grabmal. Voltairs Bildsäule. Charakteristisch liegt der eine und der andere steht. Die Kuppel bestiegen. Unangenehme Empfindung beim Emporsteigen. Seit mich vor Jahren auf dem Tischberge bei Gastein der Schwindel so heftig ergriff, machen alle Höhen mir einen beängstigenden Eindruck. Ungeheure Aussicht, doch sollte man eigentlich gar nie die Grenzen eines großen Gegenstandes zu sehen begehren. Paris ist größer, wenn man seine endlosen Gassen durchwandert, als wenn man die Massen Stein und Kalk vom Pantheon aus überschaut.

Franz Grillparzer (1836)

Kennerschaft

Aber was rate ich nun dem Bekannten, dem Fremden, der um Rat fragt, in welchem Teil der großen Stadt sein Zimmer durch Abend und Morgen gleiten soll? Es ist ja eigentlich gleichgültig wo. Je anonymer Haus, Straße und Carrefour ist, um so mehr bist du in Paris. Paris, das ist der schmale Gitterbalken vor tausend Fenstern, die rote Blechzigarre vor tausend Tabakverschleißen, die Zinkplatte der kleinen Bar, die Katze der Concierge. Man kann also irgendwo wohnen. Man möchte aber auch überall wohnen, möchte Einschlafen und Aufwachen jedes Stadtviertels miterleben. Bist du lange ziellos durch die Stadt gewandert, bekommst du Lust, da schlafen zu gehn, wo du gerade müde geworden bist (...)

Franz Hessel (1929)

Der Höllenkessel

Ein Höllenkessel ist auf diesem Erdenrunde,
Er heißt Paris und dampft und qualmt zu jeder Stunde;
Ein wannenförmger Kreis, aus Quadern aufgeführt,
Dreimal von eines Stroms erdfahlem Arm umschnürt;
Ein brodelnder Vulkan, der nimmermüden Hauches
Die Menschenmasse wälzt im Abgrund seines Bauches,
Ein Schlund, der, allem Schmutz des Lasters aufgetan,
Den Auswurf jedes Volks bestimmt scheint zu empfahn,
Und der von Zeit zu Zeit, erhitzt von trüben Gluten
Aufkocht, mit seinem Schlamm die Welt zu überfluten.

In diese Lache setzt der rosge Sonnentag
Den schimmernd weißen Fuß nur selten und nur zag;
Ein ewiges Getös steigt aus dem Kreis der Dächer
Im Nebel Tag und Nacht wie Schaum aus einem Becher;
Da ist kein Schlaf; das Hirn sinnt ewig angespannt,
Der Bogensenne gleich, gestrafft von Schützenhand.
Auf drei lebt Einer nur, der nicht in Lüsten endet,
Nie wird dem Sterbenden das letzte Öl gespendet,
Und blieb noch hie und da ein Heiligtum verschont,
So sagt es nur: auch hier hat *einst* ein Gott gewohnt.

(...)

Dein echt Geschlecht, Paris, das ist der Straßenschreier,
Halbwüchsig, schmutzig fahl, wie ein verschliffner Dreier,
Das ungezogne Kind, der Taugenichts, der träg
Verschlendert Tag um Tag, der gern auf seinem Weg
Die magern Hunde quält, und, seinen Gassenhauer
Sich pfeifend, schlüpfrig Zeug hinkritzt an jede Mauer.
An nichts glaubt dieses Kind; es speit die Mutter an,
Der Himmel dünkt ihm nur ein abgeschmackter Wahn;
Was zuchtlos nur und frech spukt in des Burschen Hirne,
Dem reif das Laster steht auf fünfzehnjährger Stirne.

Doch ist er kühn; ihn schreckt kein Donner der Kanonen,
Gleich einem Grenadier kaut er an den Patronen;
Freiheit! Mit diesem Ruf trotzt er im Schlachtgedröhn
Den Kugeln; wenn er fällt, so fällt er stolz und schön.
Doch laß des Aufruhrs Sturm durch seine Gasse fahren,
So folgt er ebenso beherzt den Meuterscharen;
Da schreckt er schadenfroh, vom bösen Geist erfaßt,
Mit drohendem Geheul den Bürger aus der Rast
Und schleudert, schwarz von Staub, voran der wüsten Rotte,
Die Läst'rung und den Stein zugleich nach seinem Gotte.

O Pöbel von Paris, herzlose Brut des Lasters,
Die keck das Eisen schwingt und keck den Stein des Pflasters
Du Meer, deß Zorngebrüll, wenn es im Sturm erwacht,
Auf der gekrönten Stirn den Goldreif zittern macht,
Das himmelhoch drei Tag' emporwirft seine Massen,
Und wieder fällt und träg sich hinstreckt und gelassen,
Volk, einzig in der Welt, in dem sich rätselhaft
Mit Greisensünden mischt beschwingte Jugendkraft,
Das mit Verbrechen spielt und mit dem Tode – immer
Erstaunt vor dir die Welt, doch sie begreift dich nimmer.

Ein Höllenkessel ist auf diesem Erdenrunde,
Er heißt Paris und dampft und qualmt zu jeder Stunde (...)

Auguste Barbier (1831)

Herr Wendriner in Paris

«Mohjn, Welsch! Na, wie gehts? Ja, wir sind wieder zurück.
Seit vorgestern. Komm Se rein. Na, erst an der Riwjera und
denn noch 'n kleinen Abstecher nach Paris. Wies war –? Gott
... wissen Se ... wissen Se: Paris is nischt ... manches ist ja
schon faabelhaft. Nehm Se ne Zigarre –?

Also wie wir ankomm, regnets in Strömen. Ich denke: schon faul. Richtig: erst mußten wir zehn Minuten aufs Auto warten, der Kerl verstand erst nicht, na, dann gings. Ich hatte mir'n Zimmer reservieren lassen – Grang Hotel, ganz ordentlich. Na, und am nächsten Morgen sind wir dann los. Da hab ich meiner Frau mal Paris gezeigt. Nee, ich war vorher noch nicht da. Na, also die Buhlewars – ein faabelhafter Autoverkehr, na, unerhört. Da stehn die Autos man immer so in sechs, acht Reihen. Das ist schon imponierend. Und fahren tun die Kerls –! Man denkt immer, sie wern einen überfahn, oder man wird umkippen. Kippt aber keiner. Regierer war übrigens auch in Paris – wir trafen ihn auf der Plahhß an der Oper; mir war das sehr angenehm, er hatte die letzten Kurse aus Berlin telegrafisch bekommen, man hört doch immer gern von zu Haus. Sie, hörn Se, schmeißen Sie mir die Asche nich aufn Teppich, meine Frau kann das nicht leiden, hier ham Sie 'n Aschbecher! Na, meine Frau hat eingekauft, nicht zu halten war sie. Wissen Se, soo billig ist Paris nu auch nich. Ich hab ihr unter anderm 'n Jackenkleid gekauft und zwei Kleider, ein großes Abendkleid, dann was fürn Strand, wenn Gott will, wird sie das in Heringsdorf tragen – dafür hab ich bezahlt, zusammen, im ganzen also 3550 Francs, das macht, warten Se mal, das wahn damals ... circa 510 Mark. Dafür hat sies in Berlin auch. Aber sehr schick. 'ne sehr schicke Verkäuferin hat uns bedient ... Gegessen ham wir natürlich bei Prünjeeh. Haben Sie mal bei Prünjeeh gegessen? Nein? Na, faabelhaft. Sehr elegantes Publikum – Engländer, große Amerikaner, offenbar auch viel Diplomatie. Bei Ssiroh? Nein da war ich nicht, das soll ja nicht so gut sein. Im allgemeinen find ich die Portionen 'n bißchen klein, die Orrdöwas sind ja phantastisch, aber die Portionen sind doch 'n bißchen klein. Ein Freund von dem Bruder meiner Frau, der hat einen Vetter, der lebt in Paris, der hat uns in ein Lokal mitgenommen, da komm sonst Fremde nie hin, das war echt pariserisch. Na, und dann wahn wir im Louwer, sehr interessant, wahn Sie auch im Louwer?, ja, das muß man

ja. Na, und denn sind wir noch so rumgebummelt, abends
warn wir in der Revue, bei der Mistuingett. Ham Sie die
Mistuingett mal gesehn? Ach, Sie ham sie gesehn... Na
ja, die ist ja nicht so doll. Die Revue war ja faabelhaft. Aber
dann haben wir in einem kleinen Theater da eine Person
gesehn, ich weiß nicht mehr, wie sie heißt ... ich komm
nicht auf den Namen ... die wern Sie nicht kennen – na, die
war faabelhaft. Das hab ich noch nicht gesehn. Die Lichtreklame fand ich ja nicht so aufregend. Ich meine, das haben
wir in Berlin auch. Dann wahn wir abends auf Mongmachta
– kennen Sie das? Ach, Sie kennen das... Ja, ich war auch
nicht so begeistert. Apachen sieht man gar nicht. Aber dann
wahn wir im Perrokeeh – kennen Sie das? Das kennen Sie
nicht? Was, Sie kennen Perrokeeh nicht? Na, das ist faabelhaft. Wir ham bezahlt, warten Sie mal, Sekt natürlich, alles
in allem 320 Francs. Das sind ... das waren damals 45 Mark.
Im Café de Paris? So, wahn Sie da? Ich war da nicht, das
soll ja nichts sein. Dann haben wir Freunds getroffen, wir
hatten grade Strümpfe für meine Frau gekauft, und wie
wir noch so vorm Laden stehn und umrechnen, wer steht
da? Freund. Mit Frau. Ich mag ihn ja nicht. Hat er übrigens
den Kredit aus Stuttgart bekommen? Sie, ich wer Ihnen was
sagen: das ist ein ganz unverschämter Gauner ist das! Er
hat gewußt, ich will den Kredit haben, schließlich haben
wir zuerst mit den Leuten unterhandelt... Er sieht übrigens
nicht gut aus. Regierer hat im Klärritsch gewohnt – ich
möcht wissen, wie der Mann das macht. Was wir noch gesehn haben? Prünjeeh, die Revuen, die große Opa, Mongmachta, Notta Damm, den Louwer – na, das Wichtigste
ham wir gesehn. Weiter ist ja dann auch nichts.

Ja, und einen Abend bin ich allein ausgegangen. Wissen Se
... also ich hatt doch erst den Doktor Hauser aufgesucht,
ja, der immer in der ‹Weltbühne› diese berliner Sachen
schreibt. Jedesmal, wenn ich das lese, sag ich zu meiner Frau:
‹Regierer – wie er leibt und lebt!› Na, er war kolossal erfreut, er freut sich wohl immer, wenn er Landsleute sieht.

Ja. Na, und den hab ich nach Adressen gefragt. Seh ich gar nicht ein – wozu bin ich auf die ‹Weltbühne› abonniert? Er hat gesagt, er wüßt keine … na, Regierer wußte aber welche, und an der Börse hab ich mir auch welche sagen lassen – und eines Abends hab ich zu meiner Frau gesagt, mein liebes Kind, du wirst müde sein, ruh dich aus, ich wer mir 'n bißchen die Schaufenster ansehn gehn. Da haben wir uns dann 'n Auto genommen, Regierer und ich, allein war mir die Sache zu riskant. Na, wissen Se… Vorm Haus standen schon andre Herrschaften, ich dräng mich so vorbei, auf einmal hör ich, wie einer sagt ‹Boches!› – na, ich muß ja nicht von allem haben und wollt schon vorbei, aber auf einmal hör ich, die Leute sprechen deutsch! Da bin ich ran und hab dem Kerl aber ordentlich meine Meinung gesagt! Wissen Sie die Deutschen auf der Reise… Na! Ich habn aber ordentlich Bescheid gestoßen. Es war so ein ganz Kleiner, dem hab ichs aber gesagt! Na, und drin war denn alles voller Spiegel, und ein ganzer Saal mit nackten Weibern. Ein ganzer Saal voll. Na, nich rühr an, natürlich. Ich hab die obligate Flasche Sekt bezahlt, die Mädchen haben auch ein bißchen getanzt, eine hat was vorgemacht, eine sehr nette Person, sie sprach auch 'n bißchen deutsch. Ich war eigentlich etwas enttäuscht. Ich hatt mir die Pariserin eleganter gedacht. Überhaupt, nu frag ich Sie: wo ist in Paris die Eleganz? Auf den Buhlewars sind ja manchmal ganz schicke Personen – aber ich meine, sowas sieht man bei uns in der Premiere auch. Ich wer Ihnen mal was sagen: es is sehr viel Blöff dabei. Verstehn Sie? Sehr viel Blöff. Das sag ich Ihn. Na, und am Dienstag sind wir dann weg. Meine Frau wollte noch bleiben. Aber ich hab gesagt, mein liebes Kind – nu is genug Paris. Mein Bedarf ist gedeckt.

Und ich wer Ihn mal was sagen, Welsch – Herrgott, schmeißen Sie doch die Asche nicht immer aufn Teppich! Tun Sie das bei sich zu Hause auch? 'n Gemüt. Ich wer Ihnen mal was sagen: ich reise gewiß gern. Aber wissen Sie, wenn man so lange weg war, zur Erholung, immer in den Halls

und in den eleganten Kasinos da unten, an der Riwjera, jeden
Abend im Smoking – wenn dann der Zug so nach der Paß-
kontrolle über die Grenze fährt, und ich seh wieder den ersten Stationsbeamten in Preußisch-Blau – und man hat wieder seine Ruhe und seine Ordnung nach all dem Trubel –
Paris hin, Paris her – könn Se sagen, was Sie wollen –: am
schönsten is doch ze Hause –!»

Kurt Tucholsky (1926)

Der Säugling am Himmel

Über den Dächern der *Häuser von Paris* lächelt ein fürchter-
licher Riesensäugling von kolossaler Gesundheit. Er macht
Reklame, er ist Reklame für eine Seife, deren entsetzliche
Wirkungen er selbst übertreibend repräsentiert. Dieser auf-
gestockte Säugling ohne Unterleib, dessen Mund 15 Meter
breit ist, dessen runde Tieraugen einen Durchmesser von
drei Metern haben, nistet an den Mauersimsen und Bretter-
zäunen, ein robustes Ungeheuer, das heute noch lächelt,
morgen schon grinsen wird, ein Sportsäugling, dessen Antlitz
ein bunter Fußball ist und der den kommenden Menschen
ankündigt. Es wird der Idealtyp des amerikanischen Mannes
sein, der immer schon so große Kinderschuhe getragen hat,
daß er sie niemals abzulegen braucht; der naive und brutale,
sentimentale und eiserne, hundertprozentige und Kinder-
wagen schiebende Rekordläufer. – Es ist zwar eine französische Seifenfirma, die diesen Säugling über Paris schwingt.
Aber es ist mehr als eine Reklame, es ist ein Symbol, es ist
Amerika: Amerika über Paris.

Ich fühle den schwarzen Schatten der Wolkenkratzer und
ahne sein Dunkel im Anblick der bunten, tanzenden Lichter,
die Schuhe, Kinos, Füllfedern und Frauen versprechen. Ein
internationales Publikum, das nicht international ist, sondern
nur so genannt wird, weil es mit verschiedenen Währungen

zahlt, verlangt für sein Geld die allerletzten Revuen mit elektrischem Scheinwerferlicht und Heißluftbädern und die mit modernstem Komfort ausgestatteten Hofman-Girls; aber auch echtes Pariser Apachentum und lokale Sensationen mit garantiert vorübergehendem Nervenschock. Willig fügen sich die Boulevards und Amüsements den Forderungen des Fremdenverkehrs. Nichts ist ihnen für die Gäste zu billig. Alles wird ihnen teuer gemacht. Manchmal degradiert sich die ganze wunderbare Stadt zu einer Saison für Fremde; und ist immer noch eine wunderbare Stadt. Die langweilige Buntheit der Lichtreklame wird hier eine lebendige Buntheit. Dennoch kämpft die ewig formende Atmosphäre von Paris auf die Dauer vergebens gegen den brutalen Inhalt, der ihr unaufhörlich geliefert wird. (...)

Aber sie kommt immer wieder. Keiner der vielen Panoramabesucher von Geburt und Bankdepot kann die Schönheit dieser Welt banal machen, der Stadt mit tausend bewegten Türmen in einer Luft von Glanz, Wind, Himmel und Abend. Millionen unruhiger, nervöser Schornsteine auf Millionen Dächern, ein Ozean von Häusern mit kaum geahntem Ufer, ein zu Harfenlauten erstillter Tumult, eine bewegte Erhabenheit, die jeden in die Tiefe lockt, wie ein Wasser...

Da flammt, die ganze Höhe des Eiffelturms entlang, der Name einer berühmten Firma auf, die es sich leisten kann, die Wahrzeichen der Welt zu kaufen – – und Amerika ist wieder über Paris...

Joseph Roth (1925)

Pariser Blätter

Seit ich Pariser Blätter lese, denen ein Duft von Macht entströmt, bin ich so vornehm, daß ich Grüße nicht erwidere und weiter darüber gar nicht staune. Mit dem «Temps» in der

Hand erschein' ich mir sehr elegant. Rechtschaffene Leute werd' ich fürderhin keines Blicks mehr würdigen. Die Pariser Blätter ersetzen mir das Theater. Auch nicht das feinste Restaurant beehr' ich mehr mit meinem Fuß, so subtil wurde ich. Kein Schluck Bier kommt mehr über meine Lippen. Mein Ohr billigt nur noch den Wohllaut des Französischen. Ich betete einst eine Dame an, eine wahre Lady; ich finde sie heute in dem Maße ungeschickt, als mich der «Figaro» verwöhnt hat. Machte mich nicht der «Matin» halb närrisch? Indessen sich meine Kollegen in heutiger Krisiszeit müde schreiben, wurd' ich durch meine Blätter übermütig. Eine Reise nach Paris, die ich mir vornahm, betracht' ich als erledigt, ich lernte Frankreichs Hauptstadt auf dem Weg des Lesens kennen. Angenehm ist's, in guter Gesellschaft zu sein. Den besten Umgang bilden die Blätter von Siegern. Deutsches Spracherzeugnis findet keine Gnade mehr vor mir. Ich habe verlernt, Deutsch zu reden; ob das wohl was schadet?

Robert Walser (1925)

Von Montmartre · Ein deutscher Feldherr

«Wenn ich mit französischen Journalisten soupiere, kann ich mich eigentlich nie eines gewissen Angstgefühls erwehren», sagte der deutsche Diplomat (...) «Es gibt da ein Wort von Blücher, das durch Sie nach Hause kommen müßte.» «Erzählen Sie», bat Nathan.

«Blücher war eben, die Geschichte spielt, Sie verzeihn mir, meine Herren, daß ich Ihnen einen Tag in Erinnerung rufe, der für Sie schlimm genug war, 1814 – Blücher also war eben zusammen mit Saacken oben auf dem Montmartre eingetroffen, als dieser, unter uns ein grober Patron, sogleich erklärte: ‹Jetzt stecken wir Paris an!› ‹Nur nicht›, meinte Blücher, ‹lassen Sie das ja bleiben, wie sollte Frankreich ohne das da unten zugrunde gehen!› Und er zeigte auf das Riesengeschwür, das sich zu ihren Füßen glühend und rußig im Tal der Seine breitmachte.

Ich danke Gott, daß wir zu Hause nicht Ihre Art Zeitungen haben», fuhr der Gesandte nach einer Pause fort.

Honoré de Balzac (1839)

Der Floh als Weltenbürger

«Paris – – –» sagte der Student Kodjo, «welch' eigenthümlicher Name!»

«Wie meinst Du es?!»

«Wie, nun wie?! Berlin Nichts, Kopenhagen etwas Unverständliches, Wien eine Silbe, sogar New-York und wenn man es noch so Nüiiiii-York aussprechen möchte, eine Hieroglyphe. *Paris!* Dieser Name ist Victor-Hugo'isch!»

«Lutetia Parisiorum» sagte M. bescheiden, weil das Lateinische schon für sich selbst wirkte.

«Lutetia, ich fahre nach Lutetia!» sagte Kodjo und legte sich in diesen Namen hinein wie in ein warmes Bassin. «Les Quatre Poules, da bedienen splitternackte Mädchen. Man berührt sie dennoch nicht wie unsere Kellnerinnen. Man betet sie an.»

«Man betet sie an?!»

«Jawohl man betet sie an. Was ist dabei?! In Paris?!»

«Absynth wirst Du trinken, welcher wie Opal schimmert!»

«Wie Mondstein schimmert Absynth. Hast Du keine Beobachtungsgabe?! Du wirst einmal gut schreiben?! Opal bricht die Farben zu sehr. Nun, wie brasilianischer Opal vielleicht.»

«Paris – – –. In Paris werden die Provinzialen erdrückt, einfach erdrückt. Giebt es eine Stadt in der Welt, in welcher die Provinzialen erdrückt werden?! Nun also. Es kommt mir vor wie eine Traubenpresse der Menschheit. Der edle Saft fließt in das Faß Paris. Die Trebern werden nicht durchgelassen. Sie faulen in den Provinzen, erzeugen saure Gährung. Dort hingegen wird Alles zu Champagner.»

«Immerhin fahren die Einspänner dort auch über die Taxe und die Mädchen verlangen die ihre im vorhinein. Pissoirs sind da, wie bei uns, mit gewundenen Eingängen, welche nach Carbol ziemlich riechen und im Sommer werden Insektenpulver und Lawendel angepriesen.»

«Spiele Dich nur nicht auf Heine hinaus – –.»

«Auf Heine, auf Heine. Wenn man Deine Begeisterung nicht theilt, ist man gleich Heine.»

«Lutetia Parisiorum. Wie wenn die Welt ihre Thore endlich öffnen würde – –!»

«Sind die Kellnerinnen ganz nackt?!» sagte M. bescheiden.

«Provinziale!»

Einer sagte: «Für Paris braucht man mindestens einen Frack-Anzug, einen Gehrock, ein dunkles Jaquet, drei Paar Lackschuhe und eine Sortie de Théatre ohne Ärmel. Man dürfte es übrigens auf Raten bekommen.»

Kodjo: «In Lutetia kannst Du in der Arbeiter-Blouse überall erscheinen. Was meinst Du?! Es ist die Stadt der Erlösungen, der Wiedergeburten. Der zweite Danton geht bereits in's Gymnasium, wartet auf seine Zeit!»

«Wirst Du Berichte senden an die Blätter?!»

«Jawohl. Natürlich. Aber ganz einfache. Nicht wie ich bin. Keine berauschten. Wie ein Welten Bürger!»

«Schreibe lieber Deine Räusche – – –.»

«Ich weiß eine sehr schöne Einleitung für Deine Berichte: «Paris ist die Traubenpresse der Menschheit, in welcher die Provinzialen sauer gähren.»

Kodjo: «Keine Dummheiten! (…)

Ich habe mit Maurice Bouchor gesprochen, ein nicht uninteressanter Mensch. Ich habe ihm gesagt – – –. Du ihm?! Jawohl, ich ihm! In Paris?! In den Hallen habe ich gefrühstückt. Ich. Ich. Ich. Paris, ich schlürfe dich in mich ein wie eine Auster. Ich pölze mein mauerrissiges Selbstbewußtsein mit deinen grandiosen Stützbalken, Paris! Ich. Ich. Ich. Ich. Ich siege über dich wie der Floh über den Menschen. Irgendwo setze ich mich an und sauge. Die Stelle ist gleichgiltig.

Peter Altenberg (1901)

Ein deutscher Krieger

Paris ist ruhig, nur zuweilen flackert
Ein Blick auf aus dem Häuserchaos, nur
Ein Glockenschlag ertönt, und draußen ackert
Der Pflüger die vom Krieg zerstampfte Flur.

Auf sein Gewehr gestützt, sieht in der Ferne
Der deutsche Krieger, der auf Posten steht,
Die Riesenstadt, und über ihr die Sterne,
Die ewige Ordnung, die das All durchweht.

Und schaut er jenes Glühn den Himmel röten,
So denkt er wie der Schiffer, der im Meer
Ein Licht sieht und sich fragt: ist Land dort, töten
Sie dort sich, oder geht es festlich her?

Sind's Feiernächte, sind es Bacchanale?
Wem glänzt das Licht, das so gewaltig winkt?
Wie, oder sind es letzte Brandsignale,
Von einem Schiffe, das zu Grunde sinkt.

Hermann von Lingg (1870/71)

eine feuerkur

Bis jetzt kennen wir die äußerung der geknechteten menschlichen natur nur im *Verbrechen*, das uns anwidert und erschreckt: – wenn jetzt raubmörder ein haus anstecken, so muß uns dieß mit recht gemein und ekelhaft vorkommen: – wie wird es uns aber erscheinen, wenn das ungeheure Paris in schutt gebrannt ist, wenn der brandt von stadt zu stadt hinzieht, wir selbst endlich in wilder begeisterung diese unausmistbaren Augeasställe anzünden, um gesunde luft zu gewinnen? – Mit völligster besonnenheit und ohne allen schwindel versichere ich Dir, daß ich an keine andere revolution mehr glaube, als an die, die mit dem Niederbrande von Paris beginnt: – eine Junischlacht wird man dort nicht wieder schlagen, – denn der mensch ist sich heilig geworden, nicht aber sind dieß mehr die mauerlöcher, in denen sie zu bestien werden. – Erschrickst Du? – denke redlich und besonnen nach, – Du kommst zu keinem anderen schluß! Starker nerven wird es bedürfen, und nur wirkliche menschen werden es überleben, d.h. solche, die durch die Noth und das großartigste Entsetzen erst zu menschen geworden sind. – «Ob etwas gedeihliches dabei herauskommen werde?» – Laß einmal sehen, wie wir uns nach dieser feuerkur wiederfinden: ich könnte es mir zur noth ausmalen, ich könnte mir sogar vorstellen, wie da oder dort ein begeisterter mann die lebendigen überreste unsrer alten kunst zusammenruft, und ihnen sagt – wer hat lust, mir ein Drama aufführen zu helfen?

Richard Wagner (1850)

Ein anderer deutscher Krieger

Dann war er endlich auf der Terrasse vor der großen weißen Kirche gelandet und die Stadt lag vor ihm, musmäßig breit auseinandergewalzt, und füllte die Welt bis in die letzte Ecke.

Wie ein riesiger steinerner Fladen, der im milchigen Wasser schwimmt. Natürlich mußte man das gesehen haben. Aber einmal genügte auch voll und ganz: ihm war richtig schlecht geworden. Von hinten wuchtete einem dies weiße Marmorgebirge auf den Nacken, und vorne zerrte dieses unmögliche unmenschliche Dächermeer. Tatsächlich, er war sich vorgekommen, als habe er etwas ausgefressen. In einem fort mußte er sich die beiden Buckel hinten am Kopf reiben, die er sonst nur unterm Stahlhelm spürte, abhobeln lassen sollte er sie, hatte der Kammer-Unteroffizier gemeint. Das lag greifbar nahe, bitte sich zu bedienen, und machte doch gleichzeitig einen so verbotenen Eindruck, die unzugängliche Kehrseite, nicht für Menschenaugen gemacht! Sowas konnte man allenfalls durchs Schlüsselloch betrachten, oder Stück für Stück durch ein Fernglas, aber nicht so mit bloßem Auge.

Eine Riesenmasse staute sich am Hügel, er kam sich wie hinter einer Glasscheibe vor. Wie langsam sich die winzigen Figuren verschoben auf den paar Straßen, die man einsah. Und überall ging dieser dünne senkrechte Staub und Rauch hoch, als befände sich das Ganze in einem tausendjährigen Verbrennungsprozeß, Gärung des Kalksteins. Da hatten zwei Landser gestanden, Brillenträger, dem einen hing die Stiefelschlaufe heraus, die stocherten mit den Armen rum und riefen es sich zu, wenn sie was aufgespießt hatten, die Sowiesokirche, den Dingsdabahnhof. Doofes Volk! Das war ja gar nicht zum Entziffern gemacht, das wollte zusammengebacken und ineinander verschachtelt bleiben. Wenn er wollte, konnte auch er ein paar Namen aufkleben. Dieser halbe Geigenkasten, der ganz weit nach rechts getrieben war, war zum Beispiel die Oper, aber eigentlich war das gar nicht ihr Platz. Der Fluß blitzte auch überall da auf, wo er nicht hingehörte...

Felix Hartlaub (1941)

Das Manifest

Die Stadt Paris und alle ihre Bewohner ohne Unterschied haben die Pflicht und Schuldigkeit, sich sogleich ihrem König zu unterwerfen, ihn in volle Freiheit zu setzen und ihm mit allen Mitgliedern seiner Familie die Unverletzlichkeit und Achtung zu versichern, auf die nach dem Vernunft- und Völkerrecht die Fürsten gegenüber ihren Untertanen Anspruch zu erheben haben. (...)
Ihre Majestäten erklären ferner auf ihr kaiserliches und königliches Ehrenwort, daß, wenn das Tuilerienschloß gestürmt oder sonst verletzt, wenn die mindeste Beleidigung dem König, der Königin und der gesamten königlichen Familie zugefügt, wenn nicht unmittelbar für ihre Sicherheit, ihr Leben und ihre Freiheit gesorgt wird, sie eine beispiellose und für alle Zeiten denkwürdige Rache nehmen und die Stadt Paris einer militärischen Exekution und dem gänzlichen Ruin preisgeben, die Verbrecher selber aber dem verdienten Tode überliefern werden. Ihre Majestäten versprechen dagegen den Einwohnern von Paris ihre Verwendung bei Seiner Allerchristlichsten Majestät, um ihnen Begnadigung für ihre Fehler und Irrtümer zu erwirken und die energischsten Maßnahmen für die Sicherheit ihrer Personen und Güter zu treffen, wenn sie die obige Aufforderung schnell befolgen werden.

Karl Wilhelm Ferdinand von Braunschweig (1792)

Schönes Entsetzen

Der vierzehnte Juli. Von Sacré-Cœur aus übergießen bengalische Feuer Montmartre. Der Horizont hinter der Seine glüht. Feuergarben fahren auf und erlöschen über der Ebene. Zehntausende stehen am steilen Abhang gedrängt und folgen dem Schauspiel. Und diese Menge kräuselt unaufhörlich ein Flüstern wie Fältchen, wenn der Wind im Mantel spielt. Spannt man sein Ohr dem schärfer entgegen, so tönt darin noch anderes als Erwartung der Raketen und Leuchtkugeln. Erwartet nicht diese dumpfe Menge ein Unheil, groß genug, aus ihrer Spannung den Funken zu schlagen; Feuersbrunst oder Weltende, irgend etwas, das dies samtne, tausendstimmige Flüstern umschlagen ließe in einen einzigen Schrei, wie ein Windstoß das Scharlachfutter des Mantels aufdeckt? Denn der helle Schrei des Entsetzens, der panische Schrecken ist die Kehrseite aller wirklichen Massenfeste. Der leise Schauer, der die ungezählten Schultern überrieselt, bangt nach ihm. Für das tiefste, unbewußte Dasein der Masse sind Freudenfeste und Feuersbrünste nur Spiel, an dem sie auf den Augenblick des Mündigwerdens sich vorbereitet, auf die Stunde, da Panik und Fest, nach langer Brudertrennung sich erkennend, im revolutionären Aufstand einander umarmen. Von Rechts wegen begeht man in Frankreich die Nacht des vierzehnten Juli mit Feuerwerk.

Walter Benjamin (1934)

Paris – Babylon

So wie die meisten großen Begebenheiten aus sehr geringen Ursachen zu entspringen pflegen, so ging es auch derjenigen Hypothese über die Apokalypse, auf die sich Sebaldus am meisten zugute tat. Wilhelmine war, als sie vom Hofe kam, sehr französisch gesinnet: sie sprach und las gern französisch, sie ließ sich sogar merken, daß sie nichts eifriger wünschte, als einmal in ihrem Leben Paris zu sehen, und warf es ihrem Manne mehr als einmal vor, daß er gar nichts von französischer Artigkeit an sich hätte. Nun fügte es sich unglücklicherweise, daß der ehrliche Sebaldus schon vorher an allem, was französisch war, ein überaus großes Mißfallen hegte. Es war ihm von Jugend auf in der Schule ein herzlicher deutscher Haß gegen Frankreich eingeprägt und oft wiederholt worden, daß die Franzosen und die leidigen Türken Erb- und Erzfeinde Deutschlands wären, daß sie Kaiser und Reich beständig bekrieget und ganze Provinzen vom deutschen Reiche abgezwackt hätten. Da nun Frankreich außer dem vielen und öftern Unheile, das es auf deutschem Boden angerichtet hatte, sich auch sogar in des Sebaldus Hausangelegenheiten mengte (denn er ließ sich's nicht ausreden, daß bloß die Neigung zum Französischen Ursache sei, daß ihn Wilhelmine nicht so herzlich liebte, als er's wünschte), so verdoppelte sich sein Haß gegen alles, was französisch war. Weil er nun sonst kein Mittel sah, seinen Unwillen auszulassen, so wandte er sich mit Ernst zu seiner allgemeinen Zuflucht, der Apokalypse, und forschte nach, ob denn in diesem Magazine von Weissagungen nicht eine Weissagung wider die Franzosen enthalten sein sollte.

Es hat einer von den zweihundert schwäbischen tiefsinnigen Erklärern der Offenbarung Johannis es als einen sichtbaren Beweis der wirklichen göttlichen Inspiration dieses Buchs angegeben, daß man alles darin finde, was man mit aufrichtigem Herzen darin suche. Dies erfuhr auch Sebaldus. Denn da er die Apokalypse mit einem Seitenblick auf Frankreich las, so schien ihm dies dunkle Buch ganz klarzuwerden, und er glaubte sich zuletzt überzeugt, (...) daß die große Babylon im XVII. Kapitel weder die Stadt Rom noch die Freimaurerei, sondern die Stadt Paris andeute. Die Bedeutung der beiden Tiere im XIII. und XVII. Kapitel konnte er aus dem Propheten Daniel erläutern, den er deshalb ausdrücklich, nach der nürnbergischen Übersetzung, durchgelesen hatte. Die Entdeckung aber, worauf er sich am meisten einbildete, war, daß die Zahl des zweiten Tieres, *666* oder χξς, die Jesuiten bedeute, deren Verjagung aus Frankreich er wirklich einige Jahre eher wußte, als der Herzog von Choiseul daran gedacht hatte. Nebenher war er auch versichert, das Büchlein im X. Kapitel, das im Munde süß war wie Honig und hernach im Bauche grimmete, müsse offenbar auf die

vielen schlüpfrigen, sittenverderbenden französischen Duo-
dezbände gedeutet werden, die wir Deutschen mit so vieler
Begierde lesen. Alle diese und mehrere neue Entdeckungen
über die Apokalypse gediehen in kurzem zu einem großen
Werke, woran unser Sebaldus unablässig arbeitete.

Freilich hatten diese gelehrten Bemühungen nicht ganz den
Beifall der schönen Wilhelmine. Sie warf sich zwar nach ihrer
gänzlichen Entfernung vom Hofe in die Literatur, so wie
sich die vom Hofe verwiesenen französischen Damen in die
Devotion werfen, aber diese Literatur war von derjenigen,
die Sebaldus trieb, himmelweit unterschieden. Wilhelmine
war eine schöne Geistin.

Friedrich Nicolai (1773)

Von Notre-Dame · Aus der Perspektive der Raben

Fassen wir noch einmal zusammen, damit der Leser ein klares
Bild vom alten Paris gewinnt. Im Zentrum die Altstadtinsel,
die wir uns als riesige Schildkröte vorstellen: unter ihrem
dächergrauen Panzer streckt sie ihre Pfoten aus, die dach-
ziegelgeschuppten Brücken. Zur Linken das wie aus *einem*
Stein gepreßte, festgefügte, stacheldichte Trapez des Uni-
versitätsviertels. Zur Rechten der weite Halbkreis der Neu-
stadt, den Gärten und herausragende Gebäude überall
auflockern. Die drei Bezirke: Altstadt, Universität und Neu-
stadt, sind von einem Adernetz zahlloser Gassen durchzogen. Und mitten hindurch fließt die Seine, «unsre Nähr-
mutter Seine», wie es bei Pater Du Breul heißt, verstopft
mit Inseln, mit Brücken und Booten.

Victor Hugo (1832)

DIE SEINE ENTLANG

Nachdenken über das Thema

Wenn ich zu Hause darüber nachdachte, schwankte ich zwischen zwei Gefühlen. Entweder ging mir auf, wie schwierig und gleichzeitig interessant das Thema war, wie umfassend in seinen Problemstellungen aller Art, – dann verlockte und schreckte es mich. Oder ich sann ganz konkret über das Wasser meines Flusses nach, – und dann empfand ich eher so etwas wie Widerwillen. Manchmal überlagerten sich beide Eindrücke. Wie soll ich dieses Etwas erfassen? sagte ich mir. Worum geht es eigentlich? Da zieht eine Herde jahrmillionen unablässig dahin, sie kommt endlos auf mich zu oder flieht von mir weg (wenn ich mir vorstelle, daß ich auf einer Brücke stehe), oder sie drängt, sie marschiert an mir vorbei (wenn ich mich an einer Uferböschung aufstelle). Immer in gleicher Richtung, was Überdruß bereitet, zur Verzweiflung bringt... Ein massiger Materiestrom, umhüllend, feindselig und fähig, einen zu ertränken. Eine fade, kalte, milde und treulose Herde, der ich mich nicht gern anschließe, die man lieber nicht zu sich ins Haus einlassen sollte. Danach ist mir nicht so zumute. Das liegt mir nicht so sehr. Paris (und die Seine) haben für meinen Geschmack immer etwas zu weit nördlich gelegen... Immerhin, es ist Wasser wie andres auch. Ein Teil des Wassers, das über die Erdoberfläche rieselt, bedient sich dieses Laufs, dieser Rinne – das ist alles. Und die Seine ist, alles in allem, viel eher dieser Lauf, mit den Ufern, den Tiefen, dem Himmel darüber als das Wasser selber; dieses ist indifferent, nie dasselbe, doch stets von gleicher Beschaffenheit, das der Zufall herabgestürzt und in diese Rinne gezwängt hat. Übrigens vermag mich das Gebaren dieses Wassers in seiner Rinne weder in besondere Entzückung noch Begeisterung zu versetzen. Es macht auf mich keineswegs den Eindruck einer Naturgewalt, eines unbändigen, brodelnden Ereignisses mit Mähnen und Nüstern, wie zum Beispiel die Rhône sie hat, zu der Schnee und Sturzbäche beitragen. Die von Höhen, von Gletschern niedersteigt. So sehr ich Flüsse mag, die über Kiesel springen, die lachen, lärmen und den abschüssigen Lebenslauf hinabhüpfen wie die Jugend, so schwer kann ich mich zu einem solchen Dahinfließen bequemen, dem trüben Ergebnis der Regenfälle. Nein, tut mir leid, die Seine flößt mir nichts ein. Höchstens Widerwillen. Wie alle Flüsse und zumal die langsamen. Und zumal die tiefen. Mich schaudert vor diesem Wasser, das sich rein und durchsichtig gibt, dem ich aber nicht auf den Grund sehen kann. Vor jenen Wassern zumal, die aus Trägheit und Nachlässigkeit, aus Faulheit zu fließen die eigenen Tiefen besudeln und verkommen lassen.

Leitungswasser mag ich sehr. Diese Tatkraft, dies Lachen, diese Überstürzung, diese Geschäftigkeit hab ich gern. Auch mag ich das Wasser in der Karaffe, das Wasser in meinem Glas. Aber für die Reize dieses bis auf den Grund verschmutzten, garstigen Wassers, dessen Oberfläche zwischen Baumgruppen nichtsdestoweniger spiegelblank wirkt, bin ich nicht sehr empfänglich.

Nein, der Rhein ist nicht mein Vater, die Seine nicht mein Weib, und wenn ich eine Art Literatur verabscheue, dann die, welche mit poetischen Redensarten Eva, die Woge, vergöttlicht: die Literatur nach der Art von Reclus.

Flüsse als Wege zu bezeichnen, die laufen können und einen tragen, wohin man will, überlasse ich der Verantwortung des *tiefsinnigen* Urhebers dieser Bemerkung: ganz scheint das nicht auszureichen.

Ach, wenn ich mich von einer Brücke über diese Wasser beuge, muß ich eher von einem Strom gleichsam träumerischer, gestaltloser Vorstellungsbilder sprechen, der in mir aufsteigt, den ich nicht stauen kann, der seinen Weg zu Tal fortsetzt, nachdem er gewissermaßen durch mich hindurchgegangen ist, und sich schließlich im Sog, in des Ozeans ruhevollem Chaos verliert, bevor er – weil das Gedächtnis nicht im geringsten ihn aufgriff oder gestaut hat, weil stets ein folgender ihn fortgedrängt – überhaupt Gestalt annehmen konnte.

Ja, dies ist das unaufhörliche Strömen träumerischer, unbändiger Vorstellungsbilder, die man nicht stauen und eigentlich gar nicht denken kann, dies Strömen, das durch Paris zieht – das Paris voller hoher, schöner Bauwerke von Ewigkeitsbildung, – die letztlich viel weniger ewig sind als dies Strömen, dies unaufhörliche Strömen.

Francis Ponge (1947)

Morgengrauen

L'aurore grelottante en robe rose et verte
S'avançait lentement sur la Seine déserte,
Et le sombre Paris, en se frottant les yeux,
Empoignait ses outils, vieillard laborieux.

Das Morgenrot zog zitternd vor Kälte in rosig-grünem Kleide langsam über dem einsamen Fluß herauf, da rieb das finstre Paris sich die Augen und nahm sein Werkzeug in die Hand – ein Greis, der arbeiten muß.

Charles Baudelaire (1852)

Die Quais

Als poetisches Meisterwerk von Paris haben die Quais die meisten Dichter, Touristen, Photographen und Bummler der Welt entzückt. Es ist ein in seiner ganzen Länge einzigartiger Bereich, eine Art geschwungenes Band, eine Art phantastische Halbinsel, die aus der Einbildungskraft eines bezaubernden Wesens hervorgegangen zu sein scheint. Ich kenne den Spaziergang so genau, weil ich ihn hundertmal gemacht habe, und er den Wanderer vom Quai du Point-du-Jour zum Quai des Carrières in Charenton schaukelt, oder den, der mich, als ich noch ganz jung war, vom Quai d'Ivry zum Quai d'Issy-les-Moulineaux trieb, so daß ich das Gefühl habe, als machten meine Absätze eine wahre Weltreise. Allein diese Namen: Orsay, Mégisserie, Voltaire, Malaquais, Gesvres, aux Fleurs, Conti, Grands-Augustins, Horloge, Orfèvres, Béthune und Place Mazas genügen mir als Geschichte und Geographie. Haben Sie bemerkt, daß man «seine» Quais nicht besser kennt als seine Unterpräfekturen? Was diesen Punkt betrifft, so warte ich immer auf einen echten Pariser: wo endet der Quai Malaquais, wo beginnt der Quai Conti? Wo befindet sich der Quai de Gesvres? Je nach ihrer Antwort klassifiziere ich die Leute. Bei diesem kleinen Spiel stellt man fest, daß es nicht viele echte Pariser gibt, nicht viele Taxichauffeure mit Kultur und erst recht keine kenntnisreichen Polizeibeamten. Jedermann täuscht sich über die Frage der Quais. (...)

In dieser Landschaft, in der wie zum Spaß die schönsten Bauten entstanden sind, der Louvre der Valois, die erstaunlichsten Baudenkmäler, wie der Eiffelturm, die verdächtigsten, wie die Chambre, die glanzvollsten, wie das Institut de France, das den Mittelpunkt bildet, das das berühmteste und zugleich am meisten besuchte ist, und ganz gewiß sind es die Quais Conti und Malaquais, die ex-æquo an der Spitze des Wettlaufs bleiben. Ich habe zerlumpte Kerle, Obdachlose allererster Güte gefragt, weshalb sie diese beiden

Quais den anderen vorziehen, noch dazu, um auf den Ufer-
böschungen, mitten im Gestank von Stroh und Absinth
und Fußbekleidung, welche die Seine zärtlich spazieren-
fährt, zu schlafen. «Weil», so wurde mir geantwortet, «wir
es hier bequemer finden und uns wie zu Hause fühlen. Außerdem sind auch die Träume hier vornehmer.» Eine von Inter-
essantem strotzende Überlegung, bei der mir eine Anekdote
einfällt. Es kommt öfter vor, daß ich in einer Winkelkneipe
der Halles, die ich übrigens nur finde, wenn ich mich bei
Nacht hintaste, ein Glas Weißwein trinke. Ich finde da
nächtliche Gäste, die sich dann, nach dem Austausch von
allerlei Gedanken, unter irgendeiner Brücke hinlegen. Unwillkürlich beteilige ich mich an ihren Gesprächen. Wir
drücken uns sehr höflich die Hand. Eines Tages wurde ich
mit einer Art lebendem Flickenbündel bekannt gemacht,
bärtig, gelehrt und würdevoll, das unmittelbar unter dem
Pont des Arts logierte und das man mir folgendermaßen vor-
stellte: Monsieur Hubert von der Académie française. Nur
Paris ermutigt zu diesen prächtigen Abkürzungen.

Léon-Paul Fargue (1939)

Zwielicht

So kam er schließlich am Pont d'Iéna an. Ein Polizist bewegte
sich auf der Brücke ein paar Schritte vorwärts und kehrte
dann zum Sockel einer der Statuen zurück. Dort wartete er
sekundenlang, warf einen Blick in die Avenue und auf das
Trocadero und machte auf dem Absatz kehrt, um seine
Wanderung von neuem aufzunehmen. ‹Ich werde ihn fragen›,
nahm Philippe sich vor. Sogleich aber setzte er im Innern
hinzu: ‹Ach was! Ich habe Zeit. Ich habe ja die ganze Nacht
vor mir.›

Die ganze Nacht. Es kam ihm vor, als ob er mit diesen
Worten innerlich jemandem Trotz bieten wolle. Zu dieser

Stunde kam niemand hier ohne zwingenden Grund vorbei, denn die Stunde war nicht günstig für solche Wanderungen. Der Himmel ohne Sterne, der Strom, der im Dunkel dahinfloß, und über ihm auf einem Marmorsockel dieser blinde Krieger, der sein Pferd lenkte wie im Traum – alles das bildete etwas wie eine Theaterdekoration, in die er nicht hineingehörte. Die Dinge wollten von ihm nichts wissen. Es gab andere Teile der Stadt, in denen er sich mit seinen gutgeschnittenen Kleidungsstücken besser am Platze fühlen würde, hellerleuchtete Cafés, die er hätte aufsuchen können, während hier in Wind und Kälte und beim ungewissen Licht der Gaslaternen das Leben einen feindseligen, gewalttätigen Aspekt entfaltete, den er nicht wiedererkannte.

In allen großen Städten gibt es Gegenden, die ihr wahres Gesicht erst im Zwielicht bekommen. Am Tage verbergen sie sich, nehmen eine alltägliche, gutmütige Miene an und tarnen sich damit vor aller Augen. Es braucht dafür nicht mehr als vier Arbeiter etwa, die sich mit der Schaufel in der Hand an einem Sandhaufen zu schaffen machen, oder eine reinlich gekleidete Frau, die einem kleinen Kind die Seine zeigt. Es gibt dann nichts Honorigeres als diesen Quai, diese Uferböschung oder den verlassenen Hafen, aber in der Dämmerung erwacht die gleiche Stätte zu einem Leben, das eine Parodie auf den Tod zu sein scheint. Was vorher lachend wirkte, wird jetzt grünlichbleich, was schwarz war, verblaßt und erglimmt in Düsternis von heimlicher Freude, endlich existent zu werden. Die Gaslaterne bringt diesen Wandel hervor. Beim ersten Strahl dieser künstlichen Sonne gewinnt die nächtliche Landschaft alle ihre Schatten zurück, an der Materie aber gehen unheimliche, magische Veränderungen vor. Der glatte, sinnlich lockende Platanenstamm wirkt plötzlich wie aus zerfressenem Gestein gemacht, während die Steinplatten des Pflasters die Tönungen und das vielfältige Marmorgeäder der Leiber von Wasserleichen bekommen; das Wasser sogar überzieht sich mit einem vibrierenden Schimmer von Metall; es gibt nichts, was nicht das vertraute Aussehen verlöre, das es bei Tageslicht hat, um statt dessen einen Aspekt anzunehmen, aus dem das Leben ausgeschaltet ist. Diese sonderbare Natur, die weder sprießt noch atmet, in der aber gleichwohl alles sich regt und fratzenhaft wird, liegt da wie eine Bühne, auf der jeden Augenblick eine geheimnisvolle Handlung abrollen kann. Mit ihren trübseligen Lichtern, die vom Winde niedergeschlagen oder zerstäubt werden, ihren Ratten, dem Verwesungsgeruch, der über dem Wasser liegt, ihrer Stille kommt sie dem Dieb zustatten, der seine Beute mustert, und deckt schützend die kümmerlichen Laster der Armen zu.

Er hörte, wie es vom Eiffelturm elf Uhr schlug, und überquerte den Pont d'Iéna, um seinen Weg nach Passy fortzusetzen. (...) Die Gärten des Trocadero bildeten eine einzige Masse, über die das Bauwerk selbst seine phallischen Türme reckte. Auf der anderen Seite des Stroms bezeichnete eine Linie aus schimmernden Punkten den Quai de Grenelle, aber die Häuser blieben in Dunkel gehüllt. Er näherte sich dem großen Viadukt, der sich über die Seine und ihre beiden Uferstraßen spannt und die Metro auf ihr oberes Stockwerk führt. Ein Windstoß zwang ihn, den Kopf zu senken und sich etwas zur Seite zu wenden. Als er weiterging, fuhr gerade ein Zug donnernd über den Fluß. Mit dem Blick verfolgte er noch die Strecke, als er schon nur noch ein winziges leuchtendes Band sehen konnte, das die Dunkelheit durchschnitt.

Julien Green (1932)

Trinkwasser

Mein Pariser Lebwesen von dieser Woche wirft nicht viel Mannigfaltiges ab, Dir zu erzählen; im Gegenteil, es ist sehr einförmig gewesen, und es ist über diese Einförmigkeit selbst, daß ich Dir vornehmlich zu schreiben habe, damit Du nicht anderswoher in unnütze Besorgnis gesetzt werden mögest und Du von mir selbst mein vorübergegangenes Unwohlsein vernehmest. Ich habe Dir, glaub ich, noch geschrieben, daß ich das Museum zum letzten Mal, daß es auf sein werde, noch besuchen wollte, – was letzten Sonntag war. Darauf, nachdem ich mit Cousin zu Mittag gegessen und einen großen Spaziergang durch die Champs Elysées nach dem berühmten Champ de Mars gemacht hatte, wurde ich in der Nacht von Magenschmerzen befallen; ich habe auf diese Weise meinen Tribut bezahlt, den im Durchschnitt alle Fremden an das hiesige Seine-Wasser oder an die Lebensweise abtragen müssen, wovon ich schon unterwegs näher unterrichtet worden. Ob man mich gleich versicherte, es bedürfe, um wieder befreit zu werden, keines Arztes, so beharrte Cousin, wie er mich den andern Tag unwohl fand, doch dabei, mir den seinigen aufzutreiben und nach langem Suchen herbeizubringen. Dieser, ein junger, sehr verständiger Mann von vieler Vorsicht, behandelte mich also und zwar mit Lavements, Fomentationen und Tisanen ganz auf französische Weise. So gut und zuversichtlich ich mich dabei befand, konnte ich mich doch des Zweifels nicht erwehren, daß ich mit deutschen Mitteln in kürzerer Zeit abgekommen wäre.

Georg Wilhelm Friedrich Hegel (1827)

Auf hoher See

Paris, das Schifflein, liegt im Glas vor Anker:
so halt ich mit dir Tafel, trink dir zu.
Ich trink so lang, bis dir mein Herz erdunkelt,
so lange, bis Paris auf seiner Träne schwimmt,
so lange, bis es Kurs nimmt auf den fernen Schleier,
der uns die Welt verhüllt, wo jedes Du ein Ast ist,
am dem ich hänge als ein Blatt, das schweigt und schwebt.

Paul Celan (1952)

Ein Matrose in der Gare d'Orsay

Die große Uhr der Gare d'Orsay, die linke Uhr, schlug drei, die seltsamste aller Stunden, vergleichbar nur der neunten wegen ihrer gemeinsamen Zweideutigkeit.

Im Bahnhof war es kalt. Vergeblich suchte ich nach einem heilenden Alkohol. Kein Zug wurde erwartet und es brannten nur noch einzelne Lampen. Aber wie nach einer Katastrophe schien der Bahnhof noch verlassener als die Quais. Niemand erwartete niemand. Vielleicht blieb mir nichts anderes übrig als zu singen. Das Unglück verfolgte mich. Es war drei Uhr, und das war genau die Stunde der Ratlosigkeit. Von einer Treppe kam ein Geräusch, und alsbald erschien ein Matrose, der auf dem Rücken einen riesigen zylinderförmigen Sack aus heller Leinwand trug.

Taumelnd kam er auf mich zu, und während er seine freie Hand an die Matrosenmütze legte, fragte er:

«Paris?»

Er hatte einen Riesenkopf, war blond und rot, ein Gesicht wie ein Würger mit schmalen Lippen, und seine Hände waren riesig und braun.

«Dies ist Paris.»

«Danke.»

Philippe Soupault (1928)

Grands bains du Pont Royal

In den Ecken stehen auf den Stufen Leute, die sich gründlich mit Seife abwaschen. Das Seifenwasser um sie herum rührt sich nicht. Man sieht durch die Lücken zum Fluß zu etwas sich vorbeibewegen, es sind Dampfer. Die Ärmlichkeit dieses Schwimmvergnügens zeigt sich, als zwei mit einem alten Seelentränker sich unterhalten, der von einer Wand weggeschoben, schon an die gegenüberliegende stößt.

Kellergeruch. Schöne grüne Gartenbänke. Viel Deutsch. In einer Schwimmschule hängt über Wasser ein Knotenstrick zum beliebigen Turnen herunter.

Franz Kafka (1911)

La Tour de Nesle · Königinnen von einst

... où est la reine
Qui commanda que Buridan
Fût jeté en un sac en Seine?
Mais où sont les neiges d'antan?

La reine Blanche comme un lis
Qui chantait à voix de sirène...

... wo ist die Königin, die den Befehl gab,
Buridan in einen Sack zu schnüren
und in die Seine zu werfen?
Wo nur, wo ist der Schnee vom vergangenen Jahr?
Königin Blanche, die lilienweiße,
die mit Sirenenstimme sang...

François Villon (um 1460)

Am Pont des Arts

Morgens, wenn der klassische Ziegenhirt sein meckerndes Volk in den Hades finsterer Quartier-latin-Gassen treibt, wenn der Vitrier, der alles leimt, was sich leimen läßt, auf dem Metallhörnchen bläst, öffnet der Bouquiniste die schwarzgeteerten Kasten, aus denen die Leiber dicker Folianten und zierlicher Schmöker quellen. (...)

Ein vergilbter Professor schob vorüber, und er rief:

«Tenez, Monsieur, voici pour vous: quelque chose d'extra-ordinaire, fait tout exprès pour vous!»

Der Professor machte halt, putzte die Gläser und stotterte mit den Händen in den Bücherhaufen, kramte und ramschte. Plötzlich langte er hinein, warf zwei Francs hin. Er hatte angebissen. Und mit ein paar langen Sätzen segelte er davon. Doch blieb er gleich darauf stehen, sah in das Buch, sah sich um, etwas scheu, nach dem Bouquiniste, der ihm pathetisch nachwinkte. Da entschloß er sich, was er seit zwanzig Jahren nicht mehr getan, den gerade anratternden Autobus zu benutzen. Er schwang sich auf und drang ins Innere, immer das Buch an sich gepreßt wie gestohlenes Gut, immer schmökernd. Er beachtete keinen der Umsitzenden, er beachtete nicht, daß man ihn Mufle und Espèce d'un rigolo titulierte. Er vertiefte sich, die Beine verknotet, die Kiefern auf- und zuklappend, als kauten sie etwas Unsichtbares, bald schüttelte er wütend den Kopf, als passe ihm etwas nicht in den Kram, bald schnippte er mit den Fingern: Heureka! Leute stiegen aus und ein, verschnapste Arbeiter, Negerinnen mit ihren Zöglingen, Grisetten, die die Waden baumeln ließen; vom Professor saß nur noch der faltige Leib da, seine Seele war Ratte und knabberte Buchstäbchen.

Walter Mehring (1924)

Angeln in den zwanziger Jahren

Wenn ich mit meiner Arbeit fertig war oder wenn ich mir etwas überlegen wollte, ging ich an den Quais entlang. Es ließ sich leichter überlegen, wenn man ging oder etwas tat oder wenn man Leute sah, die etwas taten, worauf sie sich verstanden. An der Spitze der Ile de la Cité unterhalb des pont Neuf, auf dem das Denkmal von Henri Quatre steht, endet die Insel wie der scharfe Bug eines Schiffes, und dort ist ein kleiner Park am Rande des Wassers mit schönen Kastanienbäumen, riesengroß und ausladend, und in den Wirbeln und Stauwassern, die die Seine im Vorbeifließen macht, gibt es ausgezeichnete Stellen zum Angeln. Man ging eine Treppe hinunter zum Park und beobachtete die Angler dort und unter der großen Brücke. Die guten Angelplätze wechselten mit der Höhe des Wasserstandes, und die Angler benutzten lange, ineinandergesteckte Stangen aus Rohr, aber sie angelten mit sehr feinen Sehnen und leichten Geräten und Posen und beköderten die Wasserstrecke, wo sie angelten, sachgemäß. Sie fingen immer ein paar Fische, und oft war der Fang ausgezeichnet, eine Art Weißfisch, die *goujon* hieß. Sie waren, wenn man sie im ganzen briet, köstlich, und ich konnte einen großen Tellervoll essen. Sie waren fleischig und zart, sogar von feinerem Geschmack als frische Sardinen und waren überhaupt nicht tranig, und wir aßen sie mit Gräten und allem.

Ernest Hemingway (um 1960)

Heimweh

Ja, zuweilen, wenn ich einmal einen Tag widmete mit dem Haufen auf diese Jagd zu ziehen, die man doch auch kennen lernen muß, wenn ich dann, ohne Beute, ermüdet zurückkehre, und still stehe auf dem Pont-neuf, über dem Seine-Strom, diesem einzigen schmalen Streifen Natur, der sich in diese unnatürliche Stadt verirrte, o dann habe ich eine unaussprechliche Sehnsucht, hinzufliegen nach jener Höhe, welche bläulich in der Ferne dämmert, und alle diese Dächer und Schornsteine aus dem Auge zu verlieren, und nichts zu sehen, als rundum den Himmel – Aber gibt es einen Ort in der Gegend dieser Stadt, wo man ihrer *nicht* gewahr würde?

Heinrich von Kleist (1801)

Ankunft im Augustinerkloster

Nun bin ich im Kloster! Mein Veter, der Hochwürdige Pater Prior desselben, empfing mich auf das freundlichste; er versicherte mir, dass er wegen das Anersuchen und Recommandationsschreiben meines Vaters, das er vor vierzehn Tagen erhielt, keine Mühe sparen werde, aus mir un bon sujet en religion, das ist, einen braven Münch zu machen.

Würde ich aber meinem lieben Herrn Prior gesagt haben, dass ich bereits 8 Tage in dulci jubilo in Paris zugebracht, auch die vornehmste Theaters fleissig besucht, so hätte ich vielleicht schon den ersten Tag bey ihm ausgehaust, auch ohne Zweifel bey andern über Kopf und Hals excommuniert worden. Allein obwohlen ich erst aus dem Novitiat getreten, so hatte ich doch die moinerie schon soweit einstudiert, dass ich auch meinen vertrautesten Connovizen mit aller Bedachtsamkeit nur das vorsagte, was durchaus annehmbar war.

Den anderten Tag lud mein Veter, der Pater Prior, unsere übrige Landsleute, 12 Augustiner des nemlichen Convents, zu einem deutschen Mittagsmahl ein, das gröstentheils aus Leberknödel, Sauerkraut, Dampfnudel, Wasserschnieden, Schlegel, Aepfelküchel, Strauben etc. etc. bestand, wobey etliche Dutzend Krüg Bier, darauf aber ein guter, weisser Wein de Chabely getrunken wurde. Unsere französische Confratres, die in ihrem Leben nie eine solche Kuchel gesehen noch gekostet hatten, sagten sich einem dem andern ins Ohr: O les f.... allemans! ils mangent de la pâte comme les c.... O die dumme Deutsche! Sie fressen den Deig wie die Schwein. Dessenungeachtet assen, tranken wir mit bester Appetit und achteten sehr wenig, ja gar nicht ihre Schmähungen.

Die drey ersten Tage meiner Ankunft flossen sehr angenehm und vergnügt dahin; aber den vierten Tag kündigte man mir nebst dem Chorfrequentieren auch die achttägigen Exercitien an, das heist, zu gewissen Stunden des Tages in

Gegenwart des Directors der Cleriker mit Meditieren und geistlichem Bücherlesen zubringen. Auch muste ich zugleich mein bisheriges Gastzimmer verlassen, aber an dessen Statt in Dormitorio Clericorum jene Zelle beziehen, die man mir anwies.

Nun zog ich meinen Reiserock aus, legte mon saint habit, mein Ordenskleid mit sammt der Capuzen und war also wieder ein frommer Münch. Sic transit gloria mundi!

Dieses Kloster wie auch die Kirche war ein altes nechst dem Pont-neuf am linken Uffer der Seine gelegenes Gebäude; die Kirche, ein langer Darm mit neunzehn Fenster versehen, stund vor dem Kloster, der Gestalt, dass man nicht das Mindeste von demselben sah. Die drey anderen Theile waren ebenfals mit grossen und hochen, dem Kloster zugehörigen Häusern, die drey Strassen ausmachten, nemlich la grande rue, la rue de Saint Augustin und la rue Christine, vermaskiert, und so hatten auch die lieben Geistlichen gar keine Aussicht, wie es auch recht und billig war, damit sie nicht etwann bey ihrem Meditieren, Studieren und Chorfrequentieren zerstreute Gedanken haben oder gar zuletzt noch in Versuchung gerathen mögen.

Johann Peter Jager (um 1803)

Im Silberturm

Abends in der «Tour d'Argent», im Silberturm, in dem bereits Heinrich IV. Reiherpasteten speiste und von dem man wie aus dem Diningroom eines großen Flugzeugs auf die Seine und ihre Inseln sieht. Im Abendglanz wurde der Wasserspiegel perlmuttrig überhaucht. Schön war der Unterschied der Färbung zwischen einer Trauerweide und ihrem Schattenbild im Wasser – das Silbergrün des Laubes wurde, in stiller Selbstbetrachtung, ein wenig dunkler in der Flut.

Man hat den Eindruck, daß die Menschen, die dort oben tafeln, beim Verspeisen der Seezungen und der berühmten Enten gleich Turmfiguren mit einem dämonischen Behagen das graue Meer der Dächer, unter denen die Hungernden ihr Leben fristen, zu ihren Füßen sehen. In solchen Zeiten gibt essen, gut und viel essen, ein Gefühl der Macht.

Ernst Jünger (1942)

(Rue) Geoffroy-l'Asnier · Die Sonne unterwegs

... und es zieht sie wieder zur Seine sie / hält aber doch noch einmal an rue de Jouy / scheint ein bißchen / dicht bei François Mirons Straße / ein schäbiger Laden ist da / für gebrauchte Kleider / dazu ein Friseur und eine algerische Wirtschaft / und gegenüber / Ruinen und Schutt und Trümmer // Der Friseur steht in der Ladentür / er starrt verblüfft / in diese Landschaft aus den Fugen / und dann wirft er einen verzweifelten Blick / zur Straße Geoffroy-l'Asnier hin / die jetzt im Sonnenlicht erscheint / unversehrt wie neu / mit ihren Häusern aus längst vergangener Zeit / die Sonne nämlich / das ist lange lange her / und Gottfried l'Asnier standen sich gut // Ein echter Freund bist du sagte sie damals / drum werde ich dich nie im Stich lassen // Weshalb jetzt / der glückliche durchsonnte Schatten / Gottfrieds des Eseltreibers Schatten / der einst die Sonne so liebhatte wie sie ihn / sich alle Tage aufmacht / sei's im Winter sei's im Sommer / durch die Straße des Speichers über den Wassern / und durch die Schrankenstraße / zur Seine hinab / wo dann die Schatten seiner sanften Tiere / des Jenseits süße Disteln äsen / und trinken das friedliche Wasser / glücklichen Erinnerns...

Jacques Prévert (1946)

Stadthausplatz

Heute abend saß ich mit Bamberg in einem Café am Place de Grève, das Stadthaus mit seiner illuminierten Uhr, wo Robespierre sich erschossen hat, vor mir. Es war mir eine ganz eigene Empfindung. Die Comptoir-Dame las die Memoiren der Herzogin von Abrantes, ein Gast spielte Schach mit einer alten Dame, draußen vor der Tür spielten die Kinder, ich selbst studierte französische Zeitungen, aber im Geist sah ich die Karren rollen, die den Inhalt der Gefängnisse an die Guillotine ablieferten, ich sah den schrecklichen Henriot, ich hörte das Beil fallen.

Nachher erzählte mir Bamberg, daß er in Wien Glucks Schädel hätte ausgraben und stehlen wollen; darauf sei er gekommen, weil man Haydns Schädel, als der Fürst Esterhazi den Leichnam habe ausgraben lassen, vermißt und herausgebracht hätte, daß ein Arzt ihn dem Toten bei der Bestattung im Leichenhause abgeschnitten und, unterm Mantel verborgen, mit nach Hause genommen habe.

Friedrich Hebbel (1843)

Der Wächter vom Pont-au-Change

Ich bin der Wächter von der rue de Flandre.
Ich wache, während Paris schläft.
Im Norden leuchtet ein ferner Brand in der Nacht.
Ich höre Flugzeuge hinziehen über die Stadt.

Ich bin der Wächter vom Point-du-Jour.
Hinter dem Viadukt von Auteuil schlängelt im Dunkeln
    die Seine
Sich unter dreiundzwanzig Brücken quer durch Paris.
Im Westen höre ich Explosionen.

Ich bin der Wächter von der Porte Dorée.
Rund um den Schloßturm von Vincennes webt der Wald
   seine Finsternis.
Ich hörte Schreie aus der Richtung von Créteil,
Und Züge ostwärts rollen mit einem Wirbel von
   Aufruhrliedern.

Ich bin der Wächter von der Poterne des Peupliers.
Der Südwind trägt beißenden Rauch zu mir herüber,
Unbestimmtes Dröhnen und Röcheln,
Das irgendwo verhallt in Plaisance oder Vaugirard.

Im Süden, im Norden, im Osten und im Westen
Nichts als Kriegslärm, der sich auf Paris zu bewegt.
Ich bin der Wächter vom Pont-au-Change.
Ich wache im Herzen der Stadt bei wachsendem Dröhnen,
In dem ich des Feindes panische Alpträume erkenne,
Das Siegesgeschrei unserer Freunde und das der Franzosen,
Die Schmerzensschreie unserer Brüder, gefoltert von
   Hitler-Deutschen.

Ich bin der Wächter vom Pont-au-Change
Und bewache nicht nur Paris diese Nacht,
Diese Sturmnacht über dem fiebrigen müden Paris,
Sondern die ganze Welt, die uns umgibt und
   zusammendrängt.
In der kalten Luft zieht all das Kriegsgebraus
Bis an diesen Ort, wo seit langem schon Menschen leben. (...)

Robert Desnos (1944)

CITE

Über den Pont-au-Change in die Cité hinein

Am 13. Dezember 1838 an einem kalten regnerischen Abende
schritt ein Mann von riesenhaftem Wuchse in einer schlechten
Blouse über den Pont-au-Change und in die Cité hinein, in
das Gewirr von finstern, engen, krummen Gäßchen, das sich
von dem Justizpalaste bis zur Notre-Dame erstreckt. Der
Stadtteil um den Justizpalast her ist, obgleich sehr klein und
streng beobachtet, die Zuflucht und der Sammelplatz der
Übeltäter von Paris. Ist es nicht seltsam oder vielmehr ein
Werk des *Fatums,* daß eine unwiderstehliche Kraft die Verbrecher fortwährend nach dem schrecklichen Gerichte hinzieht, das sie zum Gefängnisse, zu den Galeeren, zu dem
Blutgerüste verurteilt?

In jener Nacht pfiff und brausete der Wind heftig in den
Gäßchen jenes schauerlichen Stadtteils; das bleiche schwan-
kende Licht der vom Winde geschaukelten Laternen spiegelte
sich in schwärzlichem Rinnenwasser, das in der Mitte des
kotigen Pflasters hinlief.

Die kotfarbigen Häuser hatten nur wenige Fenster mit
wurmstichigen Rahmen und fast ohne Glasscheiben. Dunkle,
übelriechende Gänge führten zu noch finsterern, noch übel-
riechenderen Treppen, die so steil waren, daß man kaum
mittelst eines Strickes, der an den feuchten Wänden lose
befestigt war, hinaufsteigen konnte.

In dem Erdgeschosse einiger dieser Häuser bemerkte man

Waren, die Köhler, Kaldaunenhöker oder Verkäufer von schlechtem Fleische zum Kaufe ausgestellt hatten.

Trotz dem geringen Werte dieser Waren war der Vorderteil des Ausbaues fast aller dieser elenden Buden mit Eisen vergittert, so sehr fürchteten die Verkäufer die kühnen Diebe dieses Stadtteils. (...)

Die Uhr des Justizpalastes schlug eben die zehnte Stunde.

Frauen unter gewölbten niedrigen, höhlenartigen Türen sangen halblaut einige Stücke aus Volksliedern.

Eines dieser Frauenzimmer war dem Manne, den wir erwähnt haben, offenbar bekannt, denn er blieb gerade vor ihr stehen und faßte sie am Arme.

Die Unglückliche wich zurück und sagte mit ängstlicher Stimme:

«Guten Abend, *Schuri-Mann* (Messer-Mann, Messerbraucher).»

Der Mann, ein ehemaliger Sträfling, hatte diesen Namen in dem Bagno erhalten.

«Du bist es, *Schallerin* (Sängerin)?» entgegnete der Mann in der Blouse. «Du bezahlst *Gefinkel* (Branntwein) für mich oder ich spiel' dir mit der Faust da zum Tanze auf.»

«Ich habe kein Geld», antwortete zitternd das Mädchen, denn man fürchtete sich allgemein vor diesem Manne.

Eugène Sue (1842)

Aus der großen Zeit der Domschule

Es lebte damals in Paris ein junges Mädchen, *Heloisa* geheißen, die Nichte eines Kanonikers Fulbert; er liebte sie zärtlich und wollte darum nichts versäumen, was ihrer geistigen Ausbildung förderlich war. Sie war, ohne damit aufzufallen, eine anmutige Erscheinung; an den ersten Platz rückte sie ihre ausgedehnte Bildung. Wissenschaftliche Bildung ist bei

Frauen eine Seltenheit; deshalb war Heloisas Anziehungskraft besonders stark, und man sprach im ganzen Lande von ihr mit größter Wärme. Was einen Mann zur Liebe locken mag, sah ich bei ihr vereint; darum gedachte ich sie in Liebesbande zu verstricken, und am Gelingen zweifelte ich keinen Augenblick: war ich doch hoch berühmt und jugendlich anmutig vor anderen und brauchte von keiner Frau eine Abweisung zu fürchten, wenn ich sie meiner Liebe würdigte. Auf einen leichten Sieg bei Heloisa durfte ich gerade darum rechnen, weil sie wissenschaftliche Bildung besaß und auch zu schätzen wußte. Ich rechnete so: auch wenn wir nicht beisammen sind, können wir mit Briefen ein Zusammensein ersetzen, man kann in einem Brief eher ein kühnes Wort wagen als von Mund zu Mund, und so hat man in jedem Fall Gelegenheit zu süßen Worten.

Die Liebe zu Heloisa durchglühte mich, und ich suchte nur noch Mittel und Wege, tagtäglich in ihrer Häuslichkeit zu verkehren und so das junge Mädchen zu zähmen, um sie ganz bequem mir gefügig zu machen. Den Weg zu diesem Ziel ebneten mir Fulberts gute Freunde, indem sie bei Heloisas Onkel, eben diesem Fulbert, für mich sprachen. Fulberts Haus lag auch sehr geschickt in der Nähe der Domschule. So vereinbarte ich mit Fulbert, daß er mich in sein Haus aufnehme und den Preis nach seinem Belieben festsetze. Eine eigene Haushaltung mit allem Drum und Dran störe mich in meinem Gelehrtenberuf und sei mir auch zu teuer. Das war doch ein ganz einleuchtender Vorwand; und Fulbert, der immer recht viel Geld machen und außerdem seine Nichte recht viel lernen lassen wollte, Fulbert kam ans Ziel *seiner* Wünsche: mein Geld für sich und meine Gelehrsamkeit für seine Nichte. Und so kam ich ans Ziel *meiner* Wünsche; Fulbert bat mich noch inständig um mehr als das, was ich in meinen kühnsten Träumen zu hoffen gewagt, und wurde selber der Gelegenheitsmacher für meine Liebe; er gab Heloisas weitere Ausbildung ganz in meine Hand: ich möchte sie doch unterrichten, wann meine Vorlesungen mir dazu Zeit ließen, bei Tag oder bei Nacht, und hätte ich den Eindruck, sie sei faul, so solle ich sie ohne Gnade züchtigen. Diese Art und dieses Maß von Harmlosigkeit verwunderte mich doch erheblich; ich konnte nicht verblüffter sein, wenn er sein zartes Lämmlein einem heißhungrigen Wolf zu hüten gegeben hätte. (...)

Ich kann es jetzt wohl kurz machen: der Hausgemeinschaft folgte die Herzensgemeinschaft! Während der Unterrichtsstunden hatten wir vollauf Zeit für unsere Liebe; und wenn Liebende sich wohl nach einem stillen Fleck sehnen, wir brauchten uns dafür nur zur Versenkung in die Wissenschaften zurückzuziehen. Die Bücher lagen offen da, Frage und Antwort drängten sich, wenn die Liebe das bevorzugte Thema war, und der Küsse waren mehr als der Sprüche. Meine Hand hatte oft mehr an ihrem Busen zu suchen als im Buch, und statt in den wissenschaftlichen Textbüchern zu lesen, lasen wir sehnsuchtsvoll eins in des anderen Auge. Aber man sollte in uns Lehrer und Schülerin sehen, und darum bekam sie manchmal Schläge; es war zärtliche Verliebtheit, die mir die Hand führte, nicht zufahrender Zorn, und ihr war diese Züchtigung linder als kostbarste Salbe. In unserer Gier genossen wir jede Abstufung des Liebens, wir bereicherten unser Liebesspiel mit allen Reizen, welche die Erfinderlust ersonnen. Wir hatten diese Freuden bis dahin nicht gekostet und genossen sie nun unersättlich in glühender Hingabe, und kein Ekel wandelte uns an. In diesem Sinnentaumel hatte ich für Wissenschaft und Vorlesungen nichts mehr übrig; es ekelte mich förmlich an, zu den Vorlesungen zu gehen und bei meinen Schülern zu weilen. Es war auch ein zermürbendes Leben, bei Nacht für die Liebe zu wachen und bei Tag für den Beruf. Meine Vorträge fanden mich so lau und so nachlässig! Ich konnte nichts mehr aus frischer Eingebung vortragen, sondern mich nur noch auf meine Routine verlassen und nur noch frühere Funde wiederholen.

Abaelard (um 1135)

In der Morgue

Als ich im Jahre 1885 als Schüler Charcots in Paris weilte, zogen mich neben den Vorlesungen des Meisters die Demonstrationen und Reden Brouardels am stärksten an, der uns an dem Leichenmaterial der Morgue zu zeigen pflegte, wieviel es Wissenswertes für den Arzt gäbe, wovon doch die Wissenschaft keine Notiz zu nehmen beliebte. Als er einmal die Kennzeichen erörterte, aus denen man Stand, Charakter und Herkunft des namenlosen Leichnams erraten könne, hörte ich ihn sagen: *«Les genoux sales sont le signe d'une fille honnête.»* Er ließ die schmutzigen Knie Zeugnis ablegen für die Tugend des Mädchens!

Die Mitteilung, daß körperliche Reinlichkeit sich weit eher mit der Sünde als mit der Tugend vergesellschafte, beschäftigte mich oftmals später, als ich durch psychoanalytische Arbeit Einsicht in die Art gewann, wie sich die Kulturmenschen heute mit dem Problem ihrer Leiblichkeit auseinandersetzen. Sie werden offenbar durch alles geniert, was allzu deutlich an die tierische Natur des Menschen mahnt. Sie wollen es den «vollendeteren Engeln» gleichtun, die in der letzten Szene des Faust klagen:

«Uns bleibt ein Erdenrest / zu tragen peinlich,
und wär' er von Asbest, / er ist nicht reinlich.»

Da sie aber von solcher Vollendung weit entfernt bleiben müssen, haben sie den Ausweg gewählt, diesen unbequemen Erdenrest möglichst zu verleugnen, ihn vor einander zu verbergen, obwohl ihn jeder vom anderen kennt, und ihm die Aufmerksamkeit und Pflege zu entziehen, auf welche er als integrierender Bestandteil ihres Wesens ein Anrecht hätte. Es wäre gewiß vorteilhafter gewesen, sich zu ihm zu bekennen und ihm so viel Veredlung angedeihen zu lassen, als seine Natur gestattet.

Sigmund Freud (1913)

Hôtel Dieu · Über Kritik und ihre Voraussetzungen

Der fremde, der in dies haus tritt, fühlt nicht den zehnten teil des unbeschreiblichen elends dieser verderblichen anstalt. Man läuft durch ein paar säle, vermeidet gerade die zimmer, worin der scheußlichste anblick das auge erwartet, und dann urteilt, raisonnirt man. Wie wenige studiren das menschliche elend in seinem ganzen ungeheuren umfang, und doch welches studium wäre unter allen notwendiger? Aber die schändlichste und doch die gemeinste weichlichkeit ist der ekel, mit dem wir jeden anblick des unglücks von unsrem auge entfernen. Es gibt kein schöneres gefühl als die sympathie die uns andren gleich setzt, und mir ist der mangel an erfahrung vorzüglich darum schmerzhaft, weil die menschen, die in einer lage sind, die ich nie erfuhr, mir fremd sind. Das gefühl des mensch seins, der gleichheit, der verwandtschaft mit allen, erstirbt nach und nach in dem, der nur so wenige menschliche lagen aus eigner erfahrung kennt, und darum möchte ich eben so wenig durchaus einen hohen grad moralischer vollkommenheit besitzen, als durchaus eines hohen grades des glückes genießen. Die schlimmste folge dieser weichlichkeit aber ist daß sie von allen anstalten zur erleichterung des menschlichen elends einen zu vorteilhaften begriff gibt, die summe dieses elends selbst in unsren augen verringert. Gerade solche anstalten sollten die schärfste beurteilung erfahren, gerade bei ihnen ist es besser das gute, als das böse zu verschweigen. Es ist das nicht undank gegen die wohltätigkeit der stifter, es ist pflicht gegen die leidende menschheit. In allen dingen, die aufopferung kosten, glaubt man zu früh genug getan zu haben, und noch weit eher als man dies glaubt hört man auf zu handeln. Denn wem fehlte es für die zweite hälfte des wegs an entschuldigungen, er tat ja schon soviel, indem er die erste ging. Man redet unaufhörlich vom schaden zu strenger beurteilungen, und wie viele beschimpfende namen warten nicht auf den, der – ich will das auch annehmen – bei seinem urteil die grenzen der billigkeit über-

schreitet. Aber nun auf der andren seite der zu gelinde be-
urteiler? Er kann sicher und ungestraft sich noch ungleich
weiter von der wahrheit entfernen als jener. Und doch, wo-
her stammt die gelinde beurteilung? Meistenteils oder – da
ich doch hier, wie dort, vom extrem reden muß – immer aus
eben der trägheit, der apathie, zu der sie führt. Will man
sich die mühe des beobachtens ersparen? man urteile nur gelinde, und man ist sicher vor allem tadel. Zu strenge beurteilung ist abscheulich, wenn sie aus sucht zu verleumden ent-
springt. Aber es wäre doch sonderbar anzunehmen, daß es
mehr verleumder als schmeichler gibt, und wie nun wenn zu
gelinde aus niedriger schmeichelei fließt? Gewöhnlich urteilen zu strenge der speculirende philosoph, der aus irrender
vernunft, der feurige jüngling, der aus zu raschem gefühl
das richtige verhältnis zwischen kraft und wirkung verfehlt,
oder der unglückliche hypochonder der allen dingen eine zu
schwarze farbe leiht. Wer wird nicht den irrtum des ersten
– selbst wenn er ihn erkennt – achten, das feuer des zweiten lieben, die krankheit des letzten bedauern? wer nicht
alles dies der kleinmütigkeit vorziehn, die das ziel zu nah
steckt, oder der trägheit, die immer zeit übrig zu haben
glaubt, oder dem unverzeihlichen leichtsinn, der wenn nur
in ihm die wichtigsten wünsche befriedigt sind, den mangel
um sich her ganz übersieht? Und nun berechne man den schaden. Wie unendlich überwiegend ist er auf dieser seite! – Ich
bin, indem ich dies aufzeichne, zu zerstreut, ich bin nicht
allein, ich höre um mich her sprechen, pfeifen, singen, aber
wer vielleicht einmal dies blatt liest wird mich verstehn, und
mir vielleicht recht geben. Doch ich kehre zurück. (...)

Die vorzüglichsten und in die augen fallendsten fehler des
hospitals sind: 1., mangel an betten. Höchstens sind 2000
betten da, und die mittelzahl der kranken ist 2500, die
größeste 5 bis 6000 (jetzt waren 3000), folglich liegen im
winter, wo alles sehr voll ist, manchmal sogar 6 in einem
bette, wie mich die aufwärter selbst versicherten. Vier in
einem sah ich selbst. Zwei und drei ist ganz gewöhnlich.

2., die ungesunde lage des gebäudes. Mitten in der stadt auf einem engen platze, von hohen häusern rund herum eingeschlossen. Chirurgische operationen sind darin äußerst gefährlich, das trepaniren immer tödlich. Nun rechne man noch unreinlichkeit, Seinewasser, das eine ganz eigne beschreibung verdient, nachlässigkeit und härte der aufseher, der wundärzte, betrügereien der apotheker und man wird erstaunen. Doch habe ich die reinlichkeit, verglichen mit der menge von menschen, bewundert. Es war wirklich so gut als gar kein gestank darin.

Man teilt die kranken in *personnes recommandées et non recommandées* ein. Welche neue drückende pein. Welche empfindung für den armen kranken, der auch da, wo das äußerste elend alle gleich machen sollte, noch die einflüsse der convenienz fühlt. Weil er keine empfehlung hat, liegt er nun mit 300 in einem saal, mit 3, 4, 5 in einem bett, und hat – was ich aber doch nicht gewiß weiß – schlechtere aufwartung und kost. Und nun der einfluß, den diese idee der ungleichheit auf die aufwärter hat. Ich sagte dem einen, es wäre schlimm, daß sie so eng lägen. *Oh!* antwortete er, *ce ne sont que les personnes non recommandées.* Alle säle sind zu niedrig, und haben zu wenig bequemlichkeit, die luft durchstreichen zu lassen. Die kranken bekommen auch wäsche, sie wechseln zweimal die woche. Venerische kranke werden nicht aufgenommen, sondern kommen nach Bicêtre. An die schädlichen folgen des *hotel Dieu* für den gesunden teil der stadt mag ich nicht denken. Denn wie könnte ich sonst heute mittag mein Seinewasser trinken, das, unterhalb des *hotel Dieu* geschöpft, mit allen seinen unreinlichkeiten – dem unflat von 3000 kranken – geschwängert ist?

Wilhelm von Humboldt (1789)

Notre-Dame · Die Chimären

Sooft ich in Paris bin, versäume ich es niemals zu den Chimären von Notre-Dame hinaufzusteigen. Ich kenne sie alle, und gehe oben die Brüstung entlang von einer zur anderen, ohne sie anzurühren. Da ist gleich die eigentliche, die berühmte Chimäre, der bittere Greif mit dem vom Wahnsinn wie ausgehöhlten Blick und den beiden weichen, weißen, ohnmächtigen Menschenhänden, die wie aus dem Fleisch der Lilie geschnitten sind. Dann das Käuzchen mit seinem Gefieder wie ein Bahrtuch, daneben der Adler mit dem Entenschnabel, der Panther, dem die Gier im Maul fest geronnen ist und der nun versucht, sie auszuspeien. Ich will nicht alle aufzählen, es sind welche da, die kein Name faßt. Unendlich rührend unter allen ist der kleine Elefant, er macht so entsetzlich kluge Augen, damit der Irrsinn ihn nicht vollends packe, der auch ihn hier in diesem bösen Lande leise berührt und seine dicke, gute Haut erschauern macht. Und unter den vielen Tiergestalten lebt auch wie aufgescheucht ein Mensch, noch viel mehr erschrocken als die Tiere und noch lange nicht so erschrocken wie unglücklich.

Ich habe das Gefühl verloren, vor Kunstwerken und Gebilden menschlicher Imagination zu stehen; mir ist dort oben, als wäre ich mit lebendigen Wesen zusammen, die zu Stein geworden sind und nun nicht mehr von sich loskönnen. Da beißt ein Flußpferd – es ist gewiß nicht ganz genau ein Flußpferd, sondern so wie einem im Traume das Flußpferd erscheinen mag – da beißt, sage ich, ein Flußpferd einem auf den Hinterbeinen sitzenden Ochsen in den Hals, und im Biß haben sich das Maul und der Hals versteinert, und so hält nun ewig das Maul aus Stein den steinernen Hals. Dort ist ein Bein im Schreiten, hier das Grinsen eines Affen oder ein Schnabel im Schreien zu Stein geworden, und nun können Schritt und Schrei nicht aus der Chimäre heraus und verzerren sie. Und so steckt – möchte man sagen – alles in der Chimäre, jede Leidenschaft, jedes Streben, jede Empfindung und kann nicht heraus, da die Chimäre in einer vollkommen leeren, luftlosen Welt lebt.

Es sieht freilich so aus, als blickten diese Chimären auf Paris herunter, auf die vielen Leute, die in die Kathedrale treten, vielleicht auf ganz bestimmte, die jeden Tag zu bestimmter Stunde kommen, vielleicht auch auf solche, die heute zum ersten Male zu sehen sind. Es sieht so aus, und man sagt es gerne nach, und alle Pariser glauben es so, doch in Wahrheit starren die Chimären in den Abgrund: wohin immer sie ihre Blicke richten, dort tut sich vor diesen der Abgrund auf.

Rudolf Kassner (1911)

Wie Gargantua den Parisern seinen Willkomm gab

Dann daß Volck zu Pariß ist so närrisch, so Fotzenthürlich, so Futzspitzig, so wunderfützig, so fürwitzig von Natur, daß ein Gauckler, ein Quacksalber, ein Ablaßkrämer, ein Maulesel mit Cymbalen unnd Schellen, zwey balgende Weiber, ein Teutscher Latz auff dem Kopff, ein blinder Spieler auff der Strassen, meher Volcks solte sammelen, als der best Evangelien Prediger: dann die Regel gilt bei ihnen, Ist es nicht besser, so ist es doch schöner, sagt einmal ein Blinder, zeyget ihm die Frau das Loch fürs Liecht.

Derhalben giengs unserem Gargantua allda auch also, dann sie trängten ihn also sehr, daß er getrungen ward sich auff den höchsten Thurn Nostre Dame zusteuren. Inn dem er nun des zulauffens kein end, und so eine grosse Welt umb sich sahe, sprach er über laut: Ich glaub daß dise unfläterlin, unnd Liartpastetlin gern wolten, daß ich ihnen hie meinen Willkomm zale, unnd daß Proficiat gebe. Hei ja, es ist billich, Beim Risenwadel, ich will ihnen den Wein schencken, aber nur lachendes Munds, par riß, unnd gleich den Zotten also par reissen. Fieng demnach an zu lachen, den Barchat zureissen, seinen Latz zuentbreisen, und sie so Krotten und

Katzenseychisch zubeseychen, unnd zubeschmeysen, daß er zwey hundert sechtzig tausent, vierhundert achtzehen erseufft, ohn Weiber unnd Kinder, die gehn drein. Ein anzahl ihren entran diser Seichschwämme unnd Pissefort, durch hilff gänger, oder viel mehr läuffiger, ja geschwinder dann der Wind füssen, und geflügelter Fersen, auff Pegasisch *volante Caballo.* Als sie nun an das höchst Ort des theils der Statt, welchs die unniversitet heißt entkamen, und schwitzten, und schnaufeten, und husteten, und speieten und kaum atham hatten, fiengen sie an auff gut Parisisch zubetten, zufluchen und zuschweren, daß es donneren möcht, etliche auß zorn, andere lachends munds, *per riso,* weil mans also offenbar ihnen also parriß, schnatterten, tadderten, kläpperten, unnd schnäbelten zusammen, wie die Vögel wann sie dem Garn entwischen, und etlich Gesellen dahinden liessen: Carymary Garymara, Scharifari Scharifara, Hammira Hummira, Danderlo, Dunderlo, Ketten für: Das dich die Höllische darr ankomm, daß dir Sant Asmus Haspel die Därme zerwirr: daß dir der Schorbock inns Ding schlag: Sammer botz Heyligen kreutz, bei allen Heyligen im Calender, man hat uns lachends Munds, *paris* gen Baden geführt, Pariß man uns den Zotten, ja gar zerrissen Stümpff, die Fasen kleben uns noch dahinden. Daher ward darnach die Statt Pariß geheyssen: welche zuvor Lucece genannt ward, wie Strabo meldet Lib: 4. Das ist zu Griechisch Weißloch von Weißbaden und Schwartzwaden, vonwegen der weissen Beyn unnd Posterioren desselbigen Orts Frauen: Dann als Paris von Troia zwischen den trei Frauwen den Apffel außtheilt (...) sah er mehrtheils nach denselben zweyen Stücken, wie noch der Beynschauer mehr: dan an Fersen sicht man, ob eine mit dem Arß kan Zundel schlagen. Viel heissen die Statt von Luto, weils Luter Kaat Endten da hat. Aber vom Paradyß hats den Namen, wie jener farend Schuler die Bäurin uff dem kropff ließ als sie ihrem gestorbnen Man kleider unnd zerung schickt.

Johann Fischart (1590)

Die Standbilder der Könige · Eine Rede

Mitbürger!
Da die Könige nicht mehr den ganzen Platz für die Gottheit
beanspruchen konnten, hatten sie sich wenigstens der Säulen-
hallen bemächtigt; dort hatten sie ihre stolzen Fürstenbilder
aufgestellt, zweifellos damit die Völker in Anbetung vor
ihnen verharren, ehe sie das Heiligtum betreten. So wagten
sie, gewohnt, alles an sich zu reißen, selbst Gott die Gelübde
und den Weihrauch streitig zu machen.

Ihr habt die frechen Usurpatoren umgestürzt, sie liegen
jetzt auf der Erde, die sie mit ihren Verbrechen beschmutzt
haben, preisgegeben dem Gelächter der Völker, die endlich
von langem Aberglauben geheilt sind.

Bürger, laßt uns diesem Sieg der Vernunft über die Vorur-
teile Dauer verleihen; errichten wir ein Monument im Stadt-
gebiet von Paris nicht weit von der Kirche, die sie zu ihrem
Pantheon gemacht hatten; es soll unseren Enkeln das erste
von einem freien Volke aufgestellte Siegeszeichen seines un-
sterblichen Triumphes über die Tyrannen sein; die zerschla-
genen Trümmer ihrer Statuen, zu einem verworrenen Haufen
getürmt, sollen ein bleibendes Denkmal für des Volkes Ruhm
und ihren Untergang bilden. Der durch dieses neue Land
fahrende Fremde möge die dem Volke nützlichen Lehren in
sein Vaterland bringen und sagen: Ich hatte einst in Paris
Könige gesehen, Idole einer entwürdigenden Verehrung; als
ich wiederum dorthin kam, waren sie verschwunden.

Ich schlage vor, dieses aus den zerbrochenen Trümmern
jener Statuen erbaute Denkmal auf dem Platz des Pont-Neuf
aufzustellen und darüber die Riesengestalt des Volkes, des
französischen Volkes zu errichten. Dieses durch seine Kraft
und Einfachheit eindrucksstarke Standbild soll auf der Stirn
in großen Lettern das Wort *Licht* tragen; auf der Brust *Natur,
Wahrheit;* auf den Armen *Kraft;* auf den Händen *Arbeit.*

Auf der einen Hand sollen die aneinander gedrängten
Gestalten der Freiheit und der Gleichheit, zum Flug durch

die ganze Welt bereit, allen Menschen zeigen, daß sie auf dem Genie und der Tugend des Volkes ruhen. Dieses aufrechte Bild des Volkes hält in seiner anderen Hand die furchtbare wirkliche Keule, an der gemessen die des alten Herkules nur ein Symbol war. Solche Monumente sind unser würdig; alle Völker, denen die Freiheit teuer war, haben solche Monumente errichtet. Sie liegen nicht weit vom Schlachtfeld von Granson; die Gebeine der Sklaven und der Tyrannen, die Helvetiens Freiheit ersticken wollten, sind dort als Pyramide aufgerichtet und drohen den frechen Königen, die es wagen sollten, das Gebiet der freien Menschen zu verletzen.

So werden in Paris die von Königtum und Aberglauben erfundenen und 1400 Jahre lang vergötterten Standbilder zu einem Berg zusammengetragen, der als Sockel für das Standbild des Volkes dienen wird.

Jacques-Louis David (1793)

Die Conciergerie · Ein Korridor

(Lacroix, Danton, Mercier und andre Gefangne auf und ab gehend)

LACROIX *zu einem Gefangnen.* Wie, so viel Unglückliche, und in einem so elenden Zustande?

DER GEFANGNE. Haben Ihnen die Guillotinenkarren nie gesagt, daß Paris eine Schlachtbank sei?

MERCIER. Nicht wahr, Lacroix? Die Gleichheit schwingt ihre Sichel über allen Häuptern, die Lava der Revolution fließt, die Guillotine republikanisiert! Da klatschen die Galerien und die Römer reiben sich die Hände, aber sie hören nicht, daß jedes dieser Worte das Röcheln eines Opfers ist. Geht einmal euren Phrasen nach, bis zu dem Punkt wo sie verkörpert werden. Blickt um euch, das alles habt ihr gesprochen, es ist eine mimische Übersetzung eurer Worte. Diese Elenden, ihre Henker und die Guillotine sind eure

lebendig gewordnen Reden. Ihr bautet eure Systeme, wie
Bajazet seine Pyramiden, aus Menschenköpfen.

DANTON. Du hast recht. Man arbeitet heutzutag alles in
Menschenfleisch. Das ist der Fluch unserer Zeit. Mein
Leib wird jetzt auch verbraucht. – Es ist jetzt ein Jahr, daß
ich das Revolutionstribunal schuf. Ich bitte Gott und
Menschen dafür um Verzeihung, ich wollte neuen Septem-
bermorden zuvorkommen, ich hoffte die Unschuldigen zu
retten, aber dies langsame Morden mit seinen Formalitäten
ist gräßlicher und ebenso unvermeidlich. Meine Herren,
ich hoffte Sie alle diesen Ort verlassen zu machen.

MERCIER. Oh, herausgehen werden wir.

DANTON. Ich bin jetzt bei Ihnen, der Himmel weiß wie das
enden soll.

Georg Büchner (1835)

Auf zur Sainte-Chapelle

In diesem Augenblick erschien Fedor Balanovitch.

«Los, sputen wir uns», fing er zu grölen an. «Schnell!
Schnell! Rin in den Bus, und zwar n bißchen dalli dalli!»

«Where are we going now?»

«Zur Sainte-Chapelle», antwortete Fedor Balanovitch.
«Eine Perle der gotischen Kunst. Los, sputet euch. Schnell,
schnell!»

Aber die Leute sputeten sich nicht, denn Gabriel und seine
Nichte interessierten sie gewaltig. (...)

«Ist sie interessant, die Sainte-Chapelle?» fragte Gabriel.

«Sainte-Chapelle, Sainte-Chapelle», war der Touristenschrei, und die ihn ausstießen, den Touristenschrei, zogen
Gabriel in unwiderstehlichem Elan zum Bus mit.

«Er hat sie gehörig scharf gemacht», sagte Fedor Balanovitch zu Zazie, die mit ihm hinten geblieben war.

Raymond Queneau (1959)

Quai des Orfèvres

Um zwei Uhr stieg Maigret, immer noch von Janvier begleitet, die große Treppe am Quai des Orfèvres hinauf, die selbst am heitersten Sommermorgen trist und grau wirkte. Heute fegte ein feuchter Luftzug über sie hin, und die Spuren nasser Sohlen auf den Stufen trockneten nicht.

Schon auf dem ersten Treppenabsatz vernahm man aus dem ersten Stock ein leises Gemurmel, dann hörte man Stimmen, das Kommen und Gehen deutete darauf hin, daß die Presse benachrichtigt worden war und daß Journalisten mit ihren Fotografen und sicher auch Leute vom Fernsehen, wenn nicht vom Film, zugegen waren.

Ein Fall wurde abgeschlossen oder schien im Justizpalast sein Ende zu finden. Ein anderer begann hier. Auf der einen Seite drängte sich bereits die Menge. Auf der anderen sah man nur ein paar Spezialisten.

Auch am Quai des Orfèvres gab es eine Art Zeugenzimmer, den verglasten Warteraum, den man den Glaskäfig nannte, und der Kommissar blieb im Vorübergehen stehen, um einen Blick auf die sechs Personen zu werfen, die unter den Fotografien der im Dienst getöteten Polizeibeamten saßen.

Sollte man meinen, daß sich alle Zeugen ähneln?

Georges Simenon (1960)

Place Dauphine

Diese Place Dauphine ist wohl einer der zutiefst zurückgezogenen Orte, die ich kenne, eines der schlimmsten terrains vagues, die es in Paris gibt. Jedesmal, wenn ich mich dort befand, fühlte ich mich alle Lust verlieren, anderswo hinzugehen, mußte ich mit mir selbst kämpfen, um mich aus einer sehr geschmeidigen, allzu angenehm zudringlichen und alles in allem erschöpfenden Umarmung zu befreien. Noch mehr, ich habe einige Zeit in einem Hotel neben diesem Platz gewohnt, dem «City Hôtel», wo das Kommen und Gehen zu jeder Stunde für den, der sich nicht mit allzu einfachen Lösungen begnügt, verdächtig ist. (...)

Als das Dessert kommt, beginnt Nadja um sich zu blicken. Sie ist sicher, daß sich unter unseren Füßen ein unterirdischer Gang hinzieht, der vom Justiz-Palast kommt (sie zeigt, von welcher Stelle des Palastes, ein wenig rechts von der weißen Freitreppe) und um das Hôtel Henri IV herumgeht. Sie beunruhigt sich bei dem Gedanken an das, was auf diesem Platz schon geschehen ist und was hier noch geschehen wird. Wo in diesem Augenblick im Schatten zwei oder drei Paare verschwinden, sieht sie eine ganze Menge. (...)

Wir gehen wieder das Gitter entlang, und plötzlich weigert sich Nadja, weiterzugehen. Da ist rechts ein tiefer gelegenes Fenster, das auf den Graben geht, und von seinem Anblick kann sie sich nicht mehr trennen. Vor diesem Fenster, das wie vermauert aussieht, muß man warten, das weiß sie. Von dort kann alles kommen. Dort beginnt alles. Mit beiden Händen hält sie sich am Gitter fest, damit ich sie nicht mitziehe. Sie antwortet fast nicht mehr auf meine Fragen. Nach langem Sträuben wartete ich schließlich, bis sie aus eigenem den Weg wiederaufnehmen würde. Der Gedanke an den unterirdischen Gang hat sie nicht verlassen, und zweifellos glaubt sie an einem seiner Ausgänge zu sein. Sie fragt sich, wer sie in der Umgebung Marie-Antoinettes gewesen sein konnte. Bei den Schritten der Spaziergänger zittert sie lange. Ich werde unruhig, löse ihr eine Hand nach der anderen ab und zwinge sie endlich, mir zu folgen.

Über eine halbe Stunde ist so vergangen.

André Breton (1928)

Pont-Neuf · Der gute König

Der Pont-Neuf ist für die Stadt, was dem menschlichen Leib das Herz: hier zirkuliert alles Leben. Und so bewegt, so vielgestaltig ist das Hin und Her von Einheimischen wie von Fremden auf diesem Übergang, daß einer, der jemanden suchte, sich täglich nur für eine Stunde dort aufzuhalten brauchte: man würde einander begegnen. Es kann daher gar nicht wundernehmen, daß auch die Spitzel sich hier festgesetzt haben, denn sie wissen gewiß, daß ihr Mann Paris verlassen hat, wenn sie ihn nicht binnen einiger Tage zu Gesicht bekommen.

Eine andere Brücke, der Pont-Royal, bietet dem bloßen Auge mehr, eine schönere Sicht; die bemerkenswertere dagegen, eine die gefangennimmt, bietet der Pont-Neuf. Und zwar nicht zuletzt wegen des Reiterstandbildes Heinrichs des Vierten, das von Fremden und Parisern gleichermaßen bewundert wird, wie ja überhaupt jedermann diesen König als die verkörperte Güte und Volkstümlichkeit ansieht. So geschah es an einem Festtag, daß ein Armer hinter einem Manne herlief, der eben über den Pont-Neuf ging. «Um des heiligen Petrus willen», rief der Bettler; «um des heiligen Joseph willen», «um der Jungfrau Maria willen», «um ihres göttlichen Sohnes willen», «um Gottes willen». Unterdessen waren sie bis an das Standbild Heinrichs IV. gekommen: «Um des guten Königs Heinrich willen», rief er jetzt. «Um des guten Königs Heinrich willen? Hier», sagte der Mann, «nimm!» und gab ihm einen Louisdor.

Louis-Sébastien Mercier (1782)

QUARTIER LATIN

Boulevard Saint-Michel · Der Hüpfer

Der Boulevard St-Michel war leer und weit, und es ging sich
leicht auf seiner leisen Neigung. Fensterflügel oben öffneten
sich mit gläsernem Aufklang, und ihr Glänzen flog wie ein
weißer Vogel über die Straße. Ein Wagen mit hellroten
Rädern kam vorüber, und weiter unten trug jemand etwas
Lichtgrünes. Pferde liefen in blinkernden Geschirren auf
dem dunkel gespritzten Fahrdamm, der rein war. Der Wind
war erregt, neu, mild, und alles stieg auf: Gerüche, Rufe,
Glocken.

Ich kam an einem der Caféhäuser vorbei, in denen am
Abend die falschen roten Zigeuner spielen. Aus den offenen
Fenstern kroch mit schlechtem Gewissen die übernächtige
Luft. Glattgekämmte Kellner waren dabei, vor der Türe zu
scheuern. Der eine stand gebückt und warf, handvoll nach
handvoll, gelblichen Sand unter die Tische. Da stieß ihn
einer von den Vorübergehenden an und zeigte die Straße
hinunter. Der Kellner, der ganz rot im Gesicht war, schaute
eine Weile scharf hin, dann verbreitete sich ein Lachen auf
seinen bartlosen Wangen, als wäre es darauf verschüttet
worden. Er winkte den andern Kellnern, drehte das lachende
Gesicht ein paarmal schnell von rechts nach links, um alle
herbeizurufen und selbst nichts zu versäumen. Nun standen
alle und blickten hinuntersehend oder -suchend, lächelnd
oder ärgerlich, daß sie noch nicht entdeckt hatten, was
Lächerliches es gäbe. (...)

Ich erwartete, sobald mein Auge Raum hatte, irgendeine ungewöhnliche und auffallende Figur zu sehen, aber es zeigte sich, daß vor mir niemand ging, als ein großer hagerer Mann in einem dunklen Überzieher und mit einem weichen, schwarzen Hut auf dem kurzen, fahlblonden Haar. Ich vergewisserte mich, daß weder an der Kleidung, noch in dem Benehmen dieses Mannes etwas Lächerliches sei, und versuchte schon, an ihm vorüber den Boulevard hinunter zu schauen, als er über irgend etwas stolperte. Da ich nahe hinter ihm folgte, nahm ich mich in acht, aber als die Stelle kam, war da nichts, rein nichts. Wir gingen beide weiter, er und ich, der Abstand zwischen uns blieb derselbe. Jetzt kam ein Straßenübergang, und da geschah es, daß der Mann vor mir mit ungleichen Beinen die Stufen des Gangsteigs hinunterhüpfte in der Art etwa, wie Kinder manchmal während des Gehens aufhüpfen oder springen, wenn sie sich freuen. Auf den jenseitigen Gangsteig kam er einfach mit einem langen Schritt hinauf. Aber kaum war er oben, zog er das eine Bein ein wenig an und hüpfte auf dem anderen einmal hoch und gleich darauf wieder und wieder. Jetzt konnte man diese plötzliche Bewegung wieder ganz gut für ein Stolpern halten, wenn man sich einredete, es wäre da eine Kleinigkeit gewesen, ein Kern, die glitschige Schale einer Frucht, irgend etwas; und das Seltsame war, daß der Mann selbst an das Vorhandensein eines Hindernisses zu glauben schien, denn er sah sich jedesmal mit jenem halb ärgerlichen, halb vorwurfsvollen Blick, den die Leute in solchen Augenblicken haben, nach der lästigen Stelle um. Noch einmal rief mich etwas Warnendes auf die andere Seite der Straße, aber ich folgte nicht und blieb immerfort hinter diesem Manne, indem ich meine ganze Aufmerksamkeit auf seine Beine richtete. Ich muß gestehen, daß ich mich merkwürdig erleichtert fühlte, als etwa zwanzig Schritte lang jenes Hüpfen nicht wiederkam, aber da ich nun meine Augen aufhob, bemerkte ich, daß dem Manne ein anderes Ärgernis entstanden war. Der Kragen seines Überziehers hatte sich aufgestellt; und wie er sich auch, bald mit einer Hand, bald mit beiden umständlich bemühte, ihn niederzulegen, es wollte nicht gelingen. Das kam vor. Es beunruhigte mich nicht. Aber gleich darauf gewahrte ich mit grenzenloser Verwunderung, daß in den beschäftigten Händen dieses Menschen zwei Bewegungen waren: eine heimliche, rasche, mit welcher er den Kragen unmerklich hochklappte, und jene andere ausführliche, anhaltende, gleichsam übertrieben buchstabierte Bewegung, die das Umlegen des Kragens bewerkstelligen sollte. Diese Beobachtung verwirrte mich so sehr, daß zwei Minuten vergingen, ehe ich erkannte, daß im Halse des Mannes, hinter dem hochgeschobenen Überzieher und den nervös agierenden Händen dasselbe schreckliche, zweisilbige Hüpfen war, das seine Beine eben verlassen hatte. Von diesem Augenblick an war ich an ihn gebunden. (...)

Ich habe vergessen zu sagen, daß er einen Stock trug; nun, es war ein einfacher Stock, aus dunklem Holze mit einem schlichten, rund gebogenen Handgriff. Und es war ihm in seiner suchenden Angst in den Sinn gekommen, diesen Stock zunächst mit einer Hand (denn wer weiß, wozu die zweite noch nötig sein würde) auf den Rücken zu halten, gerade über die Wirbelsäule, ihn fest ins Kreuz zu drücken und das Ende der runden Krücke in den Kragen zu schieben, so daß man es hart und wie einen Halt hinter dem Halswirbel und dem ersten Rückenwirbel spürte. Das war eine Haltung, die nicht auffällig, höchstens ein wenig übermütig war; der unerwartete Frühlingstag konnte das entschuldigen. Niemandem fiel es ein, sich umzusehen, und nun ging es. Es ging vortrefflich. Freilich beim nächsten Straßenübergange kamen zwei Hüpfer aus, zwei kleine, halbunterdrückte Hüpfer, die vollkommen belanglos waren; und der eine, wirklich sichtbare Sprung war so geschickt angebracht (es lag gerade ein Spritzschlauch quer über dem Weg), daß nichts zu befürchten war. Ja, noch ging alles gut (...)

Auf der Place St-Michel waren viele Fahrzeuge und hin und her eilende Leute, wir waren oft zwischen zwei Wagen, und dann holte er Atem und ließ sich ein wenig gehen, wie um auszuruhen, und ein wenig hüpfte es und nickte ein wenig. Vielleicht war das die List, mit der die gefangene Krankheit ihn überwinden wollte. Der Wille war an zwei Stellen durchbrochen, und das Nachgeben hatte in den besessenen Muskeln einen leisen, lockenden Reiz zurückgelassen und den zwingenden Zweitakt. Aber der Stock war noch an seinem Platz, und die Hände sahen böse und zornig aus; so betraten wir die Brücke, und es ging. Es ging. Nun kam etwas Unsicheres in den Gang, nun lief er zwei Schritte, und nun stand er. Stand. Die linke Hand löste sich leise vom Stock ab und hob sich so langsam empor, daß ich sie vor der Luft zittern sah; er schob den Hut ein wenig zurück und strich sich über die Stirn. Er wandte ein wenig den Kopf, und sein Blick schwankte über Himmel, Häuser und Wasser hin, ohne zu fassen, und dann gab er nach. Der Stock war fort, er spannte die Arme aus, als ob er auffliegen wollte, und es brach aus ihm aus wie eine Naturkraft und bog ihn vor und riß ihn zurück und ließ ihn nicken und neigen und schleuderte Tanzkraft aus ihm heraus unter die Menge. Denn schon waren viele Leute um ihn, und ich sah ihn nicht mehr.

Was hätte es für einen Sinn gehabt, noch irgendwohin zu gehen, ich war leer. Wie ein leeres Papier trieb ich an den Häusern entlang, den Boulevard wieder hinauf.

Rainer Maria Rilke (1910)

Rue de la Huchette · Von zweierlei Feuer

Für die Türken, die im Gefolge des letzten ottomanischen Gesandten nach Paris gekommen waren, gab es in der ganzen Stadt keinen anziehenderen Ort als die Rue de la Huchette mit ihren zahllosen Bratbuden, daraus fetter, würziger Rauch aufsteigt. Auch andere schätzen diese nahrhaften Düfte. So sollen die Leute aus dem Limousin eigens dorthin gehen, wenn sie ihr trocken Brot verzehren.

Hier gibt es zu jeder Tageszeit gebratenes Geflügel, die Öfen glühen von früh bis spät, und unablässig drehen sich die Spieße. Ein Röst-Rad gleich dem Rade Ixions unterhält das ewige Wenden und Drehen. Nur zur Fastenzeit erlischt das Feuer. Bräche aber einmal Feuer aus in dieser brandgefährlichen Gasse, deren Häuser alle alt und alle aus Holz sind – solcher Brand wäre nicht zu löschen.

Louis-Sébastien Mercier (1782)

Rue du Fouarre · Streugasse

Und der, von dem dein Blick zu mir zurückkehrt,
ist eines Geistes Leuchte, dem in ernsten
Gedanken allzuspät das Sterben vorkam.
Das ewge Licht Sigers ist solches, der, einst
Vorlesung haltend in der Halmenstraße,
durch Schlüsse dartat manch mißfäll'ge Wahrheit.

Dante Alighieri (um 1315)

Place Maubert

Dem Platz Maubert sieht es niemand mehr an, daß er einmal ein Stadtdschungel war, ein Räubernest, Totschläger-, Vaganten-, Bettler-Reduit, auch der unheimlich-heilige Ort, wo die Sorbonne ihre Nonkonformisten verbrannte, sehr unmenschlich, sehr selbstgerecht und in einem verblüffenden festen Glauben an Gottes Beifall. Die das Andenken eines armen Einsiedlers ehrende Kirche Saint-Séverin und die alte Mönchsgründung Saint-Julien-le-Pauvre versuchten auf andere Weise dem Himmel wohlgefällig zu sein. Sie waren immer die Beichtstühle, die psychoanalytische Therapeutik, die Zuflucht der revoltierenden, leichtsinnigen oder schwermütigen, neuen Ideen nachhängenden, in Verbrechen verstrickten, Gedanken- und Planetenfreiheit fordernden Studenten und aller Vogelfreien der Zeit. Zerbrochene Inschriften, verfallene Gräber, bewahrte Beinstätten und die schöne Flammengotik der Säulen von Saint-Séverin, dem Einsiedler, berichten von den alten geistlichen und schon damals großstädtisch sozialen Kämpfen. Geblieben sind Armut und Herzensnot, und eine lange Reihe von Danktafeln für neuerdings erhörte Gebete zeugt von einem fortlebenden Glauben an die Wunderkraft des geweihten Mauerwerks. Am Platz Maubert aber blicken nun eintönig langweilige Miethäuser auf die Richtstätte der Häretiker, der Ketzer, der armen Märtyrer der Vernunft, auf das Revier des großen François Villon, und um den Metroeingang, nur eine Station von Saint-Michel entfernt, weht sonderbarerweise der Wind der Vorstadt. Die Polytechnische Hochschule, vielleicht die traditionsstolzeste aller französischen Unterrichtsanstalten, ein Institut der Armee, das ihr Festungsbauer, Ingenieuroffiziere, Pioniere und Artilleristen von höchster Intellektualität heranbildete und nun zusammen mit der Bergwerksakademie, der Hochschule für Politik und der Verwaltungshochschule dem Staat und der Wirtschaft die neue herrschende Schicht der großen Kapitäne, der Manager und der Technokraten liefert, hat, wie sie sich heute vorstellt, mit ihrer Fortschrittsarchitektur von vorgestern dem Viertel ein nüchternes, ein, wenn man um seine Kulturgeschichte weiß, enttäuschendes Gesicht gegeben. Die philiströsen Standbilder der berühmten Gelehrten sind für die Vorübergehenden nur wie Namen in einem Lexikon, und die akademischen Statuen der Dichter verbreiten keine Poesie.

Wolfgang Koeppen (1961)

Im Cluny-Museum

Die Rotunde
Löwe + Einhorn = Stärke + Wunder
Ziegelrot   Bäume blaugrün
Einhorn sieht sich im Spiegel   sehen
Einhorn mit Handorgel   hören
Diener hält Schale m. Trauben   schmecken
Äffchen riecht an Blüten   riechen
Betasten des Horns   fühlen
auf der Stufe sitzend, vorm Halbkreis der Gobelins, muß
mein Gesicht verstecken, weil mir die Tränen aus den Augen
laufen

ganz unten, in der tiefsten Grotte eine bäuchlings hockende
Gestalt, mit Schwanzansatz. Die Hüften weiblich rund, das
Gesicht zerschlagen – der Körper geschuppt? Kopf stark zur
Seite gedreht, wie Wasser schlürfend, oder gequält?
Die vorn aufgestützten Hände halten Strick?
Vorm Torfenster der Außenhof, ummauert, oben, drüben
hinterm Gitter, der Boul Mich in strahlender Sonne welkes
Laub

Peter Weiss (1979)

Sorbonne · Disputatio

Unterdessen war die Zeit gekommen, da ich vor der theologi-
schen Fakultät eine öffentliche Probe meiner Disputierkunst
abzulegen hatte. Ich ließ also verschiedene Personen von
Rang und Würde bitten, mich für diesen Zweck mit ihrer
Anwesenheit zu beehren. So ward mein Name in ganz Paris
genannt, dergestalt, daß er auch meiner Ungetreuen zu Ohren kam, die des Abbétitels wegen, der die Einladungskarten
zierte, zwar keine völlige Gewißheit haben, aber doch der
Ankündigung eines Des Grieux genügend Interesse abge-

winnen mochte. Ob hierfür der letzte Rest Neigung zu mir, ob ein Quentchen Reue darüber, mich hintergangen zu haben, den Ausschlag gab, habe ich nie herausfinden können. Jedenfalls erschien sie mitsamt einigen andern Damen in der Sorbonne und wohnte meiner Disputation bei; sie wird mich unschwer wiedererkannt haben.

Ich dagegen sah und wußte natürlich nichts von ihr, denn solche Stätten kennen besondere Logen, darin die Damen hinter Gitterwerk verborgen den Dingen folgen können. Sie werden meine völlige Überraschung verstehen, als ich in Saint-Sulpice, wo mir, nachdem ich gegen sechs Uhr ruhmbedeckt und mit Artigkeiten überhäuft zurückkehrte, gleich darauf vermeldet worden war, eine Dame wünsche mich zu sprechen, im Sprechzimmer mich dieser gegenübersah – Götter! sie war es, dort stand Manon, reizender und strahlender, als ich sie je gesehen.

Abbé Prévost (1731)

Der Rat für die Aufrechterhaltung der Besetzungen erklärt

Die Besetzung der Sorbonne seit Montag, dem 13. Mai, hat eine neue Phase der Krise der modernen Gesellschaft eingeleitet. Die Ereignisse, die sich augenblicklich in Frankreich abspielen, nehmen das Wiedererscheinen der revolutionären proletarischen Bewegung in allen Ländern vorweg. Was bereits von der Theorie zum Kampf auf der Straße übergegangen war, ist jetzt zum Kampf um die Macht über die Produktionsmittel geworden. Der Spätkapitalismus glaubte den Klassenkampf abgeschafft zu haben: er ist wieder da! Das Proletariat existierte nicht mehr: hier ist es wieder!

Durch die Freigabe der Sorbonne glaubte die Regierung die Revolte der Studenten zu beruhigen, die bereits eine ganze Nacht lang ein Viertel von Paris innerhalb ihrer Barrikaden halten konnte, bis es mühsam von der Polizei zurückerobert wurde. Man überließ den Studenten die Sorbonne, damit sie endlich friedlich über ihre Hochschulprobleme diskutieren könnten. Aber die Besetzenden beschlossen sofort, sie für die Bevölkerung zu öffnen, um frei über allgemeine Probleme der Gesellschaft zu diskutieren.

Das war also der erste Versuch eines *Rates*, in dem die Studenten selbst aufhörten, Studenten zu sein: sie ließen ihre Misere hinter sich.

Gewiß, die Besetzung ist niemals ganz durchgeführt worden: bestimmte Reste von Verwaltungsbüros sowie eine Kapelle waren ausgenommen. Die Demokratie war niemals vollkommen (...) Trotz dieser Unzulänglichkeiten, die wegen des tatsächlichen Widerspruchs zwischen der Größe des Vorhabens und der Begrenztheit des studentischen Milieus nicht überraschen dürfen, hat das Beispiel des besten, was in einer solchen Situation entstehen konnte, sofort eine explosive Bedeutung angenommen. Die Arbeiter haben gesehen, wie die freie Diskussion, die Suche nach einer radikalen Kritik, die direkte Demokratie hier verwirklicht wurden als ein Recht, das man sich nehmen kann. Das war, wenn auch auf eine vom Staat befreite Sorbonne beschränkt, das Programm der Revolution in seinen ihr gemäßen Formen. Am Tag nach der Besetzung der Sorbonne besetzten die Arbeiter der Sud-Aviation in Nantes ihre Fabrik. (...) Am Ende der Woche waren 100 Fabriken besetzt (...)

Anonym (1968)

In der Bibliothek Sainte-Geneviève

Ich eröffnete meine neue Existenz damit, daß ich die Treppen der Bibliothek Sainte-Geneviève erstieg. Dort setzte ich mich in den für Leserinnen reservierten Teil an einen großen, gleich denen des Cours Désir mit schwarzem Moleskin bedeckten

Tisch und vertiefte mich in die *Comédie humaine* oder in die *Mémoires d'un homme de qualité*. Mir gegenüber blätterte im Schatten eines großen mit Vögeln beladenen Hutes eine Dame reiferen Alters in verjährten Bänden des *Journal officiel:* sie sprach halblaut mit sich selbst und lachte vor sich hin. Zu jener Zeit war der Eintritt in den Lesesaal frei; viele Verrückte und bessere Pennbrüder flüchteten sich dorthin; sie hielten Selbstgespräche, summten vor sich hin und kauten an Brotkrusten herum; es gab einen, der mit einem Papierhut auf dem Kopf unaufhörlich auf und ab ging. Ich fühlte mich sehr weit dem Studiensaal des Cours Désir entrückt: endlich hatte ich mich in das Gewühl der Menschheit hineingestürzt. ‹Es ist so weit: ich bin Studentin!› sagte ich fröhlich zu mir selbst. Ich trug ein schottisches Kleid, das ich zwar selbst gesäumt hatte, aber es war neu und nach meinen Maßen gemacht; während ich Kataloge wälzte und geschäftig hin und her ging, glaubte ich ein sehr reizvoller Anblick zu sein.

Simone de Beauvoir (1958)

15, place du Panthéon

Die Place du Panthéon war, wie immer um diese Stunde, fast ausgestorben, doch sonst bist du um diese Zeit meistens schon zu Hause, da du mit deinem Wagen fährst, der sich aber am Montagabend noch in der Garage in der Rue de l'Estrapade befand, wohin du ihn gestern abend zurückgebracht hast; die dunkle Masse des Panthéon mit seiner unsichtbaren Kuppel lastete über dem Platz, dessen Überquerung dir unendlich lang vorkam, die Scheinwerfer eines Autos, das im Regen um die Ecke bog, bestrahlten einen Augenblick lang die Statue Jean Jacques Rousseaus.

Als du auf den Türknopf gedrückt hast, öffnete sich das Haustor mit einem leisen Summen, die Fenster der Hausmeisterloge zu deiner Linken, durch Vorhänge hermetisch geschlossen, ließen gerade noch einen rötlichen Lichtschein hindurchschimmern; du hast auf den Lichtknopf gedrückt und bist mit dem Fahrstuhl bis zur vierten Etage gefahren (...)

In deinem Zimmer hast du das Fenster aufgemacht und die dunkle Masse des Panthéon betrachtet, die sich undeutlich im Regen über den feuchten Lichtkegeln einiger Scheinwerfer abzeichnete, die Stätte in Paris, die – neben den Thermen des Julianus – deine Gedanken am regelmäßigsten zu Cécile führt, und das nicht nur, weil sein Name für dich auf ganz natürliche Weise die Erinnerung an den Tempel hervorruft, den Agrippa den zwölf Göttern geweiht hat, sondern auch, weil sein Girlandenfries, genau in der Höhe bemühungen eine der gelungensten Nachahmungen der schönsten römischen Verzierungen ist (...)

Michel Butor (1957)

Rue d'Ulm · Ein Normalien erinnert sich

Nehmen wir die Studenten: Schließlich haben sie ja die Bewegung ins Rollen gebracht. Was wollen sie? Man bekommt zur Antwort: «Studentenmacht.» Das sagt überhaupt nichts, solange man nicht versucht, ihre Stellung innerhalb der Universität und in der Gesellschaft zu definieren.

Sie ist völlig anders als die unsere vor dreißig oder vierzig Jahren. Zwar haben wir schon, als ich zwanzig war, gegen das System der Vorlesungen *ex cathedra* protestiert. Doch wir waren wenige, und wir hielten uns leider Gottes für eine Elite. Wir waren fünfundzwanzig an der Ecole Normale – ein Jahrgang –, wir hatten eine wundervolle Bibliothek, Buden zum Arbeiten, Räume zum Schlafen, etwas Taschengeld, um uns zu amüsieren. Wir hielten die Bücher für besser als die Vorlesungen – das war auch richtig –, und das bekundeten wir einfach dadurch, daß wir nicht zu den Vorlesungen gingen. In die Sorbonne bin ich ein einziges Mal gegangen, als rechte Studenten beschlossen, die Vorlesungen eines Professors zu boykottieren, dessen Ideen ihnen nicht gefielen. An jenem Tag sind wir alle von der Ecole Normale, die wir sonst nie einen Fuß dorthin setzten, weil das unter unserer Würde war, in die Sorbonne geströmt.

Bei uns gab es noch keine überfüllten Vorlesungen, denn wir waren nur wenige. Man arbeitete mit ausgezeichneten Hilfsmitteln, war unter sich. Ich habe mich auf die *Agrégation* zusammen mit Nizan, Maheu – der jetzt bei der UNESCO ist –, Aron und Simone de Beauvoir vorbereitet. Man konnte mit den Professoren diskutieren, und es gab ständig Auseinandersetzungen, aber all das geschah in einer Atmosphäre aristokratischer Muße.

Jean-Paul Sartre (1968)

Auf dem Dache

Jerphanion, der auf Dorfdächern gespielt hatte, durch Geröll von Klingstein geklettert und nacktfüßig auf Ziegenpfaden an steilen Abhängen entlang gelaufen war, ließ sich nur einen Augenblick von dieser Pariser Dachrinne einschüchtern. Übrigens war das Dach der École Normale mehr majestätisch als gefährlich. Bevor es dem Blicke Paris darbot, ließ es ihn das große Gebäude-Viereck in seiner inneren Geräumigkeit überblicken. In der Dachrinne stehend, konnte man edle Reihen von Dachstuben und die Symmetrie der Schornsteine bewundern. Unten bemerkte man einen tiefen Hof von königlicher Würde, mit einem runden Wasserbecken, das von magerem Grün umgeben war. (...)

Aber das Dach der École Normale konnte sich nicht schmeicheln, Paris zu beherrschen. Es hob einen nur auf gleiche Höhe mit der Stadt. Man kam aus den Tiefen eines Schiffes und entdeckte rings um sich das Meer. (...) Jerphanion, der nie das Meer gesehen hatte, bekam Seemannsgefühle.

Jules Romains (1932)

Kino

Film ist übrigens kein schlechter Gedanke. Im Kino fragt niemand nach einem. Man muß im verdunkelten, schlecht gelüfteten Saal nicht zeigen, was man nicht kann: pariserisch reden, kleine Feuerwerke der Intelligenz abbrennen. So wird bezahlt und die Flucht angetreten in die dem Namenlosen zustehende Finsternis des Cinéma. Die Wahl – Studio des Ursulines – war keine üble, wie sich bald herausstellen soll. «Les portes de la nuit.» Der junge hinreißend virile Yves Montand, Simone Signoret, Frau mit dem Goldhelm und einer die Schwarz-Weiß-Kälte des Films spielend überspielenden erotischen Hitze. Geisterhaft als ein Bettler, der das Menschenschicksal symbolisiert, Jean Vilar. Hurtiger, kleiner Schwarzhändler, Serge Reggiani. Dazu Musik von Kosma, ein Lied, das später sich als Schlager verschleißen wird, dessen musikalisch-textlicher Kern dennoch unverletzt bleibt: «...et la mer efface sur le sable les pas des amants désunis...» Frage, die sich gleich stellt beim ersten Anschauen, Anhören: Wird man das je erinnern können, diese Kinostunde mit der schönen Simone und dem jugendlich-kraftvollen Yves? Wird man je wieder die Ergriffenheit, die sich einstellt bei den Worten «das Meer löscht im Sande die Fußspuren der entzweiten Liebenden aus» genau so zu verspüren vermögen? Wird Paris, das Paris dieser après-guerre-Tage bestehen bleiben?

Jean Améry (um 1975)

LUXEMBOURG
UND SAINT-GERMAIN-DES-PRES

Vor den Gittern

Wie oft hatten sie an den Gärten von Luxembourg gestanden, und durch die Spaliere der Grenadiere auf die weiten sonnigen Wiesen geschaut. Und sie hatten die Tänze der Hofdamen angeglotzt, die Hirtenstöcke der goldbetreßten Kavaliere, die Bücklinge der Mohren, die Tabletten voll Orangen, Biskuits, Konfekt, die goldene Karosse, in der die Königin langsam durch den Park fuhr wie eine syrische Göttin, eine ungeheure Astarte, starrend von weißer Seide und glitzernd wie eine Heilige von tausend Perlen.

O, wie oft hatten sie von dem Duft, der Würze des Moschus getrunken, wie oft waren sie beinahe erstickt von den Wohlgerüchen des Ambra, die aus dem Park des Luxembourg zogen wie aus einem geheimnisvollen Tempel. O, man hätte sie doch einmal hereinlassen können, einmal auf einem solchen Samtstuhl zu sitzen, einmal in einem solchen Wagen zu fahren. Sie hätten mit Vergnügen die ganze Nationalversammlung totgeschlagen, sie hätten dem König die Füße geküßt, wenn er sie einmal für eine Stunde ihren Hunger und die kahlen Felder verzweifelter Ernten hätte vergessen machen.

Und sie zerpreßten sich ihre Nasen an den Eisenstäben der Gitter, sie steckten ihre Hände hindurch, Scharen von Bettlern, Herden von Ausgestoßenen und Wimmernden. Und ihr schrecklicher Geruch zog in den Park wie eine Wolke düsteren Abendrotes, das einem schrecklichen Morgen voraufgeht. Sie hatten sich an das Gitter gehängt wie gräßliche Spinnen, und ihre Augen waren weit in den Park hinausgewandert, in seine abendlichen Wiesen, seine Hecken, seine Lorbeergänge, seine Marmorfiguren, die von ihrem Postament herab ihnen ihr süßliches Lächeln zukehrten. Kleine Liebesgötter, Putten, dick wie gemästete Gänse, mit Armen, die weißen ausgestopften Würsten glichen, zielten nach ihrem aufgerissenen Mund ihre Liebespfeile und winkten ihnen mit dem steinernen Köcher, während auf ihre Schultern wie ein Klotz die Arme der Gerichtsvollzieher fielen, die gekommen waren, sie in die Schuldtürme zu werfen.

Die Schläfer stöhnten, und die Wachenden beneideten sie um ihren Schlaf.

Georg Heym (1911)

Im Park · Der Abbé Miolan

Als ich vor einigen Tagen mit Herrn D. hier spazierenging, erzählte er mir einen lustigen Vorfall, der sich vor ungefähr fünf Jahren im Garten des Luxembourg zutrug. Ein gewisser Abbé Miolan kündigte in den Zeitungen an, er werde an einem bestimmten Tage aus dem Garten des Luxembourg mit einem Aerostat in die Höhe steigen. Als der Tag erschien, versammelte sich ganz Paris an dem bestimmten Orte, und jedermann erwartete mit Ungeduld den Augenblick, wo der Luftschiffer erscheinen würde. Als aber schon mehrere Stunden verstrichen waren und immer noch kein Luftballon zu sehen war, fragte man endlich, ob das Experiment bald vor sich gehen werde. «Einen Augenblick», antwortete der Abbé, «nur ein wenig Geduld!» Aber es wird Abend, und der Aerostat hängt oder liegt noch immer unbeweglich. Nun verliert das Volk die Geduld – es stürzt sich auf den unglücklichen Luftballon, und in wenigen Sekunden ist er in tausend Fetzen zerrissen. Mit Mühe rettet sich der arme

Aeronaut durch die Flucht, und den Tag darauf halten die Savoyarden im Palais-Royal und an allen Straßenecken «eine schöne Abbildung der berühmten Luftreise des berühmten Abbé Miolan» für einen Sou feil. Der Abbé hielt es danach übrigens nicht für ratsam, sich öffentlich zu zeigen, und niemand wußte, wo er hingekommen war.

Diese lächerliche Geschichte hatte eine andere, fast noch lächerlichere zur Folge. D. befand sich nämlich bald hernach in der Oper, als sich auf einmal ein langer Abbé vor ihn hinstellte und ihn am Sehen hinderte. Er bat ihn höflich, ein wenig auf die Seite zu treten, da Platz genug wäre; aber der Riese tat, als wenn er nichts hörte, und rührte sich nicht von der Stelle. Ein junger Advokat, der neben D. steht, fragt ihn, ob er wohl wünsche, daß er den Giganten wegschaffe. «Oh, um Himmels willen», antwortete D., «tun Sie das, wenn es möglich ist.» – «Sogleich soll er verschwinden», sagt der Advokat und flüstert nun den Umstehenden ins Ohr: «Das ist der Abbé Miolan!» Nach einigen Minuten schreit das ganze Parterre: «Der Abbé Miolan! Der Abbé Miolan!», und alle zeigen mit Fingern auf den langen Abbé. Der arme Teufel ist außer sich und ruft in Verzweiflung bald zur Rechten, bald zur Linken: «Meine Herren, Sie irren sich, ich bin wahrhaftig nicht der Abbé Miolan!» Aber das Geschrei wird von Minute zu Minute ärger. Parterre und Logen und Galerie rufen mit einer Stimme: «Der Abbé Miolan! Der Abbé Miolan!», so daß sich endlich der unhöfliche Riese, der in der Tat nicht Miolan war, genötigt sieht, das Feld zu räumen. D., der sich vor Lachen nicht fassen kann, dankt unterdessen dem jungen Advokaten, während das Geschrei: «Der Abbé Miolan! Der Abbé Miolan!» die Musik übertäubt.

Nikolai Karamsin (1790)

Bootchen fahren

Das kleine Segelboot schwamm zuerst auf die Fontäne zu, aber dann begann es, auf und ab zu schwanken, und kam nicht weiter. Der kleine Paul sah verzweifelt zu ihm hin, er reichte mit dem Stock nicht weit genug, um den förderlichen Stoß zu geben. Dojno tröstete ihn. In diesem Bassin fanden alle Boote die gute Richtung, alle kamen an. «Es ist das beste Bassin der Welt. Überall, auf der ganzen Erde gibt es Kinder, die nur einen Gedanken haben: im *Jardin du Luxembourg* zu spielen.»

Das Kind hörte ihm kaum zu. Erst als das Boot wieder zu schwimmen begann, beruhigte es sich und lief, den Stock ungeschickt balancierend, um das Bassin herum. Sie stiegen zur überhöhten Terrasse hinauf und setzten sich auf die eisernen Stühle. (...)

Pauli rief, sein Boot war angekommen, alle sollten es sehen, nun stieß er es wieder ab, diesmal schwamm es gleich mit geblähten Segeln. Er begann wieder seinen Lauf um das Bassin herum. Die Kinder waren inzwischen zahlreicher geworden, es kamen immer welche hinzu, von ihren Müttern oder Gouvernanten begleitet.

Manès Sperber (1950)

Odéon · Figaro im Dunkeln auf und ab gehend, finster

O Weiber! Weiber! Weiber! Schwache, trügerische Geschöpfe! Kein Tier der Schöpfung kann seine Natur verleugnen: ist es die eure, zu betrügen? ... Nachdem sie es mir hartnäckig verweigert hat, als ich sie vor ihrer Herrin darum bat, in dem Augenblick, in dem sie mir ihr Jawort gibt, während der Feier... Er lachte, als er den Brief las, der Schurke, und ich, wie ein einfältiger Bauerntölpel... Nein, Herr Graf, Sie bekommen sie nicht... Sie bekommen sie nicht. Weil Sie ein großer Herr sind, halten Sie sich für einen großen Geist... Adel, Reichtum, ein hoher Rang, Würden, das macht so stolz! Was haben Sie denn getan, um so viele Vorzüge zu verdienen? Sie machten sich die Mühe, auf die Welt zu kommen, weiter nichts; im übrigen sind Sie ein ganz gewöhnlicher Mensch; während ich, zum Teufel, ein Kind aus der obskuren Menge, nur um zu leben mehr Witz und Verstand aufbringen mußte, als man seit hundert Jahren auf das Regieren ganz Spaniens und seiner Länder verwandt hat. Und Sie wollen sich mit mir messen... Da kommt jemand... sie ist es... nein, niemand. – Die Nacht ist pechschwarz, und ich spiele hier die alberne Rolle des Ehemanns, obwohl ich es erst zur Hälfte bin!

(Er setzt sich auf die Bank)

Gibt es ein verrückteres Schicksal als das meine? Sohn von ich weiß nicht wem, geraubt von Banditen, mit ihren Sitten aufgewachsen, werde ich ihres Treibens überdrüssig und will ein ehrliches Leben beginnen, doch überall weist man mich zurück! (...)

Weil man es müde wird, einen unbedeutenden Kostgänger durchzufüttern, setzt man mich eines Tages auf die Straße; und da man essen muß, auch wenn man nicht mehr im Gefängnis ist, spitze ich wieder die Feder und frage herum, was sich so tut: man erklärt mir, daß während meiner billigen Pensionszeit in Madrid ein System des freien Verkaufs aller Produkte eingeführt worden sei, das sich sogar auf die Erzeugnisse der Presse erstrecke, und daß ich, vorausgesetzt ich schriebe in meinen Artikeln weder über Regierung, Kirche, Politik, Moral, einflußreiche Persönlichkeiten, angesehene Berufsstände, die Oper oder andere Theater, noch über irgend etwas, auf das irgend jemand Wert legt, daß ich dann alles unter Aufsicht von zwei oder drei Zensoren frei drucken lassen dürfe.

Pierre Augustin Caron de Beaumarchais (1784)

Carrefour de l'Odéon · Beginn der Befreiung

Man blickt den dunkelgrünen Uniformen unter den hellgrünen Bäumen nach, vor ihnen leert sich der boulevard Saint-Germain. Mit der Mittagshitze lastet bereits etwas Düsteres auf der morgendlichen Fröhlichkeit. Der riesige schwarze Senat ganz am Ende der leeren Straße wirkt giftig mit dieser unerträglichen Fahne, die man wider Willen ansieht. Aber trotz allem kann man schwer glauben, daß die Kugeln näher als in einer Entfernung von einem Kilometer pfeifen.

Gegen drei Uhr ein erster Hagel. Am carrefour de l'Odéon hat der Kampf begonnen. Angehörige der *Forces Françaises de l'Intérieur* haben gerade einen kleinen deutschen Lastwagen erobert. (...) Die Conciergen stecken die Nase zu ihrer Tür heraus, die Leute, die in ihrem Eßzimmer vor den Überresten ihrer mageren Mahlzeit träumten, gehen in Hemdsärmeln auf die Straße hinunter. Gruppen bilden sich. Man blickt zum Senat, man blickt zum carrefour de l'Odéon. An die zwanzig deutsche Soldaten kommen aus dem Senat heraus und marschieren die rue de Seine entlang. Die Menge sieht sie gelassen herankommen.

Aber kaum sind sie auf dem boulevard Saint-Germain angekommen, da bestreichen sie plötzlich Fahrbahn und Gehsteig mit einer Maschinengewehrsalve, ohne auch nur hinzublicken, was sie anrichten. Aus Prinzip, könnte man sagen. Sie nennen das mit einem eleganten Ausdruck eine Säuberung. Die überraschte Menge hat keine Zeit gehabt, sich in Sicherheit zu bringen. Zwei Frauen fallen, ein alter Mann hat die Schulter durchschossen bekommen. Auf einen Schlag leert sich die ganze Straße: sie werden noch einmal schießen.

Nur ein älterer Mann, der nicht laufen kann, bleibt auf dem Boulevard zurück; die Deutschen zielen auf ihn. Er stürzt auf die Tür eines nahe gelegenen Hauses zu, klopft aus Leibeskräften, man braucht ihm nur aufzumachen.

Die Tür bleibt geschlossen, die Deutschen schießen, und der Mann fällt, von fünf Kugeln im Rücken getroffen.

Die Deutschen sind jetzt weg, die Leute kommen vorsichtig heraus, werden dann kühner. Krankenträger haben die Leichen weggebracht. Vor dem Hause bleibt eine Blutpfütze zurück, wie eine Anschuldigung. Plötzlich geht die Tür auf, und ein feiger schlaffer Kopf erscheint. Es ist der Concierge, der sich geweigert hat, aufzumachen; tadelnd blickt er die Pfütze an, verschwindet, kommt dann mit Eimer und Schrubber wieder und macht sich, gleichgültig und pedantisch, daran, das Blut wegzuwischen, so als wäre es ein Ölfleck. Da bricht plötzlich die Wut der Menge aus. Es ist ihre erste gemeinschaftliche Äußerung, ist seit dem Morgen das erste Mal, daß sie sich ihrer selbst bewußt wird. Sie umringt den Concierge, sie richtet ihn übel zu: «Ja, jetzt wischst du das Blut weg, aber deinetwegen ist es geflossen.»

Jean-Paul Sartre (1944)

Place Saint-Sulpice

Nahe der Kirche von *St. Sulpice,* um die Ecke in der *rue Servandoni,* wohnte der Doktor. Seine schmächtige, schlaffe Gestalt gehörte zum Bestand der *place.* Dem Besitzer des *Café de la Mairie du VIe* war er wie ein Sohn. Dieser relativ kleine Platz, in verschiedenen Richtungen von Straßenbahnlinien durchzogen, an der einen Seite von der Kirche und an der anderen vom Gericht begrenzt, war des Doktors *city.* Was er hier zu seinem Bedarf nicht finden konnte, das trieb er in den engen Straßen auf, die hier mündeten. Hier also hatte man ihn gesehen, wie er Einzelheiten für Begräbnisse festlegte – im *Salon* mit seinen Vorhängen aus feinstem schwarzen Tuch und den auf Pappe gezogenen Ansichten von Leichenwagen –, wie er Heiligenbildchen und *petits Jésus* in der *boutique* kaufte, dort wo Meßgewand und Schmuckkerze zur Schau standen. Mindestens einen Richter hatte er in der *Mairie du Luxembourg* niedergeschrien, wenn das Dutzend Zigarren seine Wirkung verfehlt hatte.

Er schlenderte kläglich und allein zwischen den Pappbuden der *Foire St. Germain,* wenn die Saison dort ihre Kulissenschlößchen ausbreitete. Man sah ihn, wie er flotten Schrittes linkerhand der Kirche entlang kam, um zur Messe zu gehen. Er badete im Weihwasserbecken, als sei er dessen auserwählter und erkorener Vogel; die müden französischen Dienstmädchen und die ortsansässigen kleinen Krämer stieß er beiseite, mit der Ungeduld einer Seele in körperlicher Bedrängnis.

Manchmal, spät nachts, bevor er sich dem *Café de la Mairie du VIe* zuwandte, konnte man ihn beobachten, wie er hinaufstarrte zu den riesigen Türmen der Kirche, die in den Himmel wuchsen, unschön aber beruhigend, wie er einen dicken warmen Finger seinen Nacken entlang zog, wo ihn der Gewohnheit zum Trotz sein Haar überraschte, das ihm den Rücken hochwuchs und über den Kragen kroch. Da stand er, klein und widersetzlich, und betrachtete das Becken der Fontäne, wie sich ihre Wasserröcke in zottigen fließenden Saum auflösten, und machmal rief er dem vergehenden Schatten eines Mannes nach: «Schönheit, wohin?»

Djuna Barnes (1936)

Bei Lipp

Es war Mitternacht und wir gingen in die Brasserie Lipp zum Abendessen. Die Brasserie Lipp ist reinstes 19. Jahrhundert. (...) und das ist sie sogar insoweit, als sie ihre Besucher fast automatisch in neunzehntes Jahrhundert verwandelt, in eine Schar aufmerksamer Esser, die mit umgebundenen Servietten, unter der Obhut alter erfahrener Ober die delikateste choucroute von Paris verzehren und dunkles elsässisches Bier oder einen ausgeruhten Beaune trinken. Sogar Jean-Paul Sartre, der an jenem Abend mit ein paar Leuten in einer Ecke saß und schon beim Kaffee angelangt war, wirkte in der Brasserie Lipp wie spätes 19. Jahrhundert. Nur Michèle Morgan nicht. Als Michèle Morgan hereinkam, sah sie aus wie eine große, weißblonde, von Dior angezogene bretonische Seeräuberin, die entschlossen ist, einen gemütlichen alten Dampfer voller Schlemmer zu erobern. Sie eroberte ihn.

Alfred Andersch (1956)

Bei Procope · Caféhausgespräche

Der junge Marmontel suchte immer wieder die Gesellschaft des alten Freidenkers Boindin, dessen geistreiche Art überall bekannt war. Da schlug ihm der Alte vor: «Wie wäre es, wenn Sie einfach ins Café Procope kämen?» – «Wie das, wir wollten doch *über Gott und die Welt* reden.» – «Das geht dort auch, wir müssen uns nur auf eine Geheimsprache verständigen.» So machten sie denn ein Wörterbuch, in welchem die Seele Gretchen hieß, die Religion Lisette, die Freiheit Hannchen und Gottvater Herr von Sein. Damit ließ sich trefflich streiten, und sie unterhielten sich gut – bis eines Tags ein schwarzgewandeter Herr, dessen Miene nichts Gutes verhieß, sich in ihre Dispute mischte. Er fragte Boindin: «Bitte untertänigst um Vergebung, wer ist denn dieser Herr von Sein, der sich so übel aufgeführt hat, und mit dem Sie so hadern?» – «Ach, wissen Sie», sagte Boindin, «das war ein Polizeispitzel». Man wird das Gelächter ermessen können angesichts dieses Menschen, der vom selben Stamme war.

Chamfort (um 1785)

Und die Caves?

«In Saint-Germain-des-Prés?» fragt Zazie, die vor Aufregung schon zappelt.

«Aber Mädchen», sagt Gabriel, «was hast du nur für Vorstellungen? Das ist doch vollkommen aus der Mode gekommen.»

«Wenn du damit andeuten willst, daß ich hinterm Mond zu Hause bin», sagt Zazie, «dann kann ich dir nur antworten, daß du ein altes Arschloch bist.»

«Hörst du das?» sagt Gabriel.

«Was willst du da tun», sagt Charles, «das ist eben die neue Generation.»

Raymond Queneau (1959)

Académie française · Über die Nichtmitglieder

Wir müssen jetzt aber doch gestehen, daß nicht alles durchaus falsch ist, was man so leichthin über uns sagt (und was nicht immer schmeichelhaft oder höflich, aber auch nicht ganz unberechtigt ist), so wenn man z. B. sagt, daß wir vierzig nur Geist für vier haben, oder wenn man uns vorwirft, wir widersetzten uns allen Neuheiten oder seien kühnen Werken feindlich gesinnt. Man kann uns sehr leicht eine Anzahl größter Talente entgegenhalten, die nicht in unseren Reihen saßen, oder die vor uns widerrufen mußten. Zu diesen verschiedenen Vorwürfen kommt noch der Spott über einige harmlose Lächerlichkeiten, zu denen unser Alter, unsere Gewandung, unsere Degen, unsere Reden und auch noch unsere Höflichkeitsformen Anlaß geben. Wenn diese leichten und immer wieder aufgegriffenen Pfeile uns erspart blieben, fehlte etwas an unserem Ruhm, so wie ihm Molière fehlt. Diejenigen, die diese Pfeile aufnehmen und immer wieder auf uns abschießen, merken vielleicht selbst nicht, daß sie damit genau wie wir in einer Tradition stehen. Die uns verspotten, gehören genau so gut zum Wesen der Akademie wie wir. Daraus ergibt sich, daß die Dreihundert-Jahrfeier der Akademie auch ihre Dreihundert-Jahrfeier ist, und daß man sie eigentlich mit der unseren zusammen feiern müßte. (...)

Aber, um wieder ernst zu reden, ich würde es für edel und unser würdig erachten, wenn wir bei eben dieser feierlichen Gelegenheit eine öffentliche Huldigung jenen großen Männern darbrächten, die keinen Sessel bei uns gewollt oder keinen erhalten haben.

Sicherlich sind wir selbst nicht an all diesen bedeutsamen Nichtaufnahmen schuld, und ich glaube, daß wir nur für sehr wenige unbedingt verantwortlich zu machen sind. Der Tod hat vielfach einer Laufbahn ein Ende bereitet, die bei uns wenige Zeit später ihre Krönung gefunden hätte. Auch muß man sagen, daß der Stolz manche Großen vor unserer Schwelle gehemmt und zurückgehalten hat. Sie halten es für eine Demütigung, an unsere Tür zu klopfen, weil sie fürchten, sie könnte sich ihnen nicht so schnell öffnen, wie es ihren Verdiensten eigentlich zukäme. (...)

Aber auch wenn ich nur die sehr bedauerlichen Lücken betrachte, die sich die Akademie vorwerfen muß, und die durchaus nicht nur die Wirkungen von Ursachen waren, die außerhalb ihres Willensbereiches liegen, so bemerke ich, daß diese Art von Ungerechtigkeit noch einen letzten Zug jenem undefinierbaren Charakter hinzufügt, den unsere Gesellschaft für mich hat. Niemand ist sicher, weder durch seinen Ruf, noch durch seine Stellung, noch auf Grund der öffentlichen Meinung, einen Sitz bei ihr zu erhalten. Man kann keine genauen Aufnahmebedingungen aufstellen, und es gibt keine noch so sieghaften Titel oder noch so glänzende Eigenschaften, die den Bewerber nicht der Gefahr aussetzen könnten, der Unbestimmbarkeit unserer Gefühle und unseren Stimmungen preisgegeben zu sein.

Paul Valéry (1935)

PALAIS ROYAL UND UMGEBUNG

Das Zentrum

Es mag schön oder häßlich Wetter sein, meine Gewohnheit bleibt auf jeden Fall, um fünf Uhr abends im Palais Royal spazierenzugehen. Mich sieht man immer allein, nachdenklich auf der Bank d'Argenson. Ich unterhalte mich mit mir selbst von Politik, von Liebe, von Geschmack oder Philosophie und überlasse meinen Geist seiner ganzen Leichtfertigkeit. Mag er doch die erste Idee verfolgen, die sich zeigt, sie sei weise oder töricht. So sieht man in der Allée de Foi unsere jungen Liederlichen einer Kurtisane auf den Fersen folgen, die mit unverschämtem Wesen, lachendem Gesicht, lebhaften Augen, stumpfer Nase dahingeht; aber gleich verlassen sie diese um eine andere, necken sie sämtlich und binden sich an keine. Meine Gedanken sind meine Dirnen.

Wenn es gar zu kalt oder regnicht ist, flüchte ich mich in den Café de la Régence und sehe zu meiner Unterhaltung den Schachspielern zu. Paris ist der Ort in der Welt, und der Café de la Régence der Ort in Paris, wo man das Spiel am besten spielt. Da, bei Rey, versuchen sich gegeneinander der profunde Légal, der subtile Philidor, der gründliche Mayot. Da sieht man die bedeutendsten Züge, da hört man die gemeinsten Reden. Denn kann man schon ein geistreicher Mann und ein großer Schachspieler zugleich sein, wie Légal, so kann man auch ein großer Schachspieler und albern zugleich sein, wie Foubert und Mayot.

Eines Nachmittags war ich dort, beobachtete viel, sprach

wenig und hörte so wenig als möglich, als eine der wunderlichsten Personnagen zu mir trat, die nur jemals dieses Land hervorbrachte, wo es doch Gott an dergleichen nicht fehlen ließ. Es ist eine Zusammensetzung von Hochsinn und Niederträchtigkeit, von Menschenverstand und Unsinn; die Begriffe vom Ehrbaren und Unehrbaren müssen ganz wunderbar in seinem Kopf durcheinander gehn; denn er zeigt, was ihm die Natur an guten Eigenschaften gegeben hat, ohne Prahlerei, und was sie ihm an schlechten gab, ohne Scham. Übrigens ist er von einem festen Körperbau, einer außerordentlichen Einbildungskraft und einer ungewöhnlichen Lungenstärke. Wenn ihr ihm jemals begegnet, und seine Originalität hält euch nicht fest, so verstopft ihr eure Ohren gewiß mit den Fingern oder ihr entflieht. Gott, was für schreckliche Lungen!

Und nichts gleicht ihm weniger als er selbst. Manchmal ist er mager und zusammengefallen, wie ein Kranker auf der letzten Stufe der Schwindsucht; man würde seine Zähne durch seine Backen zählen; man sollte glauben, er habe mehrere Tage nichts gegessen oder er käme aus la Trappe.

Den nächsten Monat ist er feist und völlig, als hätte er die Tafel eines Financiers nicht verlassen oder als hätte man ihn bei den Bernhardinern in die Kost gegeben. Heute, mit schmutziger Wäsche, mit zerrissenen Hosen, in Lumpen gekleidet und fast ohne Schuhe, geht er mit gebeugtem Haupte, entzieht sich den Begegnenden, man möchte ihn anrufen, ihm Almosen zu geben. Morgen, gepudert, chaussiert, frisiert, wohl angezogen, trägt er den Kopf hoch, er zeigt sich, und ihr würdet ihn beinah für einen ordentlichen Menschen halten.

So lebt er von Tag zu Tag, traurig oder heiter, nach den Umständen. Seine erste Sorge des Morgens, wenn er aufsteht, ist, sich zu bekümmern, wo er zu Mittag speisen wird. Nach Tische denkt er auf eine Gelegenheit zum Nachtessen, und auch die Nacht bringt ihm neue Sorgen. Bald erreicht er zu Fuß ein kleines Dachstübchen, seine Wohnung, wenn nicht die Wirtin, ungeduldig, den Mietzins länger zu entbehren, ihm den Schlüssel schon abgefordert hat. Bald wirft er sich in eine Schenke der Vorstadt, wo er den Tag zwischen einem Stück Brot und Kruge Bier erwartet. Hat er denn auch die sechs Sous zum Schlafgeld nicht in der Tasche, das ihm wohl manchmal begegnet, so wendet er sich an einen Mietkutscher, seinen Freund, oder an den Kutscher eines großen Herrn, der ihm ein Lager auf Stroh neben seinen Pferden vergönnt. Morgens hat er denn noch einen Teil seiner Matratze in den Haaren. Ist die Jahrszeit gelind, so spaziert er die ganze Nacht auf dem Cours oder den elyseischen Feldern hin und wider. Mit dem Tage erscheint er sogleich in der Stadt, gekleidet von gestern für heute und von heute manchmal für den Überrest der Woche.

Dergleichen Originale kann ich nicht schätzen; andre machen sie zu ihren nächsten Bekannten, sogar zu Freunden. Des Jahrs können sie mich einmal festhalten, wenn ich ihnen begegne, weil ihr Charakter von den gewöhnlichen absticht und sie die lästige Einförmigkeit unterbrechen, die wir durch unsre Erziehung, unsre gesellschaftlichen Konventionen, unsre hergebrachten Anständigkeiten eingeführt haben. Kommt ein solcher in eine Gesellschaft, so ist er ein Krümchen Sauerteig, das das Ganze hebt und jedem einen Teil seiner natürlichen Individualität zurückgibt. Er schüttelt, er bewegt, bringt Lob oder Tadel zur Sprache, treibt die Wahrheit hervor, macht rechtliche Leute kenntlich, entlarvt die Schelme, und da horcht ein Vernünftiger zu und sondert seine Leute.

Denis Diderot (um 1775)

Einsamkeit

Ich habe mehrere Tage traurig zugebracht, meine gute Therese. Du kannst es Dir denken, denn zwei Briefe habe ich verbrannt, und jetzt schreibe ich zum drittenmal noch immer nicht heiter gestimmt. Wie ich heute einsam im palais royal auf und ab ging, kamen mir unwillkürlich die Tränen in die Augen, daß ich nun auf mein Zimmer zurückkehren sollte und in der unendlich großen Stadt keinen Menschen hätte, der sich im mindesten um mich bekümmerte, keinen, der Anteil an mir nähme und dem es nicht völlig gleichgiltig wäre, wenn ich morgen verschwände! Gewiß eine sonderbare Wendung meines Schicksals, nachdem ich so lange meine Kräfte alle aufgeboten habe, um Menschen an mich zu knüpfen, mit denen ich im Tausch gegenseitiger Pflege und Sorge glücklich zu sein hoffen durfte. Ich fühle dies alles jetzt schmerzlicher, weil ich krank bin, in einem traurigen Hotel garni ohne Bedienung und ohne eines Menschen Teilnahme.

Georg Forster (1793)

Turnvater Jahn unterwegs

Unsere preußischen Freunde kamen nun auch immer zahlreicher vom Heer und aus der Heimat an, die Gesellschaft wurde bunter und lauter (...) Aus Berlin erschienen der Doktor Heinrich Meyer, der Professor Kiesewetter, Friedrich Schulz mit dem Beinamen «vom Theater» und endlich auch der Turnmeister Jahn; alle gewaltige Mitsprecher und deshalb gefürchtet und geschont von hochstehenden Männern, die man solchen Zugeständnisses kaum für fähig hielt. Jahn insbesondere wurde ordentlich gefeiert, der Staatskanzler lud ihn ein und ergötzte sich an dem wilden Aussehen, während die starken Reden ihm größtenteils unvernommen vorübergingen; Minister, Generale und Geheimräte suchten mit Jahn das beste Vernehmen, er selbst würde vielleicht gesagt haben, sie «brüderten» mit ihm. Doch gefiel ihm der vornehme Kreis eigentlich nicht, er fühlte sich trotz seiner Ungebundenheit doch beengt und zog weit die Gesellschaft seiner Gesellen und Kumpane vor, mit denen er sich im Palais Royal festsetzte und dort durch sein in aller Kraft und Breite sich entfaltendes Deutschtum sowohl Franzosen als Deutsche in Erstaunen setzte. Zu den welschen Aufwärtern in der Kaffeekneipe wurde deutsch gesprochen, mit den undeutschen Gästen nicht viel Federlesens gemacht, bei Streitigkeiten gleich die Schelle oder die Fuchtel angeboten, jedoch unterblieben ernste Kämpfe, weil man sich nicht einmal zu diesen verständigen konnte. Die Spaziergänger sammelten sich und staunten die deutschen Bären an, die ihnen bald mehr zur Lust als zum Ärger waren. Jahn hätte gern nachträglich noch die Siegessäule des Platzes Vendôme zerstört; er schloß auch die Österreicher in sein Deutschtum ein, und als diese die venezianischen Pferde von dem Triumphbogen vor den Tuilerien abnahmen, stieg er mit vielen andern Zuschauern, Deutschen und Engländern, auf den obern Raum des Bogens, betrat den seiner Rosse schon entblößten Siegeswagen und sprach von dieser Rednerbühne herab eine freie Anrede an die Versammlung, wobei er zuletzt noch besonders an die Österreicher sich wandte und sie aufforderte, nun auch jene Säule nicht länger zu dulden.

Karl August Varnhagen von Ense (um 1840)

Die Vendômesäule

Um diese Säule drehen sich alle Gedanken des Volkes. Sie ist sein unverwüstliches eisernes Geschichtsbuch, und es liest darauf seine eigenen Heldentaten. Besonders aber lebt in seiner Erinnerung die schmähliche Art, wie von den Deutschen das Standbild dieser Säule mißhandelt worden, wie man dem armen Kaiser die Füße abgesägt, wie man ihm, gleich einem Diebe, einen Strick um den Hals gebunden und ihn herabgerissen von seiner Höhe. Die guten Deutschen haben ihre Schuldigkeit getan. Jeder hat seine Sendung auf dieser Erde, unbewußt erfüllt er sie und hinterläßt ein Symbol dieser Erfüllung. So sollte Napoleon in allen Ländern den Sieg der Revolution erfechten; aber uneingedenk dieser Sendung, wollte er durch den Sieg sich selbst verherrlichen, und egoistisch erhaben stellte er sein eigenes Bild auf die erbeuteten Trophäen der Revolution, auf die zusammengegossenen Kanonen der Vendômesäule. Da hatten die Deutschen nun die Sendung, die Revolution zu rächen und den Imperator wieder herabzureißen von der usurpierten Höhe, von der Höhe der Vendômesäule. Nur der dreifarbigen Fahne gebührt dieser Platz, und seit den Juliustagen flattert sie dort siegreich und verheißend.

Heinrich Heine (1832)

Erinnerung an Courbet

In Paris ständig – wie das auf mich einwirken wollte mit seiner architektonischen Gewalt, wie die imperiale Größe mich zerdrücken, in die Knie zwingen wollte, überall die riesigen Göttinnen, Helden, geflügelten Pferde, die Avenuen, Prospekte, Fassaden – was das für eine Tat gewesen war, die Triumphsäule in diesem Schloßhof zu stürzen! Sphinxen, Obelisken – sie waren ihrer Macht so sicher, daß sie ganz offen u großzügig bauten –
die Ägypter, die Assyrer, die Römer, die Goten, sie alle waren herangeholt worden, in Stein geschlagen, in Erz gegossen, um die Herrscher zu ehren – (...)

in welcher Richtung fiel die Säule – den Tuilerien oder der Oper entgegen?
Herakles im Augiasstall: endlich aufräumen mit der ganzen alten Scheiße!

Peter Weiss (1974/75)

Rue Saint-Honoré · Ein Salon der Aufklärung

Madame Geoffrin, die ihr großes Vermögen gastfrei und edel genießt, gibt wechselweise an Gelehrte und Künstler, zweimal die Woche, eine Tafel von mehr als zwanzig Gedecken und bittet jedesmal Fremde dazu; diese müssen ihr aber durch alte Freunde empfohlen sein. (...)

Von der Wirtin macht man sich in andern Ländern ein seltsames Bild. Eine silbergraue Dame, die, ohne Geburt und ohne Bücher zu schreiben, Genies und Fürsten an sich zieht, muß, denkt man, entweder der erste Geist in der Nation oder vielleicht ihr Koch der größte Künstler sein. Allgemein glaubt man doch eine hochtrabende Preziöse zu finden, die für ihre Gerichte Weihrauch begehrt und in einem Kreise von Schmarotzern, durch flache Witzeleien, den Ton gibt. So schildert sie wirklich eine Legion erzürnter Skribenten, die niemals eingeladen werden; denn es gibt eine Gattung witziger Köpfe, welche andern lieber Unsterblichkeit als ein gutes Mittagsessen gönnen. Ich erwartete wirklich etwas dergleichen und ward nicht wenig betroffen, als mich eine gutmütig-grämliche Matrone empfing, die sich weder ziert noch zurechtsetzt, ihr Gespräch mit keiner Redensart anhebt und gleich durch ihre runde Höflichkeit einnimmt. So bleibt sie im Umgang mit Bekannten und Fremden, und man wird nicht den entferntesten Anspruch auf Gelahrtheit gewahr.

Bloß aus Neigung zum Schönen und Guten hat sie, von Jugend an, die Gesellschaft verdienstvoller Männer gesucht; ihr aufgeklärter Verstand wird von ihren Freunden nicht höher als ihre Tugend geschätzt; sie hat zwar viel geforscht und gelesen, aber nicht in der Absicht, um Systeme zu bauen und Blumen für den Vortrag zu sammeln, sondern Kraft und Geist, Philosophie des Lebens hat sie aus ihren Büchern geschöpft. Noch schweigt sie lieber, als sie mitspricht, und spottet oft selbst über ihre Unwissenheit, wenn sie Namen und Zeiten verwechselt und Kunstwörter unrichtig anbringt.

Ihre Sprache hat sich allerdings im Kreise scharfsinniger Menschen verfeinert; dennoch ist ihr Ausdruck weder erborgt noch gesucht; sie urteilt immer mit heller Vernunft, nimmt teil, begreift und übersieht verwickelte vielseitige Fragen; oft hört sie einer tiefen Untersuchung mit scheinbarer Gleichgültigkeit zu, sagt dann ihre Meinung mit wenig Worten, und man findet die Sache erschöpft.

Helfrich Peter Sturz (1768)

Improvisierte Repräsentanz

Das Hôtel Saint James et Albany, in dem ich mit meiner Frau für anderthalb Jahre ein kleines Appartement bewohnen sollte, war das ehemalige Palais Noailles, mit einer bezaubernden Gartenhoffront aus dem Dixhuitième, deren täglicher Anblick unendlich wohltat. Das Haus ist historisches Monument – auch deshalb, weil Lafayette darin eine Begegnung mit Marie-Antoinette gehabt hat. Von den Forderungen der Etikette, der Repräsentanz her gesprochen, war die Kategorie, der dieses Hotel zugeteilt war, für den Vertreter der Bundesrepublik nicht eigentlich zureichend. Er hätte im «Bristol» wohnen müssen – aber dafür war er nicht annähernd genügsam dotiert. Vielmehr blieben die Bezüge – Aufwandsentschädigung wie Gehalt – einstweilen so karg, um nicht zu sagen: so dürftig bemessen, daß wir, um Gäste zum Lunch in das Hotel oder in ein Restaurant bitten zu können, gezwungen waren, uns für unser persönliches Abendessen sehr oft mit etwas Obst zu begnügen. Dies war uns an sich gleichgültig. Ich notiere es nur, um zu zeigen, von welchen finanziellen Konzeptionen Bonn gegenüber seinem Pariser Repräsentanten (und nicht nur ihm gegenüber) ausging.

In diesem Zusammenhang noch eins. Meine Frau und ich

wurden sehr bald in einen ebenso maßgeblichen wie exklusiven gesellschaftlichen Zirkel von Paris eingeladen. Die Mittel reichten nicht von fern für die entsprechende große Toilette. Ich berichtete nach Bonn. Es wurde mir hinterbracht, im Finanzministerium habe man gesagt: «Dann sollen sie eben durch Abwesenheit glänzen.» Auch dies zur Charakteristik des heimatlichen Hintergrundes.

Wilhelm Hausenstein (um 1956)

Saint-Roch · Pfingstsonntag

Das erste, was mir beim Eintritt in die Kirche auffiel, waren die Abteilungen, welche man in derselben nach Maßgabe des höhern oder niedern Verkaufspreises der Stühle gemacht hatte. Mit Hürden, Horten oder Geländer, denen ganz ähnlich, womit man die Leute zum Theaterschweif einpfercht, war die sitzende Aristokratie hier noch strenger als gestern von der beweglichern Plebs geschieden. Sonst verhielt sich das Heutige zum heiligen Gottesdienst, wie etwa das Gestrige zur wahren Kunst.

Ich muß meine völlige Unfähigkeit wiederholt bekennen, durch das eintönige, nasengeklemmte Quäken der Priester in eine andächtige, gottesfürchtige Stimmung zu kommen. Sang oder quäkte der Geistliche gar zu falsch, so stieß ein kleiner, dicker Kerl dergestalt in seinen tiefen Serpent oder Kontrafagott, daß ich glaubte, es sei der Stier von Uri. Wenigstens erklang das Instrument stark genug, um einer ganzen Herde Stiere damit in den rechten Ton zu helfen. Gewöhnlich hörte man indes wenig oder nichts vor dem Kommen und Gehen, Sprechen und Schnauben, Stühletragen und Stühlerücken; es war alles so jahrmarktsartig wie in Rom. Endlich ward's etwas ruhiger; da erschien eine Küstersfrau, die sich zwischen jede Reihe Stühle durchdrängte und mit den schmachtendsten

Blicken schöner Augen fragte: ob man seinen ersten Stuhl bezahlt habe und einen zweiten zum Knien behalten wollte. Ich sagte, so einladend auch die Blicke waren, standhaft *nein;* und fand mich mit zwei Sous ab. Nun erschien aber eine hochgeputzte, wohl konservierte Frau von etwa 35 Jahren, und sammelte mit noch eindringlicheren Mienen, als die Küstersfrau für sich, jetzt für die Armen; da mußte ich schon vom Kupfergelde zum Silbergelde übergehen. Neben dem allen und dem immer fortgehenden, angeblichen Gottesdienste wanderten drei Prozessionen durch die Kirche und die beiden ersten (weil's nicht regnete) auch mutig auf die Straße hinaus. Die erste bestand aus Geistlichen; der zweiten voran ging ein gepuderter Bedienter mit Haarbeutel, in einer Hand eine Partisane, in der zweiten einen großen Stock, auf den Schultern bunte Bänder; dann folgten weiß verschleierte Weiber und Mädchen, in ihrer Mitte ein miserables Marienbild, aufgehöht mit Federn ganz nach Weise der Schlitten. Die tragende und die vier, welche herabhängende Bänder hielten, schienen mir dem Hochmute näher zu sein als der Demut. Die dritte Prozession, männlichen Geschlechts, trug große Pfingstkringel oder Brezeln, und der gutmütige, heitere, alte Mann, welcher davon später umherreichte, machte fast allein einen patriarchalischen, edlen Eindruck. – Und die Messe von Chelard? Nun die ging ihren eigenen Gang nebenher oder mittendurch. (...)

Steinigt mich nicht für meine Aufrichtigkeit; es wäre ja kinderleicht, mit zwei Pfennigen Binsenlicht ein Neorama in entgegengesetzten Farben heuchlerisch auszumalen, um bei weichlichen Seelen für das Muster eines gemütvollen Menschen zu gelten. Ich kann nun einmal meine Religion so nicht ausspielen.

Friedrich von Raumer (1830)

Vor Johannas Denkmal

Jetzt war ich rund. Trat der Jungfrau von Orléans, die herausfordernd ihre goldene Standarte auf der Place Rivoli in die Wintersonne reckte, keck entgegen; «Weise Dich wieder aus, Dame! Kein gealterter Bernard Shaw macht als Symbol einer hysterischen Protestantin, kein Joseph Delteil Dich uns heutigen als Gleichnis einer geilen Kuhmagd, die nach Stall und Urin stinkt, wichtig. Selbst Anatole Frances demütige Darlegung Deiner vergilbten Verdienste um Frankreichs Waffenruhm ist vor lebendigeren Tugenden unserer, ihr karges Dasein behauptenden Mädchen keine Legitimation mehr.

Tritt endlich ab mit Deinesgleichen!

Vor hellerem Licht, das die Welt zu überfluten beginnt, ist Deine Oriflamme nur noch Ölfunzel.»

Carl Sternheim (1926)

Comédie-Française · Rachel als Roxane

Sie sprach. Ein weicher, nicht voller, aber bestimmter Ton, eine genaue Akzentuation und eine Deutlichkeit, die selbst dem Fremden keine Silbe entgehen läßt. Ihr Vortrag hat eine Reife, Ruhe und Sicherheit der Modulation, daß man schon nach den ersten Reden fühlt, man habe es mit einer Meisterin zu tun. Auch später, in der äußersten Leidenschaft, war nirgends etwas Übereiltes; Ton und Tempo überall richtig abgemessen. Es ist zum Lachen, wenn die Leute sagen, sie habe das alles aus sich selbst, es sei pures Naturell. (...)

Bei dieser grandiosen Haltung des Charakters – der bei einem geringeren Talente vermutlich in kalten Theaterprunk ausarten würde – weiß sie die Rede so reich durch Züge und Modulationen der gewöhnlichen Konversation zu beleben und zu erwärmen; ihr Ausdruck ist oft so gehaltreich, daß man augenblicklich erkennt: diese Stücke, mit der dürftigen Handlung, der gedankenarmen Sprache, sind nur durch solche Meisterschaft der Darstellung lebendig zu machen. Hier mehr als irgendwo muß der Schauspieler aus der Fülle der eigenen Poesie schöpfen können, und darum waren seit Talmas Tode bis zu Rachels Auftreten diese *tragédies classiques* tot. (...)

Der vierte Akt ist der Gipfel der Darstellung. Mit leichenfahlem, eisigem Gesichte tritt sie zu Athalide, zeigt ihr Bajazets Todesurteil, um zu prüfen, ob die Liebe beider gegenseitig, das Verständnis entschieden sei. Mit kalter Grausamkeit betrachtet sie Athalide und spürt der Wirkung des Giftes nach, das sie ihr ins Herz gießt: *Que vous semble?* fragt sie mit einer entsetzlichen Gleichgültigkeit; aber als sie nun Gewißheit hat, schwillt im Monologe der grimmige Haß gegen die Liebenden, die wilde, grausame Rachgier still und furchtbar an. Dann in rasender Wut den Dolch hervorreißend und ihn vor sich hinstoßend, schmettert sie die Worte:

Et, d'un même poignard les unissant tous deux
Les percer l'un et l'autre, et moi-même après eux,
[Mit einem einz'gen Dolch werd' ich die beiden einen:
Durchstoßen ihn und sie – dann mich, mich selbst nach ihnen]

daß den Zuschauer ein Schauer nach dem anderen überläuft. Welche Glut steigt in dem starren Gesichte auf, welche Hyänenblicke zu den zusammengefalteten Mienen, der grimmig verschobenen Kinnlade, und dabei welcher Jammer auf dem jugendlichen Antlitze! Es ist das Grauen vor der dämonischen Gewalt in der Menschheit überhaupt, das uns ergreift, die Künstlerin erhebt dadurch den individuellen Zustand zum allgemeinen; was das Gedicht an sich so ganz und gar versäumt.

Eduard Devrient (1839)

Vor Molières Haus · Genius loci

Hier in Paris hatte ich die Betrübnis, Herrn A. W. Schlegel persönlich wiederzusehen. Wahrlich, von dieser Veränderung hatte ich doch keine Vorstellung, bis ich mich mit eigenen Augen davon überzeugte. Es war vor einem Jahre, kurz nach meiner Ankunft in der Hauptstadt. Ich ging eben, das Haus zu sehen, worin Molière gewohnt hat; denn ich ehre große Dichter und suche überall mit religiöser Andacht die Spuren ihres irdischen Wandels. Das ist ein Kultus. Auf meinem Wege, unfern von jenem geheiligten Hause, erblickte ich ein Wesen, in dessen verwebten Zügen sich eine Ähnlichkeit mit dem ehemaligen A. W. Schlegel kundgab. Ich glaubte seinen Geist zu sehen. Aber es war nur sein Leib. Der Geist ist tot, und der Leib spukt noch auf der Erde, und er ist unterdessen ziemlich fett geworden; an den dünnen spiritualistischen Beinen hatte sich wieder Fleisch angesetzt; es war sogar ein Bauch zu sehen, und oben drüber hingen eine Menge Ordensbänder. Das sonst so feine greise Köpfchen trug eine goldgelbe Perücke. Er war gekleidet nach der neuesten Mode jenes Jahres, in welchem Frau von Staël gestorben. Dabei lächelte er so veraltet süß wie eine bejahrte Dame, die ein Stück Zucker im Munde hat, und bewegte sich so jugendlich wie ein kokettes Kind. Es war wirklich eine sonderbare Verjüngung mit ihm vorgegangen; er hatte gleichsam eine spaßhafte zweite Auflage seiner Jugend erlebt; er schien ganz wieder in die Blüte gekommen zu sein, und die Röte seiner Wangen habe ich sogar in Verdacht, daß sie keine Schminke war, sondern eine gesunde Ironie der Natur.

Mir war in diesem Augenblick, als sähe ich den seligen Molière am Fenster stehen und als lächelte er zu mir herab, hindeutend auf jene melancholisch heitere Erscheinung. Alle Lächerlichkeit derselben ward mir auf einmal so ganz einleuchtend; ich begriff die ganze Tiefe und Fülle des Spaßes, der darin enthalten war; ich begriff ganz den Lustspielcharakter jener fabelhaft ridikülen Personnage, die leider keinen großen Komiker gefunden hat, um sie gehörig für die Bühne zu benutzen. Molière allein wäre der Mann gewesen, der eine solche Figur für das Théâtre Français bearbeiten konnte, er allein hatte das dazu nötige Talent; – und das ahnte Herr A. W. Schlegel schon frühzeitig, und er haßte den Molière aus demselben Grunde, weshalb Napoleon den Tacitus gehaßt hat. Wie Napoleon Bonaparte, der französische Cäsar, wohl fühlte, daß ihn der republikanische Geschichtsschreiber ebenfalls nicht mit Rosenfarben geschildert hätte, so hatte auch Herr A. W. Schlegel, der deutsche Osiris, längst geahnt, daß er dem Molière, dem großen Komiker, wenn dieser jetzt lebte, nimmermehr entgangen wäre. Und Napoleon sagte von Tacitus, er sei der Verleumder des Tiberius, und Herr August Wilhelm Schlegel sagte von Molière, daß er gar kein Dichter, sondern nur ein Possenreißer gewesen sei.

Heinrich Heine (1833)

In der Bibliothèque Nationale

In dem Saale der Manuskripte arbeiten viel Inländer und Ausländer, und unter andern auch Doktor Hager an seinem chinesischen Werke. Ich ließ mir den Plutarch von Sankt Markus in Venedig geben, um doch auch ein gelehrtes Ansehen zu haben, bin aber nicht weit darin gekommen. Es wird mir sauer, dieses zu lesen, und ich nehme lieber den Homer von Wolf oder den Anakreon von Brunk, wo mir leicht und deutlich alles vorgezogen ist. In der Kupferstichsammlung hängt an den Fenstern herum eine gezeichnete Kopie von Raphaels Psyche aus der Farnesina; aber sie gewährt kein außerordentlich großes Vergnügen, wenn man das Original noch in ganz frischem Andenken hat.

Johann Gottfried Seume (1803)

Rue Vivienne · Nachts

Die Stadt durchwandert, die sich bei Nachtbeleuchtung feenhaft ausnimmt. Vor allem die mit Glas bedeckten Passagen, rue Vivienne, die einer einzigen ungeheuern Lampe gleicht, oder einem Kristallpalaste von Feuergeistern bewohnt. Die Boulevards heller als bei Tage. In dieser Richtung geht auch der Hauptzug der Vestalen vom ausgelöschten Feuer, die großenteils sehr hübsch sind, übrigens viel weniger zahlreich und anständiger als ich gedacht hatte. Früher soll letzteres anders gewesen sein, besonders im palais royal, von wo sie jetzt ganz verbannt sind. Das eine und das andere verdankt man dem jetzigen Könige. Louis Philippe ist überhaupt ein Ehrenmann, und ein erzgescheiter Mann obendrein. Ich habe ihn vom ersten Augenblicke an dafür gehalten, und sehe hier nichts, was mich meine gute Meinung zurücknehmen ließe.

Franz Grillparzer (1836)

Jardin du Palais Royal · Die Kinder

In unserem königlichen Wohnbezirk haben wir kaum bequemere und hygienischere Verhältnisse, als sie zur Zeit des Sonnenkönigs in Versailles herrschten. Vom Luxus des Véfour und den Toiletten des benachbarten Theaters abgesehen, gibt es weit und breit kein stilles Örtchen. Zugunsten des Tabakladens hat ‹La Civette› die ehemaligen Häuschen aus Mahagoni zerstört, die von betagten Damen sorgfältig saubergehalten wurden. Aber was schert das die Kinder, die unumschränkten Herren des Parks? Wenn die Not am größten ist, fällt das Höschen, schürzt sich das Röckchen und... Es geht noch einfacher. In seinem Wagen stößt das Baby einen Alarmschrei aus: ohne sich von ihrem Eisenstuhl zu erheben – einem unverwüstlichen Überbleibsel aus der uralten Zeit –, schnappt die Mutter oder die Kinder-

frau das Kleinchen und hält es wie ein Sieb zum Durch-
seihen von Flüssigem und Festem in die Luft. Gestern be-
stätigten neun feuchte Spuren auf dem Bürgersteig genau
unter meinem Fenster, daß am Nachmittag neun Kinder
zwischen den Stühlen gespielt, geschlafen, gegessen und
sich entleert hatten. Ah, was für ein unerfreulicher Geruch
in die Abendluft aufsteigt. (...)

Aber ich habe nicht das Herz, sie zu verurteilen, sie, meine
lebhaften Schreihälse, meine kleinen pfeifenden Kobras,
meine trompetenschmetternden und mit Rasseln lärmenden
Zündblättchen-Schützen, obwohl ich die Erinnerung an die
Wohltaten einer Erziehung, die vor allem die Stille lehrte,
nicht vergessen habe. Weil ich sie beobachte, und sie durch
das Beobachten zu meinen eigenen mache, kann ich sie nicht
immerzu tadeln.

Colette (1949)

Die Kinder im Palais Royal

Das ist gewiß, daß ich mein leben nirgends so, ich sage nicht
fürstliche, sondern adelige so elend habe erziehen sehen, als
man diese kinder hier erzogen hat. Es war dieselbe hofmeisterin, so meine tochter gehabt, die gottlob nicht so erzogen ist.
Ich habe einmal die hofmeisterin zu red gestellt, warum sie
nicht meine enkel wie meine tochter erziehe; so hat sie mir
geantwort: «Bei Mademoiselle habt Ihr mir beigestanden,
bei diesen kindern hat mich die frau mutter mit ihnen ausge-
lacht, wenn ich über sie geklagt. Wie ich das gesehen, habe ich
alles seinen weg gehen lassen.» Daher kommt die schöne
zucht. Wie ich den heirat nicht gemacht, habe ich auch nie vor
die kinder gesorgt, vater und mutter gewähren lassen.

Elisabeth Charlotte von der Pfalz (1717)

Erinnerung an die Kosten

Ich weiß nicht, ob man bei diesen Restaurateurs auch nach bestimmten Preisen essen kann, ich aß immer nach der Karte. Um einen Begriff von der damaligen Teuerung in Paris zu geben, so schreibe ich aus der *Carte payante* (welche richtiger *Carte payable* heißen sollte; denn sie ist nicht die zahlende, sondern die zahlbare Karte), wörtlich ab, was ich aß und wie viel es mich kostete.

	Livres	Sous
Consommé-Suppe	—	10
Salade d'anchois	—	18
Biftek aux pommes de terre	1	—
Moitié de poulet à la Tartare	3	—
Truite au bleu	3	10
Omelette au Parmesan	1	—
Deux petits Patés à la béchamel	1	—
Gelée de vin d'Espagne	2	4
Fromage de Gruyère	—	8
Une bouteille de vin de Beaune	2	—
Un verre de Malaga	—	15
Deux petits pains	—	10
	16	15

Das heißt zwar allerdings nicht wenig gepraßt, es heißt aber auch wirklich nicht wenig bezahlt.

Ignaz Franz Castelli (1861)

DIE BOULEVARDS

Ein Abend auf den Boulevards

Es ist 5½ Uhr; wir eilen ins *Palais Royal* zu einem Restaurateur, wo man um 2 *francs* ein vollständiges Mittagessen samt Wein hat, und wo wir viele Deutsche und namentlich Württemberger: Mohl, Märklin, Kaufmann etc., antreffen. Es speisen auch viele Engländerinnen dort, und Du teilst Deine Aufmerksamkeit zwischen ihnen und der Maccaronisuppe, dem Beafsteak, den kleinen Schäfen, dem Kapaunen. Nun kömmt aber Fisch, und Du selbst und ich überreden Dich zu einem Dutzend Austern um zwölf Kreuzer, und weg sind für Dich die Engländerinnen, Du friß'st, als hätte der Spießer im Neuen Bau *nicht* gekocht. Wir gehen nachher, vom *garçon* mit Zahnstochern versehen, in den Zähnen stierend, im *Palais Royal* auf und ab, und betrachten mit vornehmer Gleichgültigkeit die Herrlichkeiten der Waren (wir sind nämlich zu arm, um zu kaufen). Es schlägt 6½ Uhr und noch sind wir nicht entschlossen, in welches Theater wir gehen wollen. *Théâtre Français?* Langweilige Trauerspiele! – Academie, große Opera? hübsches Ballett, aber sonst nichts! – *Odéon?* Nein. *Vaudeville?* heute nicht. *Porte St. Martin? Variétés?* ein andermal. Doch siehe: *Théâtre Italien;* Don Juan! Moritz, dahin wollen wir gehen. Wir gehen; Du bewunderst das herrliche Gebäude, Du bist bezaubert von dem Orchester, aber Du gestehst, daß Du bis diesen Abend nie hast singen hören (außer uns beide, wenn wir Ständchen brachten), denn erst aus diesen italienischen

Kehlen tönt Dir der Gesang nach wahrer Weise. Du nimmst zur Abkühlung, weil Dir die schwarzen Augen der Mlle. Cinti etwas warm gemacht, im Zwischenakt etwas Eis zu Dir und bist endlich beim Finale ganz weg. Ich führe Dich zur Erholung auf den *Boulevard des Italiens;* neue Szenen. Du reinigst sorgfältig Deine Brille und nimmst mir das Versprechen ab, Dich um keinen Preis von meinem Arme los zu lassen. Die Läden und Kaffeehäuser sind noch glänzend erhellt und werfen ihren hellen Schimmer auf die Straße. Dort gehen, angetan mit allen Reizen der Welt, im höchsten Putz, wie in einfachen, zierlichen Hauskleidchen, die – Huren vom Boulevard. Wie pompös, wie üppig ist jene Große, sie scheint eine Welt in ihren Schoß aufnehmen zu wollen, wie lockend, wie manierlich jene Kleine mit den dunklen Augen, sie stößt Dich ganz sanft an und es geht Dir durch alle Nerven, Du willst Dich mit Gewalt losreißen, aber ich halte Dich fest. – Es ist 11½ Uhr und wir setzen uns vor die Türe eines Café, lassen uns eine Flasche Bier reichen und stoßen an auf die Gesundheit unserer Freunde in Schwaben. Dann geht's nach Hause, wir legen uns in Betten ohne Kopfkissen, nur mit einem runden Polster versehen, und – schlafen köstlich.

So hätte ich also einen Tag mit Dir – verträumt!

Wilhelm Hauff (1826)

Madeleine · Die Neue Magdalena

Elle avait la taill' fait' au tour,
    Les hanches pleines,
Et chassait l' mâle aux alentours
    De la Mad'leine.
A sa façon de m'dire «Mon rat
    Est-c' que j' te tente?»

J' compris que j'avais affaire à
  Un' débutante.

L'avait l' don c'est vrai, j'en conviens,
  L'avait l' génie,
Mais sans technique un don n'est rien
  Qu'un' sal' manie.
Certes, on ne se fait pas putain
  Comme on s' fait nonne.
C'est du moins c' qu'on prêche en latin,
  A la Sorbonne.

Sie hatt' 'nen knackigen Popo und hübsche Beene
und ging auf Männerfang rund um die Madeleine.
Wie sie so sagte: «Na wie wär's denn mit uns zweien?»
Da war mir klar: das ist wohl eine von den Neuen.

Sie war begabt, das geb' ich zu, sie hatt' Genie;
doch ohne Technik ist Begabung nur Manie.
Gewiß doch, Nutte wird man nicht so leicht wie Nonne.
So etwa lernt man's auf Latein an der Sorbonne.

Georges Brassens (1952)

Bild

Auf dem Boulevard des Capucines steht jetzt alle Abend ein
alter Mann mit einem hölzernen Käfig, in dem Eulen sitzen
und vor dem eine strahlende Lampe brennt; die Zuschauer
legen einen Sou auf einen kleinen Teller.

Friedrich Hebbel (1844)

Die Große Oper · Musiktheater

Ich habe die Beleuchtungsexperimente verfolgt, welche die Elektriker in der Großen Oper, diesem prunkvollen Mausoleum der französischen Tonmuse, angestellt. Sie waren hochinteressant und fielen durchweg zu Gunsten der neuen Lichterzeugung aus. Leider wird dadurch keine Verbesserung in der jammervollen musikalischen Direktionsroutine des Herrn Vaucorbeil herbeigeführt werden. Sein Vorgänger Halanzier soll einmal mit der ihn auszeichnenden brutalen Offenheit einem Kritiker gegenüber geäußert haben: «Es ist gleichgiltig, was und wie in der Großen Oper gesungen wird; mit der Monumentaltreppe und dem luxuriösen Foyer werde ich stets ein volles Haus machen.» Und er hat es in der Tat gemacht und sich ein paar runde Milliönchen dazu. Das aus den kostbarsten Marmorsorten im grandiosen Stil erbaute Treppenhaus und das goldstrotzende Foyer mit den feinsten malerischen Details kommen erst in der elektrischen Beleuchtung zur vollen ästhetischen Wirkung. Wie doch alle Fortschritte in einander greifen und sich gegenseitig bedingen! Wie mußte das liebe, alte Opernhaus beschaffen gewesen sein, das sich noch mit Unschlittkerzen und Öllämpchen die ausreichende Helle beschaffen konnte? Die Lichtputzer liefen bei offener Szene mit ihrem klassischen Schneuzinstrument zwischen den Künstlern umher und warteten geschäftig ihres Amtes, und, als endlich die Einführung der Gasbeleuchtung diese braven Gehilfen entbehrlich machte, da fanden sich einige alte Opernhabitués zu der Klage aufgelegt: «Ach, jetzt fehlt es an Bewegung auf der Bühne!» Eine dramatische Aktion mit Trillern und Rouladen und Bravourarien war diesen verwöhnten Kunstfreunden nicht bewegt genug ohne die Mitwirkung der Lichtschneuzer!

Michael Georg Conrad (1881)

Rue de la Chaussée-d'Antin · Bei Mme Récamier

Das erste, was Madame Récamier mit jeder neu anlangenden Dame vornahm, war, daß sie sagte: «Voulez vous voir ma chambre à coucher?», sie dann unter den Arm faßte und nach dem Schlafzimmer führte. Daß ein Schwarm von Herren, jung und alt, diesem Zuge jedesmal folgte, darf ich Dir nicht erst sagen. Dieses Schlafzimmer mit seinem daranhängenden Bade und Boudoir ist aber auch das eleganteste, das man sehen kann. Das Schlafzimmer ist sehr geräumig, die Hauptwände sind fast ganz mit hohen, breiten Spiegeln aus einem Stücke bekleidet; zwischen den Spiegeln und den hohen, in vielfarbigem Holze sehr künstlich gearbeiteten Türen, braun und weiße Boiserie, stark mit sauber gearbeiteter Bronze verziert, die Hinterwand des Zimmers, den Fenstern gegenüber, besteht fast ganz aus einer Spiegelplatte. Vor dieser steht das ätherische Götterbett; ganz weiß aus den allerfeinsten indischen Zeugen; alles wie hingehaucht. Das Bettgestell hat eine schöne antike Form und ist unten herum äußerst reich, doch ohne Überladung mit den feinsten Bronzearbeiten verziert. Schön geformte antike Gefäße stehen auf dem zwei Tritt hohen Rand des Bettgestells. Ganz zurück zwei sehr hohe Kandelaber, jeder mit sechs bis acht hohen Wachslichtern besteckt. Der Knopf oder die Krone des Betts ist fast ganz oben in der äußersten Höhe des Zimmers am Gebälke befestigt, und von ihr fallen zu beiden Seiten die köstlichen weißen indischen Vorhänge nur gegen den Hintergrund des Bettes herunter bis fast zum Boden. Der Hintergrund besteht übrigens aus einem schweren, violetten damastenen Vorhang, der von oben bis unten in schönen Falten herunterfällt und an beiden Seiten stark auseinandergeht, um die Spiegelwand so frei zu lassen, daß, wenn Madame Récamier im Bette liegt, man sie von der Scheitel bis zur Zehe ganz im Spiegel wieder sieht. Vom obern künstlich gearbeiteten Wandgesimse fällt über den violetten Damast eine wohl zwei Ellen breite, reiche Einfassung von goldfarbigem Atlas.

Es wäre zu weitläufig, die vielen kleineren Verzierungen an Bronze und Gemälden um den Marmorkamin herum und die köstlichen Meubeln zu beschreiben: ich führe Dich also gleich in das Bad zur Seite des Betts. Dieses macht wieder ein schönes, nur etwas kleineres Zimmer (...) Die Fenstervorhänge waren alle doppelt und von zwei Farben. Die dunkle Farbe unten, doch so, daß der ganze Vorhang, der reich genug war, das ganze Fenster zu decken, nur von der Rechten zur Linken aufgeschlagen und in der Mitte befestigt war; der hellere obenauf und umgekehrt von der Linken zur Rechten aufgeschlagen und an der andern Seite befestigt. Nur vom Schlafzimmer, in welchem ich am längsten und öftersten verweilte, besinn ich mir die Farben. Der untere Vorhang von violettem Damast und der obere Goldfarbe, den Farben hinter dem Bette gleich.

Johann Friedrich Reichardt (1802)

Boulevard des Italiens · Tortoni

In unsere Zeit hätte vom alten Tortoni ohnehin nur einer gepaßt, der Ober Prévost, der mit übertriebener Höflichkeit zu fragen pflegte: «Hätten der Herr die Güte, noch irgendeinen Wunsch zu haben?» um dann das Geld falsch herauszugeben. So hat jener Chronist wohl recht, der traurig konstatierte, unsere prosaische Zeit verlange es nach prosaischen Festmahlen, am besten in einem Bierlokal, mit einer gewaltigen Menge randvoller Humpen vom stärksten... In den Scheiben der Maison-Doreé schimmert es nicht mehr bis zum frühen Morgen: für immer dahin das fröhliche Klingen, das in den Räumen Tortonis erklang, wenn die Champagnergläser leicht aneinanderstießen.

Marcel Schwob (1892)

Passage de l'Opéra

«Aus dem *Boulevard Haussmann* ist heute eine *Rue Laffitte* geworden», schrieb der *Intransigeant* kürzlich. Noch einige Schritte dieses großen Nagetiers, und, ist der Häuserblock, der ihn von der Rue Le Peletier trennt, erst einmal geschluckt, wird es das Unterholz ausweiden, das mit seiner Doppelgalerie die Passage de l'Opéra durchzieht, und schließlich schräg auf den Boulevard des Italiens hinauskommen. Etwa in Höhe des Cafés *Louis XIV.* wird es auf diese Straße stoßen durch eine ungewöhnliche Art von Kuß, dessen Folgen noch dessen Widerhall sich in dem großen Leib von Paris vorhersehen lassen. Man kann sich fragen, ob ein gut Teil des Menschenstroms, der von der Bastille zur Madeleine tagtäglich unglaubliche Wogen von Träumereien und Sehnsüchten wälzt, sich nicht in diesen neuen Durchlaß ergießt und so alle Denkgewohnheiten eines Viertels und vielleicht sogar einer Welt verändert. Wir werden zweifellos einen einschneidenden Wandel im Umherschlendern und in der Prostitution erleben, und auf diesem Weg, der eine viel bessere Verbindung zwischen den Boulevards und dem Viertel Saint-Lazare schaffen wird, werden sich, so darf man wohl annehmen, neue unbekannte Gestalten herumtreiben und an beiden Vergnügungsvierteln, zwischen denen ihr Leben hin und herpendeln wird, partizipieren. Sie werden die Hauptträger der Geheimnisse von morgen sein.

Diese werden aus den Ruinen der Geheimnisse von heute entstehen.

Louis Aragon (1926)

Salle Drouot · Vae victis!

Die Szene steht noch lebendig vor meinen Augen und ich glaube, ich werde sie nie vergessen: es war ein grämlicher Spätherbsttag, der 26. November 1877, um genau zu sein;

draußen rieselte ein feiner eiskalter Regen (...) im Hotel Drouot, dem großen Tempel der Versteigerungen von Paris, herrschte das Gedränge, das man dort während der Wintersaison in den ersten Nachmittagsstunden stets antrifft, nur war es an diesem Tage häßlicher und abstoßender als sonst; denn die Hyänen der Auktionen troffen und dampften von der Regennässe, ihre Schuhe und Kleider waren kotbedeckt (...) In das Gewühl der Stammgäste dieser Räume mischte sich ein breiter Strom übel aussehender Müßiggänger, die hier vor dem Wetter Zuflucht suchten. In einem der hinteren Säle des Erdgeschosses, der den bezeichnenden Namen «Salle des Punaises» führt, weil hier gewöhnlich bloß das Elend kleiner Leute vergantet wird, fand der Zwangsverkauf der Bilder und Einrichtungsgegenstände Gustav Courbets statt, welche der Fiskus mit Beschlag belegt hatte. Die Gerichte hatten den Maler zur Bezahlung der Kosten verurteilt, welche die Wiederaufrichtung der angeblich auf seine Veranlassung zerstörten Vendôme-Säule verursachte, und da der Künstler vor diesem zermalmenden Richterspruche – es handelte sich um die Kleinigkeit von 323.000 Francs – nach der Schweiz geflohen war, so wurde seine ganze fahrende Habe eingezogen und zur Versteigerung gebracht. Der Erlös sollte die erste Abschlagszahlung auf die Forderung des Staates bilden. In jenem armseligen Saale nun, dessen Kerkerdunkel die schon um 2 Uhr Nachmittags angezündeten Gasflammen kaum aufhellten, ging vor einem schmutzigen, rohen, teils stumpfen, teils höhnischen Publikum die Auktion vor sich. Die wenigen Freunde Courbets konnten es in der dicken, stickigen Luft kaum aushalten. Bekannte Gesichter suchte man in dem banalen Haufen der Zuschauer, die alle bloß zufällig hineingeraten waren, vergebens; man hatte es sorgfältig vermieden, den Tag des Aufstrichs vorher bekannt zu geben und für denselben allgemeines Interesse zu erregen. Die Bilder und Gerätschaften Courbets lagen in einem wüsten Durcheinander mitten unter dem sonstigen Gerümpel, das diesen Saal zu füllen pflegt:

(...) Alle diese Dinge sahen vernachlässigt und mißhandelt aus. Eine dicke Staub- und Schmutzschicht überzog sie und auf den Bildern brachte stellenweise ein Anflug von weißem und braungrünem Schimmel seltsame koloristische Effekte hervor, von denen der Maler sich schwerlich hatte träumen lassen. So oft der Auktionator ein neues Bild zeigte und einen schon von vornherein sehr niedrigen Preis dazu näselte, brach die Zuschauerschaft in ein wieherndes Gelächter aus. Es schien ihr ein guter Scherz, daß man für eine solche Schwarte zwanzig, fünfzig, ja sogar hundert Franken verlangte. Das Ergebnis der Versteigerung entsprach dem Rahmen, der Stimmung, dem Publikum. Es war kläglich. Bloß «Die Familie Proudhon» und «Das Pferd des Jägers» erzielten mehr als hundert Franken. Die übrigen Bilder gingen zu Spottpreisen ab, manche fanden einzeln überhaupt keine Käufer, sondern mußten büschelweise zugeschlagen werden. Am nächsten Morgen erfuhr das kunstverständige Paris aus den Zeitungen mit Staunen, daß man – Dank der böswilligen Vertuschung des Auktionsdatums durch die Behörden – den Abend vorher Courbetsche Bilder um einige Silberlinge hatte erstehen können.

Und nun eine andere Szene, die Ergänzung der vorigen. Welch ein Gegensatz zu diesem trostlosen Bilde! Es war vor kaum vier Monaten, im jüngsten Juni. Der Himmel war blau und die Sonne schien hell und warm. Auf den spiegelblanken Quais der Seine schlenderten elegante Fußgänger und rollten luxuriöse Coupés nach dem «Palaste der schönen Künste», der im goldenen Lichte und mit seinem Gelegenheitsschmuck von Fahnen-Trophäen doppelt vornehm aussah. Das Ziel dieser Besucher-Menge war die «Ausstellung der Werke Gustave Courbets»; der Staat hatte zuvorkommend die Räume und die stattlich uniformierten Aufseher hergeliehen. Die Presse widmete dem Unternehmen spaltenlange Besprechungen.

Max Nordau (1882)

Musée Grévin · Vom Leben der Puppen

Alle flüsterten oder murmelten, als befänden sie sich wirklich in der Nähe der bedeutenden oder furchtbaren Persönlichkeiten und als könnten sie durch einen stärkeren Laut die Puppen zu einem unwilligen Fluch veranlassen. Ein Geruch von lange ungelüfteten Kleidern schwebte um alle Denkmäler und machte sie noch realer. Gleichzeitig aber mit der Furcht, die sie einflößten, fühlte man eine Art Mitleid mit ihnen, den ewig eingeschlossenen, und empfand es fast als ein Unrecht, daß ihre Vorbilder, die noch lebten, in der schönen freien Luft und an den grünen Tischen der Weltgeschichte atmen und handeln durften. Es war, als stünde hier im Panoptikum der wahre Poincaré zum Beispiel und draußen führe irgendwo in einem Auto zu einem offiziellen Ereignis der nachgemachte. Denn alles Wesentliche und Kennzeichnende schien die wächserne Puppe dem lebendigen Vorbild abgelauscht und weggenommen zu haben, so daß dieses ohne seine stabilen Züge in der Welt herumlief. (...) Jede kleinste Lücke zwischen den nachgemachten Tatsachen, in die etwa die Phantasie des Betrachters hätte schlüpfen können, war ausgefüllt mit einer nachgemachten Wahrscheinlichkeit zumindest. Also war die Wirklichkeit nicht nur imitiert, sondern sogar übertroffen. (...)

Über allem lag eine makabre Stimmung. Aber sie entströmte nicht so sehr den dargestellten Katastrophen (wie etwa der Christenverfolgung in Rom und der unterirdischen Welt der Katakomben), sondern viel eher der unerbittlichen Körperlichkeit, in die alle Ausgeburten der Phantasie hineingesprungen waren, dieser wächsernen Härte, umgeben von historisch unanfechtbaren Requisiten und diesem legitimen Geschichtsunterricht, an dem nicht mehr gezweifelt werden konnte, einfach, weil er aus Wachs war und gar nicht vom Fleck zu rühren. Es war wie eine Begegnung mit okkulten Erscheinungen, obwohl alles Okkulte und der Vernunft schwer Zugängliche rationalistisch präpariert allen irdischen

Sinnen aufgedrängt wurde. Man konnte Wunder mit körperlichen Augen sehen und war infolgedessen ein bißchen niedergedrückt und in Sorge, die liebe Erde zu verlieren, auf der man so gerne glaubend und zweifelnd herumwandert.

Joseph Roth (1928)

Porte Saint-Denis · Ein Film

Unterdessen kann man sicher sein, daß man mich in Paris trifft, und ohne daß mehr als drei Tage vergehen, mich am späten Nachmittag am Boulevard Bonne-Nouvelle zwischen der Druckerei des *Matin* und dem *Boulevard de Strasbourg* auf- und abgehen sieht. Ich weiß in der Tat nicht, warum mich meine Schritte dorthin tragen, warum ich mich fast immer ohne ein Ziel dorthin begebe, ohne irgend etwas Zwingendes, es sei denn ein dunkles Etwas, ein dunkles Wissen, daß dort das (?) geschehen wird. Ich sehe kaum, was auf dieser schnell durchlaufenen Strecke, selbst ohne mein Wissen, einen Anziehungspunkt bilden könnte, weder im Raum noch in der Zeit. Nein: nicht einmal die sehr schöne und sehr unnütze Porte Saint-Denis. Nicht einmal die Erinnerung an die achte und letzte Episode eines Films, den ich dort ganz in der Nähe gesehen habe, in der ein Chinese, nachdem er ich weiß nicht welches Mittel gefunden hatte, sich zu vervielfachen, ganz allein, in einigen Millionen Exemplaren seiner selbst New York überschwemmte. Was ihm nachfolgte, war er selbst und wieder er und wieder er, und so trat er in das Büro des Präsidenten Wilson, der seinen Kneifer abnahm. Dieser Film hat mich am stärksten beeindruckt; er hieß: *Die Umarmung des Kraken.*

André Breton (1928)

Ein baufälliges Haus und sein Besitzer

Auf meinen Wegen durch die Stadt stieß ich eines Tages in der Nähe eines der beiden großen Tore, Saint-Martin oder Saint-Denis, ich erinnere mich nicht, auf ein altes Haus, das abgestützt war, weil es sonst eingestürzt wäre; wo es stand, wurde der Boulevard sehr schmal, nahezu verstopft – es war schon ärgerlich. Der Besitzer wollte freilich von Abbruch nichts hören (...) Welches aber waren seine Gründe, wo lag sein Interesse? Dachte er nur an sich oder dachte er an sein Vaterland? Bewog ihn die Geldgier oder die Wut gegen das Regime Karls X.? Ich kann's nicht sagen; was er in fetten Lettern auf seiner alten Bude anschlug, war jedenfalls dieses: *Mein Haus gehört mir wie Frankreich dem König*. Das ist doch lächerlich, dachte ich ungeachtet meiner antibourbonischen Einstellung und sprach bei mir zu jenem Besitzer: «Euer Haus gehört also Euch wie Frankreich dem König! Gut, aber gesetzt, Frankreich gehörte nicht ganz dem König, dann gehörte Euer Haus auch nicht ganz Euch; und gesetzt, Frankreich gehörte ganz dem König, dann gehörte eben auch Euer Haus, insofern es ein Teil Frankreichs ist, dem König.» Man sieht, ich zog angesichts dessen, was mir unter die Augen kam, im Innern meine Schlüsse. Nicht so das gewöhnliche Volk, das sich als wesentlich anspruchsloser erwies. Die Inschrift ward für großartig befunden und der widerspenstige Hausbesitzer als hervorragender Bürger publik gemacht.

Agricol Perdiguier (1852)

Aus einem Satz über die Boulevards

...es zeigen sich überhaupt viel fremde Typen auf den Boulevards, auch Angehörige wilder Völkerschaften, ich hörte einen sagen: «... nicht wegen der zwei Franken, aber man ist doch nicht gern die Wurzen», ein alter Kerl im Samtrock erzählt mit großen Gebärden, die Leute bleiben stehen und hören ihm zu, und er bietet ihnen selbstverfaßte Chansons zum Kauf, und da gehen sie wieder weiter, siehe, hier ist ein Triumphbogen, er trumpft zwar schon ein Vierteljahrtausend so mitten auf der Straße, aber es ist doch eine Überraschung, das Leben quetscht sich durch den Bogen wie das Heute sich durch das Gestern quetscht, es regnet...

Alfred Polgar (1924)

Théâtre de la Porte-Saint-Martin

Heute vor genau sechzehn Jahren brach die Julirevolution aus. Für jenen 27. Juli hatten alle Theater die Order erhalten, auf jeden Fall zu spielen, obwohl auf den Straßen schon gekämpft wurde. An der Porte-Saint-Martin (...) spielte man eines der üblichen Melodramen: ‹Der Bigamist› hieß das Stück, verfaßt glaub' ich von einem gewissen Sauvage. Die Adolphe debütierte, ein armes Ding mit viel Talent für komische Rollen; ihr Leben war eher traurig, von ihrem Tode nicht zu reden. Im Saal befanden sich ein knappes Dutzend Zuschauer, von draußen drang der Lärm der Straße herein, man hörte Schreie und Schüsse. Wer wollte kam hinein, niemand fragte nach Billets. Auf der Bühne wurde völlig lustlos agiert, die Schauspieler wußten kaum, was sie da aufsagten.

Plötzlich, mitten im Spiel: blanke Säbel und die Tricolore – eine Gruppe steht im Saal, ganz außer sich. Sie tragen einen blutüberströmten jungen Mann, der eben gerade bei der Schießerei direkt vor dem Theater getötet wurde. Und sie schreien: «Ihr Elenden! Draußen schlachtet man eure Brüder ab, und ihr spielt hier Theater!» Da endlich fiel der Vorhang.

Victor Hugo (1846)

Théâtre de la Gaîté · Rührung

Dieses Theater ist das vornehmste unter den gemeinen, unter den Boulevardtheatern. Das volle Haus gewährte einen wohltuenden, sanft erwärmenden Anblick, und nie habe ich mich zwischen den Akten so behaglich gefühlt als hier. Das Aufziehen des Vorhangs störte mich jedesmal. Die Zuschauer gehörten alle zu den niedern Bürgerklassen, die den Mittelstand von dem Pöbel trennen. Meistens Weiber und Mädchen, sehr wenige Männer. Sie trugen alle weiße Häubchen. Sie können sich nichts Lieblicheres denken. Alle Galerien rundumher, von oben bis unten, und das ganze Parterre waren weiß. Ich wußte vor lauter Wohlgefallen gar nicht, womit ich diesen schönen Anblick vergleichen sollte. Bald erschien es mir wie ein beschneiter Wald; bald wie ein Bleichgarten, wo die Wäsche zum Trocknen aufgehängt ist; bald wie eine Herde (aber gutmeinender) Gänse; bald wie eine Lilienflur, auf welcher die wenigen vornehmen und farbigen Hüte als Tulpen hervorstanden. Jetzt war zu bewundern der Fleiß und die Aufmerksamkeit dieser Zuschauerinnen den ganzen Abend. Diese guten Mütter und Töchter sind nicht abgestumpft, sie gehen selten in das Theater und sehen wohl nur einmal das nämliche Stück. Sie kommen mit einem tüchtigen Hunger und wollen sich satt hören und sehen. In der Mitte der ersten Galerie, ganz genau in der Mitte, wo bei uns die Prinzessinnen sitzen, saß, wie ein Solitär in einem Ringe, ein Marktweib, fleischig, rotwangig, mit Armen wie junge Tannen. Ich konnte kein Auge von ihr abwenden. Sie hatte ihre verschränkten Arme auf die rotgepolsterte Lehne gelegt und starrte regungslos fünf Stunden lang mit durchbohrender Aufmerksamkeit nach der Bühne hin. Es war, als hätte sie die Worte schockweise gekauft und bezahlt und zählte ängstlich nach, ob sie keines zu wenig bekomme. Und jetzt das allgemeine Weinen! Nein, einen solchen Augenbruch habe ich nie gesehen. Wer Augen hatte, weinte; wer ein weißes Schnupftuch, trocknete seine Tränen; wer ein farbiges, (das ist keine Erfindung) ließ sie fließen. Ich selbst, als ich mich umhergesehen und wahrnahm, wie wenige Menschen im Hause waren, die das Recht hatten, mich auszulachen, weinte auch. Der Polizeikommissär des Theaters, der neben mir saß, sah mich recht freundlich und gutmütig an und dachte wohl bei sich: gäbe es doch keine schlimmere Volksbewegung als diese, dann wäre es ein Vergnügen, Polizeikommissär im *Quartier du Temple* zu sein! Warum haben wir so viel geweint? Sie sollen es erfahren. Vorher aber ziehen Sie auf eine Viertelstunde einen Überrock an, setzen einen runden Hut auf – kurz – ich bitte Sie, machen Sie mir durch weibliche Bedenklichkeiten die Arbeit nicht so sauer. Ich habe wenig Zeit; Europa wartet auf mich.

Ludwig Börne (1831)

In einer Loge der Funambules

FRÉDÉRICK. Garance!

GARANCE. Frédérick! Wie kommen Sie hierher?

FRÉDÉRICK. Paris ist so klein für zwei so Verliebte wie wir... Aber das gibt es ja gar nicht, du sagst «Sie» zu mir, Garance?

GARANCE. Ist es so verwunderlich? Ich hab' schon so lange zu keinem mehr «Du» gesagt.

FRÉDÉRICK. Oh, Desdemona, treuloses Geschöpf, das mich eines schönen Tages einfach auf der Straße stehen läßt. – «Bis gleich, Frédérick.» Sprach's und war für Jahre verschwunden. Und als sie geruht zurückzukommen, fragt sie mit Unschuldsmiene: «Wie kommen Sie hierher?» Ich komme hierher, weil ich immer hier war. Ich wußte, du würdest wiederkommen, also hab' ich hier gewartet, auf diesem Stuhl, Jahr um Jahr.

GARANCE. Du hast dich nicht verändert, Frédérick.

FRÉDÉRICK. «Sie» sich auch nicht, Garance. Aber nein. Du

hast dich verändert. Du bist noch viel begehrenswerter geworden als früher. Und dann, ich weiß nicht, du bist...

GARANCE. Ich bin auch distinguierter geworden, nicht wahr? Du bist verletzt?

FRÉDÉRICK. Oh, nichts weiter. Das ist schon verheilt. Es gibt Verletzungen, die länger brauchen, bis sie heilen. Die Verletzungen der Eigenliebe vielleicht, aber das sind auch nur Verletzungen. – Mit diesem Mann also, Desdemona, mit diesem Mann, der den Arm voller Blumen hatte, mit dem bist du fortgegangen? Wohin hat er dich entführt, dieser Nabob? Nach Indien?

GARANCE. Ich bin tatsächlich in Indien gewesen. Aber ich bin nicht lange dort gewesen. Ich habe vor allem in England gelebt, in Schottland.

FRÉDÉRICK. Ist es schön, dieses Schottland?

GARANCE. Ja! Aber es ist weit! Und ich liebe nur Paris!

FRÉDÉRICK. Paris mit seinen Erinnerungen. Baptiste zum Beispiel, seinetwegen kommst du ja jeden Abend hierher. Man könnte glauben, Sie haben nicht gewußt, daß Frédérick Lemaître auch jeden Abend spielt.

GARANCE. Sieh dir den Olymp an, Frédérick! Genauso habe ich früher auch gelacht. Ich konnte völlig grundlos lachen, nur um zu lachen. Aber jetzt...

FRÉDÉRICK. Du bist traurig.

GARANCE. Nein, aber ich bin auch nicht froh. In der Spieldose ist eine kleine Feder gesprungen. Sie spielt noch, aber sie klingt anders.

Jacques Prévert (1943/45)

Bastille · Die Julisäule

Auf heimlichen Wegen zur Stadt zurück. Der Flügelgeist der Bastille mit seiner Fackel und den Gliedern der gesprengten Kette, die er in Händen hält, erweckt in mir bei jedem neuen Anblick stärker die Empfindung von höchst gefährlicher und weithin wirkender Macht. Der Eindruck großer Geschwindigkeit und großer Ruhe ist in ihm vereint. Man sieht den Genius des Fortschritts hoch erhoben, in dem schon der Triumph zukünftiger Brände lebt. So wie sich Pöbel- und Händlergeist zu seiner Stiftung einten, ist furienhaftes Wesen mit Merkurs Scharfsinn in ihm gepaart. Das ist kein Sinnbild mehr; es ist ein echtes Götzenbild und von der furchtbar starken Witterung umgeben, die solche erzenen Säulen von althersher umstrahlt.

Ernst Jünger (1942)

Auf eine Bastillentrümmer von der Kerkerthüre Voltaire's
(die dem Verfasser von Paris geschickt wurde.)

Dank dir, o Freund, aus voller Herzensfülle
Für die Reliquie der greulichen Bastille,
Die freier Bürger starke Hand
Zermalmend warf in Schutt und Sand.

Zertrümmert ist die Schauerklause,
Die einst, o *Voltaire*, dich in dumpfe Nacht verschloß.
Kein Holz, kein Stein, kein Nagel bleibe von dem Hause,
Wo oft der Unschuld Zähre sich ergoß! –

Drum, Biedermann, empfange meinen Segen
Für diese Trümmer, die du mir geschickt;
Sie ist mir theurer als ein goldner Degen,
Womit einst ein Tyrann die Freien unterdrückt.

Christian Friedrich Daniel Schubart (1789)

Place des Vosges · Musik im Marais

Sie hatte mich dort schon auf über 8 täg bestellt, und also hielte ich mein wort, und kamme. da muste ich eine halbe stund in einen Eiskalten, ungeheizten, und ohne mit Camin versehenen grossen Zimmer warten. Endlich kam die D: Chabot, mit gröster höflichkeit, und bat mich mit den Clavier verlieb zu nehmen, indeme keins von den ihrigen zugericht seye; ich möchte es versuchen. ich sagte: ich wollte von herzen gern etwas spielen, aber izt seye es ohnmöglich, indemme ich meine finger nicht empfinde für kälte; und bat sie, sie möchte mich doch aufs wenigste in ein Zimmer wo ein Camin mit feüer ist, führen lassen. O oui Monsieur, vous avés raison. das war die ganze antwort. dann sezte sie sich nieder, und fieng an eine ganze stunde zu zeichnen en Compagnie anderer herrn, die alle in einen Circkel um einen grossen tisch herumsassen. da hatte ich die Ehre eine ganze stunde zu warten. fenster und Thürn waren off. ich hatte nicht allein in händen, sonder in ganzen leib und füsse kalt; und der kopf fieng mir auch gleich an wehe zu thun. da war also altum silentium. und ich wuste nicht was ich so lange für kälte, kopfweh, und langeweile anfangen sollte. oft dacht ich mir. wenns mir nicht um M:ʳ Grimm wäre, so gieng ich den augenblick wieder weg. Endlich, um kurz zu seyn, spiellte ich, auf den miserablen Elenden Pianforte. was aber das ärgste war, daß die Mad:ᵐᵉ und alle die herrn ihr zeichnen keinen augenblick unterliessen, sonder immer

136

fortmachten, und ich also für die sessel, tisch und mäuern spiellen muste. bey diesen so übel bewandten umständen vergieng mir die gedult – ich fieng also die fischerischen Variationen an. spiellte die hälfte und stund auf. da warn menge Eloges. ich aber sagte was zu sagen ist, nemlich daß ich mir mit diesen Clavier keine Ehre machen könnte, und mir sehr lieb seye, einen andren tag zu wählen, wo ein bessers Clavier da wäre. sie gab aber nicht nach, ich muste noch eine halbe stunde warten, bis ihr herr kam. der aber sezte sich zu mir, und hörte mit aller aufmercksamkeit zu, und ich – ich vergaß darüber alle kälte, kopfwehe, und spiellte ungeachtet den Elenden clavier so – wie ich spielle wenn ich gut in laune bin. geben sie mir das beste Clavier von Europa, und aber leüt zu zuhörer die nichts verstehen, oder die nichts verstehen wollen, und die mit mir nicht Empfinden was ich spielle, so werde ich alle freüde verlieren. (...)
Wenn hier ein ort wäre, wo die leüte ohren hätten, herz zum empfinden, und nur ein wenig etwas von der Musique verstünden, und gusto hätten, so würde ich von herzen zu allen diesen sachen lachen, aber so bin ich unter lauter vieher und bestien | was die Musique anbelangt | wie kann es aber anderst seyn, sie sind ja in allen ihren handlungen, leidenschaften und Paßionen auch nichts anders – es giebt ja kein ort in der welt wie Paris. sie därfen nicht glauben, daß ich ausschweife, wenn ich von der hiesigen Musique so rede. wenden sie sich an wem sie wollen – nur an keinen gebohrnen franzosen – so wird man ihnen | wens jemand ist an dem man sich wenden kan | das nemliche sagen. Nun bin ich hier. ich mus aushalten, und das ihnen zu lieb. ich danck gott dem allmächtigen wenn ich mit gesunden gusto davon komme. ich bette alle tag gott, daß er mir die gnade giebt, daß ich hier standhaft aushalten kan; daß ich mir und der gantzen teütschen Nation Ehre mache, indemme alles zu seiner grösten Ehr und gloy ist, und das er zuläst daß ich mein glück mache, braf geld mache, damit ich im stande bin ihnen dadurch aus ihren dermalen betrübten umständen zu helfen,

und zuwegen zu bringen daß wir bald zusammen kommen, und glücklich und vergnügt mit einander leben können. übrigens sein willen geschehe wie in himmel also auch auf Erden. ihnen, liebster Papa bitte ich aber, sich zu impegniren unterdessen, daß ich bald italien zu sehen bekomme. damit ich doch hernach wieder aufleben kan. machen sie mir doch diese freüde, ich bitte sie darum.

Wolfgang Amadeus Mozart (1778)

Denkmalschutz für eine Kaserne

Vor dem Kriege gab es in der Rue de Béarn (die hinter der Place des Vosges ist) eine Gendarmeriekaserne, wo die Reservisten hinkamen, um ihre Militärpässe kontrollieren zu lassen. Man betrat einen Hof, der von einigen Arkaden aus dem 15. Jahrhundert eingefaßt war, mit flachem Bogen. Dort hingen Käfige mit Kanarienvögeln, und an Wäscheleinen trockneten Drillichhosen. Es war das alte Kloster der Pauliner, eine der geweihtesten Stätten der Literaturgeschichte Frankreichs.

Dort lebte der Pater Mersenne, ein Mann von hohem Ansehen, eine Art graue Eminenz des Geistes. Im Jahre 1647 kommt Descartes inkognito nach Paris, er wohnt in der Rue Geoffroy-Lasnier und überwacht die Übersetzung der ‹Principes›, für die er das Vorwort schreibt. Er reist in die Bretagne, Geschäfte halber; wieder in Paris (wo ihn der König auf der Durchreise mit einer Pension von dreitausend Louisdors beschenkt), schickt er sich an, nach Holland zurückzukehren; er will niemanden sehen.

«Gleichwohl begegnete er dem jungen Herrn Pascal, der sich damals in Paris befand und den Wunsch verspürte, ihn zu sehen; und er hatte die Genugtuung, sich mit ihm bei den Paulinern zu unterhalten, wo er ihn zu treffen vorgeschlagen hatte. Herr Descartes hatte Vergnügen daran, ihn über seine Erfahrungen mit dem luftleeren Raum sprechen zu hören.» Ich habe das im Baillet, Bd. II, S. 328, gefunden.

Diese Kaserne hat keine Gedenktafel, oder hatte vielmehr keine; denn sie existiert nicht einmal mehr. Ich bin 1915 dort durchgekommen. An der Stätte der Pauliner und dieses alten bezaubernden Hofs hat man ein wahrhaft albernes Gebäude errichtet, verziert mit Bomben, in die sich Flammen mischen, aus weichem Gestein; und man hat dahinein Gendarmen gelegt. Ich fand sie in dem alten Kloster viel besser untergebracht, denn die Gendarmerie wirkt auf mich wie ein militärischer Orden, der letzte dieser Art und der einzige, der die Heirat zuläßt und sie sogar fördert...

Wie es scheint, gibt es eine Kommission für das alte Paris. Gesetzt, dieses Gerücht sei begründet (und angenommen, daß die Begegnung der beiden Philosophen bei dem Pater Mersenne von einer Kommission, die ausdrücklich dazu da ist, solche Dinge zu wissen, legitim übersehen worden wäre), könnte man nicht dieses alte Haus retten?

Paul Valéry (1921)

Saint-Paul-Saint-Louis · Religion im Marais

Wie auch immer, es dauert uns um Sie, daß Sie von Gott allein auf diese Weise reden hören. Dagegen hier, dieser Bourdaloue, Sie machen sich keine Vorstellung! Er hat, nach dem was mir erzählt ward, eine Passion vorgetragen, die an Vollkommenheit wahrlich ihresgleichen sucht. Es war im Grunde die Predigt vom vergangenen Jahr, aber er hat daran gefeilt, hier und da etwas verbessert, wie es ihm seine Freunde, auf daß sie unvergleichlich würde, geraten hatten. Sagen Sie mir doch, wie nur, wie ist Liebe zu Gott denn möglich, wenn Sie davon niemals in der rechten Weise reden hören? Sie brauchen dann wohl besonderen Beistand von oben. Nun denn, wir jedenfalls hörten letzthin den Abbé von Montmor mit einer wunderschönen jugendlichen Predigt, wie ich sie kaum je zuvor vernommen – ach, ich wünschte Ihnen so sehr etwas von dieser Art an die Stelle Ihres Pauliners. Unser junger Abbé schlug das Kreuz und sprach seinen Text. Er schalt uns nicht aus, tat uns auch nicht den Schimpf grober Beleidigungen an; er ersuchte uns einfach, den Tod als den einzigen Weg zur Auferstehung mit Jesus Christus nicht zu fürchten. Wir konnten ihm nur beipflichten, und damit waren alle höchlich zufrieden. Er hat nichts, was mißfiele, ist vor allem, gleich dem Bischof von Agen, dessen Beispiel er folgt, ohne ihn sklavisch nachzuahmen, niemals brüsk; statt dessen couragiert, diskret, gelehrt, fromm – mit einem Wort, ich war endlich rundum zufrieden.

Madame de Sévigné (1671)

Aus der Chronik der Rosengasse

In das Marais bin ich umgezogen bald nachdem unser General die Juden «orgueilleux et dominateur» genannt hatte. Das erste kann ich auslegen als «hochmütig» oder «stolz»; es kommt darauf an, von wo aus es behauptet wird. Das zweite, «herrschsüchtig», läßt sich nicht mildern.

Um meine Werkstatt herum, zwischen der Ile Saint Louis und der Place des Vosges, leben nur wenige Juden. Meine Wohnung, ein paar hundert Schritte weiter, an der Ecke Rue des Rosiers/Rue des Ecouffes, liegt mitten in ihrem alten Viertel.

«Ecouffes» schrieb sich bis ins zwölfte Jahrhundert zurück «escufle», vom altbretonischen «skofia» her, und bedeutete «Milan», «Geier». Die Gasse der Geier war die Gasse der Wechsler und Pfandleiher. Wissen die Wechsler, die ich heute noch von meinem Fenster aus Noten tauschen sehe, daß sie eine so alte Tradition fortsetzen? Allerdings bleiben ihnen nur noch wenige Meter Gehsteig der Rue des Rosiers.

Die Rue des Ecouffes, während des Krieges leergemordet, ist heute von zugeflüchteten nordafrikanischen Juden bevölkert. Sie vertragen sich schlecht mit den europäischen. Nach zweitausend Jahren Wanderung durch so verschiedene Welten sind sie sich fremd geworden. Vor meinem Hause stoßen beide Wege aufeinander. Der Wirt unten im Erdgeschoß, Simon, hat guten Willens afrikanische und jiddische Lieder auf seine Tonbänder gespult; es hat ihm eher geschadet.

Er fegte vor seiner Tür, als ich einzog. Ich wies auf die drei Fenster über uns, die nun mir gehörten. «Gekauft», fragte er ungläubig, «wirklich gekauft, die Mauern, alles, gekauft?» Auch Jimmy, der algerische Schwarzhändler, konnte es nicht fassen: «Wie konntet Ihr nur in dieses Viertel ziehen?»

Viele fragten es sich, es sprach sich schnell herum. Der erste der Wechsler glaubte wahrscheinlich, wir hätten aus der Welt flüchten wollen, und beruhigte uns schon am zweiten Tage wie ein Dorfältester: «Hier werdet Ihr ruhig leben können. Niemand wird Euch zu nahe treten.» Der zweite, der auch goldene Uhren vertrieb, und Joshua, der ordenbeladene Fallschirmlegionär, vermuteten scheint's, die geschichtliche Bedeutung des Marais habe uns verleitet: noch in derselben Woche versicherten sie mir, die Wirtschaft sei früher Buchhandlung und Anschrift des «Bund» gewesen, und Trotzky habe zeitweilig über der Küche geschlafen.

Überhaupt wird viel übereinander geredet. Ist man einmal ins Vertrauen gezogen, weiß man nach wenigen Wochen allerhand über jeden, leider zu viel; man kann nicht mehr unterscheiden, was daran wahr ist. Die uralte Nadja, auf einen Meter vierzig zusammengesunken, keine achtzig Pfund schwer, verkauft in ihrem verstaubten Laden lebende Hühner, die ein gelernter Opferer genau nach dem Gesetz tötet, vor den Augen der Käufer, um ganz sicher zu gehen. Zweimal täglich läuft sie hurtig durch die Gasse. «Wenn an einem Ende der Rue des Rosiers sich einer in den Finger schneidet», sagt man ihr nach, «und die Nadja trägt es aus, dann hat er am anderen Ende beide Arme verloren».

Nicht immer geht es so heimlich zu. Schräg gegenüber in der Rue des Ecouffes verkauft eine Alte Eier, nur Eier. Sie sitzt in einem Hauseingang, ihre Kisten und Körbe stehen auf der Schwelle, und der Gehsteig davor ist kaum anderhalb Fuß breit. Hält ein Auto vor ihr an und verengt somit ihren Handelsweg, beginnt sie zu zetern, daß die Scheiben zittern; noch kein Fahrer hat ihr bis heute widerstanden.

Weniger glücklich wehrt sich die Gemüsefrau. Nicht nur gegen die Autos muß sie täglich ihr Teil Randstein behaupten; auch die Anwohner wollen sie nicht vor ihrer Türe. Die einen schätzen sich behindert, den anderen ist sie zu schmutzig. «Kaufen Sie ja nichts bei ihr», warnte uns schon in den ersten Tagen die Bäckerin: «Sie liest in den Hallen aus dem Rinnstein, was die Händler weggeworfen haben. Das ist angefault, verwelkt und die Ratten haben darauf gepißt. Sie schneidet das Schlimmste heraus.» «Wahrscheinlich spioniert sie für die Polizei», vermuten andere, «sonst würde man sie doch nicht gewähren lassen gegen alle Vorschriften». «Arabe sadique» nennt sie ihr schlimmster, fallsüchtiger, halbblinder Feind. Ich weiß warum, ich habe sie gegeneinander raufen sehen. Sie hatte sich einen Sackkarren gefunden, in dem der Mann den von ihm vermißten erkannte. Sie kratzte und biß, schrie und weinte. Gott sei Dank zerrte jeder mit einer Hand am Karren; so konnten sie sich nur halb so schwer verletzen.

Georg K. Glaser (1971)

Der Spielmann von Saint-Merry

(...) Er spielte Flöte und die Musik lenkte seinen Schritt
Er blieb stehn an der Ecke Aubry-le-Boucher Saint-Martin
Er spielt das Lied das ich singe es ist mein Lied
Die Frauen die vorbeigingen blieben nahe bei ihm stehen
Von überall her kamen sie
Als die Glocken von Saint-Merry zu läuten begannen
Der Spielmann hörte auf mit dem Lied er trank am Brunnen
Der an der Ecke zur Rue Simon-Le-Franc
Dann verstummte Saint-Merry
Er aber spielte wieder das Lied auf seiner Flöte
Machte kehrt und begab sich zur Rue de la Verrerie
In die er einbog gefolgt von der Schar der Frauen
Aus den Häusern traten sie
Aus den Querstraßen kamen sie mit irrem Blick
Die Hände nach dem liedreichen Entführer ausgestreckt
Der ging gleichmütig seines Wegs und spielte sein Lied
Der ging seines Wegs ENTSETZEN

Irgendwo anders / Wann fährt ein Zug nach Paris (...)
(...) Während also die Welt sich weiterdrehte

Zog das Geleite der Frauen lang wie ein endloser Tag zog
Folgte dem glückhaften Spielmann dorthin wo er einbog

Geleitzüge o ihr Geleite
Wie damals einst machte der König sich auf nach Vincennes
Einst trafen die Gesandten ein in Paris
Einst eilte der magere Suger zur Seine
Einst erstarb der Aufruhr um Saint-Merry

Geleitzüge o ihr Geleite
Die Frauen überschwemmten ihre Zahl war zu groß
Alle benachbarten Straßen
Und sie eilten schnurstracks herbei
Um dem Spielmann zu folgen

Oh Oriane und du Pâquette und du Amine
Und du Mia und du Simone und du Mavise
Und du Colette und du du schöne Geneviève
Vorbei sind sie zitternd und traumverloren
Und ihre leichten Schritte gehorchten allein dem Rhythmus
Dieser Hirtenmusik die lenkte
Ihre begierigen Ohren

Er aber blieb kurz stehn vor einem Haus zum Verkauf
Verlassenes Haus
Mit zerbrochenen Scheiben
Damals ein Wohnhaus der Renaissance
Im Hof werden Lieferwagen abgestellt
Da nun bog der Spielmann ein
Seine Musik verlor sich und ward voll Sehnsucht (...)

Guillaume Apollinaire (1914)

Was machen wir mit dem Jakobsturm? Aus einer Umfrage

Sollte man erhalten, verlegen, verändern, umgestalten oder
abreißen (...) 4. den Turm St. Jacques (...)? – Antworten:

Erhalten wie er ist, aber das ganze umliegende Viertel abreißen und unter Todesstrafe den Zugang in einem Kilometer Umkreis 100 Jahre lang verbieten. (André Breton)

Wird leicht gebogen. (Paul Eluard)

Im Zentrum von Paris aufstellen, von schönen Hüterinnen
im Hemd umgeben. (Benjamin Péret)

Abreißen und aus Gummi neu aufbauen lassen. Auf das Dach
eine leere Muschelschale stellen. (Tristan Tzara)

Le surréalisme au service de la révolution (1933)

Der Liebesbrunnen

Um zehn Uhr des Morgens trat ich die Reise an und befahl dem Kutscher, vor allen Dingen nach der Quelle der Liebe zu fahren. Da er den Saint-Foix nicht gelesen hatte, so verstand er mich nicht. Er riet hin und her, ohne sich darüber klarzuwerden. Endlich erklärte ich ihm das Rätsel: *«Eh bien, dans la rue de la Truanderie.»* – *«A la bonne heure»*, antwortete er, *«vous autres étrangers, vous ne dites le mot propre qu'à la fin de la phrase.»* Und so ging es denn nach der Truanderie. Folgendes ist die Geschichte der Quelle der Liebe:

Agnes Hellebick, eine junge Schönheit am Hofe Philipp Augusts, liebte unglücklich. Da der Leukadische Felsen ein wenig zu weit von Paris entfernt ist, so stürzte sie sich in der Straße der Truanderie in einen Brunnen und endigte so die Qualen ihrer Liebe. Dreihundert Jahre darauf stürzte sich ein junger Mensch, den die Grausamkeit seiner Geliebten zur Verzweiflung gebracht hatte, in denselben Brunnen – aber mit großer Behutsamkeit und sehr glücklich. Er ertrank nicht und kam sogar ohne den geringsten Schaden zu nehmen in die Tiefe. Seine Geliebte eilte, auf Flügeln des Zephirs getragen, herbei, ließ ein Seil hinab und zog den Ritter herauf, dem sie nun Herz und Hand schenkte. Der Liebhaber ließ aus Dankbarkeit den Brunnen von neuem bauen und mit großen gotischen Buchstaben die Worte darauf setzen:

L'amour m'a refait / En 1525 tout à fait.

Seit diesem Vorfalle, der in ganz Paris bekannt wurde, wallfahrteten die jungen Leute beiderlei Geschlechts hierher, und unter Tänzen und zärtlichen Liedern schwuren sie einander Treue. Der Brunnen ward ein Altar der Liebe. Aber diesem Unfug machte ein damals berühmter Prediger ein Ende. Er zeigte mit vielem Eifer den Eltern, was dergleichen Wallfahrten für Folgen haben könnten, und seine Reden bewirkten schließlich, daß die frommen Leute den Brunnen der Liebe verschütteten. Jetzt zeigt man nur noch den Platz, wo er gewesen ist. Ich trank hier ein Glas Seinewasser, besprengte mit dem Reste die Erde und rief: «*A l'amour!*»

Nikolai Karamsin (1790)

Die Hallen · Das Wort

Manche Pariserinnen lassen es sich angelegen sein, gewisse Toponyma nicht zu kennen resp. nicht zu verwenden, weil sie meinen, diese Straße, dieser Platz oder jene öffentliche Stätte möchten einer feinen Dame der Gesellschaft nicht recht anstehen. So sagen sie ohne weiteres: *der Louvre, die Place Royale,* aber sie würden sich lieber die Zunge abbeißen als jene Namen aussprechen. Und entschlüpfen sie ihnen dennoch einmal, braucht es wenigstens eine Modellierung des Wortes, einige kleine Geziert- und Genierteiten, die den sicheren Ton wiederfinden lassen. Solche Feinfühligkeit in diesen Dingen kennen die Damen vom höfischen Adel nicht. Die nämlich sagen, wenn die Rede auf die *Hallen,* aufs *Châtelet* oder auf Ähnliches kommt, ganz einfach: *das Châtelet, die Hallen.*

Jean de La Bruyère (1688)

Zahlen und Geschichten

Wenn wir beispielsweise untersuchen, wieviel Kilogramm Butter, wieviel Eier, wieviel Käse Paris jährlich verzehrt, ergeben sich ganz erstaunliche Zahlen. (...) 1866 wurden in den Hallen mehr als 232 Millionen Eier verkauft, Stück für Stück gezählt und auf ihre Frische hin geprüft. Diese

Arbeit verrichten vereidigte Eierzähler und -prüfer, die in den unterirdischen Geschossen der Hallen arbeiten und je nach Jahr 3 bis 4000 Francs verdienen. Der enorme Eierverbrauch wird leichter erklärlich, wenn wir an die Weiterverarbeitung denken: allein Guillout braucht zur Herstellung seiner Reimser Biscuits pro Tag 23 000 Eier. Nicht minder interessant der Käseverbrauch. Letztes Jahr wurden auf dem Carreau der Hallen immerhin 440 000 Käse aus der Brie verkauft – dabei heißt es, der Brie gehe nicht mehr...

(Victor Borie, 1867)

Am Mittwoch, den 22. Juli, rottete sich in den Hallen viel Volk gegen die Bäcker zusammen, deren Brot für zu teuer befunden ward. Selbiges Brot ward den Bäckern mit Gewalt entrissen, und kamen dabei zwei Bürger zu Tode, die zufällig des Wegs kamen und die mit dem Handel nicht nur nichts zu tun gehabt, sondern ihn im Gegenteil zu schlichten versucht hatten. Das aufrührerische Treiben war so heftig, daß das Volk gewaltsam in die Häuser einiger Bürger eindrang, von denen es Vermutung hegte, jene Bäcker möchten darin sich und ihr Brot versteckt halten. Alle Kiepen und Karren selbiger Bäcker aber, die auf dem Markt geblieben waren, wurden verbrannt.

(Pierre de L'Estoile, 1587)

Ebenso interessant sind die Daten für den Fischmarkt. 1866 wurden 14 Millionen Kilogramm Fisch für etwa 13 Millionen Francs verkauft. Ein Viertel des Fangs stammt aus dem Ausland. England schickt uns vor allem Salme und Langusten; Holland Salme, Garnelen, Aale, Hechte und Karpfen; aus Belgien kommen Muscheln; aus der Schweiz, d. h. mehr oder weniger aus dem Genfer See, Forellen; Preußen liefert Salme und Forellen und das übrige Deutschland Flußkrebse, ungeheure Mengen.

(Victor Borie, 1867)

Wir schlenderten an den Hallen vorbei. Hunderte von Körben mit Erdbeeren standen im Viereck, wie ein Regiment der alten Garde, daneben waren Pyramiden von Kohlköpfen und roten Rüben aufgetürmt, und immer neue Ladungen wankten auf zweirädrigen Karren heran. Allerhand Rindvieh sah blutig aus grauem Segeltuch hervor. Weiche Flaumhügel von Gänsen, Enten und mannigfachen Hühnern schlossen ein Schlachtfeld von vierfüßigem Wild ein, und drinnen in den Hallen stockte einem der Atem vor dem Geruch von Fisch und faulem Gemüse. Diese Hallen sind wüst, imponierend und langweilig wie ein Roman von Zola.

«Lo, gefallen dir die Hallen?»

«Man muß sie von Zeit zu Zeit wiedersehn. Da wird einem erst klar, daß das Leben gar nicht so leicht ist. Wenn ich das hätte erfinden sollen –!» Und nach einer Weile fügte sie hinzu: «Der Staat ist eine großartige Idee!»

Sie war sehr müde.

René Schickele (1911)

Eine lange Nacht

... eine Stunde später wird meine Angebetete plötzlich munter und meint, wir könnten noch ein wenig zu den Hallen gehen, un peu vadrouiller. Es sei so warm draußen und so eng hier im Zimmer. – Meine Einwendungen helfen nicht viel. Ich erhebe mich mit Ach und Krach, wir trinken rasch noch eine Chartreuse und schlendern durch die graue Morgendämmerung über den Pont-Neuf den Hallen zu. Sie möchte nur gerne eine Soupe au fromage essen au grand Comptoir. Es werde jedenfalls große Gesellschaft dasein.

Es ist weder Musik noch Gesellschaft da. Im hintern Lokal sitzen einige vereinsamte Grisetten. Meine Schöne bestellt die Suppe, ich eine Flasche Wein, und wir essen schweigend in uns hinein. Darauf kommt der Kellner: «Des écrevisses?

Une douzaine de Marennes? Un demi poulet?» – Sie schüttelte dreimal den Kopf, und der Kellner geht. Das rührt mich fast zu Tränen. Ich rufe ihn zurück, er solle zwei Dutzend Austern bringen; und während wir sie schlürfen, sage ich, wir wollten dann zum Kaffee zu Barrat gehen. (...)

Ich habe fünf oder sechs Tassen getrunken und möchte noch mehr. Aber hier ist mir der Kaffee zu teuer, die Portion kostet einen Frank. So mache ich den Vorschlag, wir wollten noch au Chien qui fume gehen. Sie kennt das Lokal nicht. Ich sage, es liege dicht in der Nähe. So pilgern wir im ersten Sonnenblick des Tages durch endlose Spaliere von Blumenkohl, von weißen und roten Rüben au Chien qui fume, klettern die Wendeltreppe zum Salon hinauf, setzen uns ans Fenster und haben das dichte Marktgewühl der Hallen unter unsern Augen. Wir kommen dahin überein, daß es nichts Schöneres auf Gottes Welt gibt, als mit anzusehen, wie so recht gehörig gearbeitet wird.

Um unseren Betrachtungen im vollsten Maße gerecht zu werden, bestelle ich statt des Kaffees wieder Austern und eine Flasche recht kräftigen Wein dazu. (...)

Ich sehe nach der Uhr und sage mir, sie ist stehengeblieben. Ich frage den Kellner: Weiß Gott schon halb eins! Meine Schöne ist nicht weniger überrascht. Jetzt müssen wir doch notwendig noch dejeunieren.

Vor dem Spiegel will sie ihr Haar ordnen, aber sie sieht sich nicht. Der Spiegel ist von oben bis unten über und über mit Inschriften bedeckt; nicht so viel freier Raum, um eine Briefmarke darauf zu kleben. Dessenungeachtet bittet sie mich um einen Diamanten. Ich gebe ihr meinen Hemdknopf, aber er schreibt nicht. Ich sage, ich müsse ihn gelegentlich wieder schleifen lassen.

Der blendenden Sonne wegen gehen wir unter den Hallen durch, und zwar über den Blumenmarkt. Rosen vom zartesten Schnee bis zur tiefsten Kohlenglut liegen zur Rechten und zur Linken haushoch aufgeschichtet. Ich ziehe gierig den betäubenden Duft in die Nase. Ich empfinde ihn als ein kräftiges Stärkungsmittel. Im Grand Comptoir herrscht angenehme Kühle. Der Kellner, der sich erinnert, uns vor zehn Stunden schon einmal gesehen zu haben, fällt vor Ehrfurcht auf den Bauch. Wir hegen beide das Bedürfnis nach etwas Erfrischendem und dejeunieren mehr aus Pflichtgefühl. Wir einigen uns über ein Poulet-Mayonnaise, eine riesige Schüssel Salat, einen Korb voll Pfirsiche und saftiger Birnen und einen leichten Weißwein. Den Kaffee werden wir im Quartier einnehmen.

Frank Wedekind (1897)

Saint-Germain-l'Auxerrois

In der Tür begegne ich Halbdämmerung und Orgelspiel, farbigen Bildern und Kerzen. Immer wenn ich in eine katholische Kirche trete, bleibe ich an der Tür stehen und fühle mich verlegen, unruhig, ausgestoßen. Wenn der riesengroße Schweizer sich mit seiner Hellebarde nähert, bekomme ich ein schlechtes Gewissen und meine, er will mich als Ketzer hinaus treiben. Hier in Saint-Germain L'Auxerrois fühle ich eine Angst, denn das Gedächtnis sagt mir, daß es in diesem Turm war, wo in der Bartholomäusnacht die Glocke ohne bekannte Ursache um zwei Uhr zu läuten anfing. (Um zwei Uhr nachts!) Heute beunruhigt mich meine Stellung als Hugenotte mehr als sonst, denn vor einigen Morgen las ich im Osservatore Romano einen Glückwunsch, den die katholische Priesterschaft an die Judenverfolger in Rußland und Ungarn richtete, und einen hochgestimmten Vergleich mit den großen Tagen, die auf die Bartholomäusnacht folgten und die der Verfasser bald zurückwünschte.

August Strindberg (1898)

Das Königsschloß

Drunten füllten von seiner verringerten Truppe doch noch mehr als hundert den Hof und die Straße. Er ließ dreißig von ihnen zurück als Wache für seine Schwester. Mit dem Rest ritt er zum Schloß. Zuletzt eine Brücke über den Fluß, «Handwerkerbrücke», hier hat er noch den Anblick eines reichen, neuen Königsschlosses. Dann aber, am Ende der Straße, die «Österreich» heißt, verändert sich das Bild desselben Baues in einen nicht geheuren Ort, Festung oder Gefängnis, soviel sich auf einmal überblicken läßt von den schwarzen Mauern, gedrungenen Türmen, kegelförmigen Dächern, breiten, tiefen Gräben voll von Brackwasser, das stinkt. Dort hinein zu wollen macht Herzklopfen und kostet noch mehr Überwindung, wenn man aus weitem Land und hohem Himmel kommt. Aber er will es, und eigentlich, was auch daraus werden mag, erfreut ihn das Abenteuer. Ihm sagt sein freier Sinn, daß er fest ist gegen Zauber. Die alte Hexe, von der er schon als Kind geträumt hat, hockt noch immer in ihrem Spinnennetz. Seine arme Mutter hat sich darin verfangen. Um so weniger soll es ihm selbst geschehn!

Die Hufe schlagen auf die Zugangsbrücke. Henri hat grade genug Zeit, des zurückgelassenen Flusses zu gedenken, das war die letzte Fröhlichkeit der Welt, helle Wolken, das Wasser blinkt zwischen Kähnen mit Heu, am Strande werden von schweren Gespannen die Lasten geschleppt unter Geschrei und Gelächter des gemeinen Volkes, das nichts weiß.

Meine Mutter aber ist hier ermordet worden: ermordet – hier! Er ist gewärtig, von Raserei befallen zu werden. Sie steigt in ihm auf, sie macht ihn blind. Jemand berührt seine Schulter, einer der Freunde wohl, er hört ihn sagen: «Sie haben hinter uns das Tor geschlossen.»

Sofort war er kühl und klar. Er stellte fest, daß wirklich die Leute des Louvre den Zugang zu der Brücke schnell verrammelt hatten, bevor seine bewaffnete Bedeckung hindurch war. Die Seinen lärmten draußen. Er gebot Ruhe, herrschte die Torwächter an und mußte natürlich Ausreden hinnehmen. Nicht genug Platz für so viele protestantische Herren. «Dann macht ihn!» – «Keine Sorge, Herr König von Navarra! Platz wird sein im Louvre für alle Hugenotten, die sich einfinden wollen. Je mehr, desto besser!» Und die Bogenschützen oder Arkebusiere stellten sich breitbeinig auf die Ränder der Brücke, ihre Gewehre fest im Arm.

Henri musterte seine wenigen Genossen: dann setzte er sich an ihre Spitze und ritt weiter genau zwanzig Fuß weit, wie er berechnete; jetzt polterten die Hufe auf Holz, das war die Zugbrücke. Eine Tür – die Tür des Louvre, dunkel und massig zwischen zwei alten Türmen. Endlich ein Gewölbe, so niedrig, daß die Reiter absaßen und ihre Tiere führten. Die andere Hand legte sich von selbst um den Griff der Pistolen. Noch einmal zwanzig Fuß zählte Henri, ganz Spannung. Indessen gelangte er in einen Hof.

Dort war es zwar eng, aber offenbar friedlich, obwohl von Menschen überfüllt. Man sah nur Männer, mit und ohne Waffen, aus allen Ständen, bei verschiedenen Beschäftigungen. Höflinge würfelten oder stritten, Bürger gingen in Geschäften ein und aus bei den Ämtern, die im Erdgeschoß des ältesten Gebäudes lagen. Auch Köche und Bediente verließen ihre warme Arbeit, um sich an der Luft zu dehnen. Hier fröstelte jeden, sogar im Juli. Gegen die Mitte erkannte man noch die Grundmauer eines Turms: der dickste von allen, uralt hatte er hier gelastet und die Luft verdunkelt. Erst König Franz, der Großonkel Henris, hatte ihn abgerissen. Dennoch verirrte das Licht sich in diesen Hof nur wie auf den Grund eines Brunnens: er hieß auch der Brunnenschacht des Louvre.

Man blieb unbeachtet in dem bunten Gedränge. Henri und seine Begleiter fanden unter den Edelleuten zufällig keinen einzigen Bekannten. Dagegen wurden sie von Leibwächtern des Königs aufgehalten, als sie versuchten, hindurchzukommen mit ihren Pferden. «Zurück, ihr Herren! Allerdings! Umkehren und wieder über die Brücke müßt ihr, die Ställe sind draußen, und für Gascogner, die nicht einmal Knechte bei sich haben, wird bestimmt keine Ausnahme gemacht.»

So war der Empfang. Henri sagte nicht, wer er war, er verhinderte sogar die anderen daran und machte sich über den jungen Offizier der Leibwache nur lustig. Das dauerte, bis der Herr vom Leder zog: dann entwaffnete ihn der lange Du Bartas und rief etwas zu laut: «Dieser ist der König von Navarra!»

Heinrich Mann (1935)

Hôtel de Rambouillet · Die Kunst der Konversation

Man muß zwischen zwei Arten von Konversation unterscheiden. Die eine ist in sich geschlossen und folgt einem einzigen Thema; bei der andern spricht man nacheinander über verschiedene Themen, je nachdem, wie es der Zufall gerade will. Dies ist die gewöhnlichste, der französischen Eigenart gemäßeste.

Die erstere war immerhin in der Mitte des vorigen Jahrhunderts Mode. Damals war das Spiel noch nicht so verbreitet wie heute; man widmete ihm weniger Zeit und der Konversation dafür mehr. Der Geschmack hatte sich damals noch nicht so vervollkommnet wie in der Zeit seitdem, dafür war man damals lebhafter an geistigen Dingen interessiert als heute, und ohne sich eigentlich so gut darin auszukennen, liebte man diese Dinge mehr. Die Kenntnis der schönen Literatur war ein Teil der Bildung des Mannes von Welt, und so wechselnd und sonderbar sind die Gebräuche, daß man sich damals mit keiner Unwissenheit eine Blöße geben durfte.

Jeder hat von den berühmten Konversationen, oder besser: Disputen im Hôtel de Rambouillet reden hören. Man sagt, daß sie gleichermaßen unterhaltsam und lehrreich waren. Aber alles hat seine Nachteile, und da man viel Geist haben mußte, um seine Rolle in diesen Konversationen gut zu spielen, und weil der Geistreichste siegte, mußte, wer da glänzen und Zierde des Geistes zeigen wollte, fürchten, affektiert und pedantisch zu werden. Tatsächlich sagt man, daß diese Konversationen die Sekte der lächerlich preziösen und gelehrten Frauen gebildet und Molière zu seinen Stücken angeregt hätten; den einzigen vielleicht, von denen man mit Recht sagen könnte, daß sie die Welt korrigiert haben. Aber sie haben sie nur allzusehr korrigiert; und um das Lächerliche zu vermeiden, das Molière, wenn auch ein wenig übertrieben, so gut getroffen hat, hat man sich in das entgegengesetzte Extrem gestürzt, was unendlich viel mehr zu tadeln ist. Jetzt gibt man sich grob und dumm, aus Angst, für preziös und für einen unechten Schöngeist gehalten zu werden.

Nicolas Trublet (1735)

Im Großen Kaufhaus des Louvre

(Madame Dupont und Madame Hickel machen ihre Einkäufe im Großen Kaufhaus des Louvre. Zahlreiche Waren sind ausgestellt. Es ist Ausstellungstag.) Madame Hickel: Diese Bluse würde mir gefallen. Was denken Sie darüber? Madame Dupont: Sie ist sehr schön. Neununddreißig Franken, das ist nicht teuer. Das ist eine Gelegenheit. Die Seide ist sehr weich. Die Verkäuferin (hält die Bluse in einer Bewegung voller Anmut vor Madame Hickel): Sehen Sie, Madame, diese Bluse ist sehr hübsch. Sie wird ihnen sehr gut stehen. Madame Hickel: Ich nehme sie. Die Verkäuferin: Und was noch,

Madame? Madame Hickel: Ich möchte noch Taschentücher. Die Verkäuferin: Nebenan werden Sie sehr hübsche finden. (Madame Hickel kauft Taschentücher und Spitzen.) Madame Dupont: Ich muß auf eine Hochzeit gehen und habe nichts mehr anzuziehen. Ich werde ein Kleid und einen neumodischen Hut kaufen. Die Modistin ist da drüben. In diesem Kaufhaus ist man sehr gedrängt. Da gibt es immer viel Menschen. Folgen wir der Menge! Wenn sie einen mitzieht, kann man ihr nicht widerstehen. Madame Hickel: Die Hüte, die in Paris hergestellt werden, gefallen mir besonders. (Nachdem sie ihre Einkäufe gemacht haben, bezahlen Madame Dupont und Madame Hickel an der Kasse. Der Kassierer nimmt ihren Namen und ihre Adresse auf. Man wird ihnen morgen alles liefern, was sie gekauft haben. Der Kassierer nimmt sich dieser Angelegenheiten an.)

Ludwig Harig (1971)

Oratoire · Die Theophilanthropen

Jedes Mitglied der Gesellschaft kann an Tagen der öffentlichen Zusammenkünfte auftreten und entweder predigen oder auch etwas vorlesen, das in das Gebiet der Pflichten und Hoffnungen der Menschen einschlägt. Dieses Recht hat vom fünfundzwanzigsten Jahre an jeder verheiratete Mann und Witwer, der es nicht durch Scheidung von seiner Frau geworden, vom fünfzigsten Jahre an jeder Hagestolz, wenn er aus der Gesellschaft einige Bürgen für sein moralisches und erbauliches Leben stellt, eine Assekuranz, die in Paris zu übernehmen ziemlich mißlich ist. Derjenige, so Lust hat, zur tätigen Erbauung durch das Organ der Rede mitzuwirken, läßt sich auf eine Rolle schreiben und tritt auf, wenn sein Tag kommt. Die Verehrung des höchsten Wesens, die Erweckung zur Sittlichkeit und Menschlichkeit, die Aufforderung zum

Patriotismus und Gehorsam gegen die Gesetze, die Achtung für alles Heilige fremder Religionen sind der Zweck und das Bestreben der Theophilanthropen. Sie umfassen also das Größte und Schönste, was in der Religion liegt; glücklich, wenn sie es auch in der Ausübung immer festhalten könnten!

Der nächste ihrer Tempel war für mich eine kleinere Kirche der alten Gesellschaft des Oratoriums hinter dem Louvre, wo ich sehr oft gewesen bin. Rührend war es mir, als ich das erste Mal eintrat, zu sehen, wie diese kleine Kirche geteilt war. Rechter Hand nämlich von der Türe haben die Katholiken die Hälfte inne, linker Hand die Theophilanthropen die andre. Sie glauben also nicht mehr, daß das höchste Wesen (...) sich mit Verdruß und Zorn von den einen zu den andern wende und diese verdamme, während es jene beglückt. Rührend war es meinem Herzen, rechts mehrere fromme Mütter mit ihren Kindern vor einem Kruzifix liegen und beten zu sehen, während links ein Redner auf das Katheder stieg und einige treffliche Sachen Fénelons, des trefflichen Menschen und Predigers, vorlas.

Die Kirchen der Theophilanthropen sind ohne allen Pomp und sinnlichen Schmuck, ohne Bilder und Altäre, die an eine sinnliche Religion erinnern könnten. Die Mitte nahmen Bänke und leere Plätze für die Sitzenden und Stehenden ein, und eine Orgel und Kanzel sind die einzigen Zurüstungen des Dienstes, und auch diese äußerst einfach verziert. Unter der Kanzel hängt eine schwarze Tafel, worauf das Hauptbekenntnis der Gesellschaft in moralischen Sprüchen und andre gute Lehren geschrieben sind, z. B. «Gott ist die Quelle unsres Glücks und unsrer Hoffnung. Ehret eure Eltern, so werdet ihr glücklich sein. Wer kein gutes Kind, kein guter Gatte, kein guter Vater ist, ist auch kein guter Bürger und Patriot». Auf einem kleineren Täfelchen liest man kleine Notizen und Zurechtweisungen für die Gesellschaft und für die Ordnung der jedesmaligen Andacht (...)

Ernst Moritz Arndt (1799)

Im Louvre · Musée Napoléon

Über tausend Gemälde, darunter die größten und kostbarsten, stehen staubbedeckt, zu Dutzenden übereinander-
gehäuft, in einem Saale, wo rohe Handwerker ihre Arbeit
aufsichtslos treiben, gesägt, gehobelt, geklopft, Leim, Kalk
und Gestein gehandhabt wird und wo täglich Tausende von
Menschen durchgehen. Daß jedermann freien Zutritt in
diese Säle hat, ist wohl schön und löblich; allein wenn mitt-
wochs und sonnabends ganze Scharen Pöbels, Fischweiber,
Soldaten, Bauern in Holzschuhen, Sackträger, mit dem Hut
auf dem Kopf und die Tabakspfeife in der Hand, unter gemeinen Scherzen und rohem Lachen, auch wohl unter Stoßen
und Drängen, zwischen den Geniuswerken sich herumtreiben, dann überfällt uns doch ein schmerzlicher Jammer, und
wir erkennen die Wahrheit des Dichterwortes: «Werke des
Geistes und der Kunst sind für den Pöbel nicht da.» Damit
keine Art von Vernachlässigung zurückbleibe, so hat Denon
das Verzeichnis der Bilder abgefaßt, welches von Unwissenheit und Mißgriffen strotzt und dabei den entschiedensten
Anspruch auf ausgebreitete Gelehrsamkeit macht. (...)
Die meisten der französischen Bilder sind immer in Frankreich gewesen, (...) die italienischen aber aus ganz Italien
zusammengeraubt, wo sie der Stolz und die Andacht der
ganzen Nation, ja, einzelne Bilder die Kleinodien ganzer
Stadtgemeinden und andrer Körperschaften waren, an dem
bestimmten Platze, für den der Maler sie gemalt, in der Mitte
der Menschen, mit denen sie in nächster Beziehung standen.
Mit welchem Gefühle von Schmerz und Trauer steht man
vor diesen Bildern, wenn man die edle Einfalt und stille
Größe der deutschen, die mächtige Hoheit und berauschende Farbenglut der italienischen Bilder mit dem rohen Sinne
dieser Menschen zusammenhält, die nur einen frechen Genuß
der Eitelkeit, ein gemeinsames Erstaunen dabei empfinden!
Wahrlich, diese auserwählten Kinder göttlicher Kunst hätten
nicht unrecht, wenn sie ihre Lebensfarben in Todesblässe

erlöschen ließen und in chemischer Zersetzung aus dieser Profanation sich retteten!

Diese Empfindung der Profanation drängte sich mir fast noch stärker bei den Werken antiker Skulptur auf, die das untere Geschoß des Museums füllen. Vielleicht ist unter allen Gegenständen, die man lieber nicht in Paris sähe, keiner, der durch diesen Aufenthalt mehr gedemütigt, ja, ich möchte sagen, vernichtet wird als diese höchsten Bildwerke der Alten. Die engen, schmutzig-düstern Räume, mit abscheulich bunten Decken voll allegorischer und mythologischer Malereien, das schlechte Licht, die bedachtlose Aufstellung der meisten Bildsäulen, alles vereinigt sich zu dem ungünstigsten Eindruck, der sich noch steigert, wenn auch hier an den öffentlichen Tagen das zahllose abgeschmackte Volk hereinstürzt und wie Gewürm unter den Göttern frech umherkriecht.

Karl August Varnhagen von Ense (1810)

Skepsis und Enttäuschung

Stimmt es wirklich, daß hier nur Meisterwerke hängen? Was hab ich in meinem Leben für Bilder gesehen, die, weil unsigniert, keinen Marktwert besaßen und doch von so selbstverständlicher Schönheit waren, um nichts geringer als all das, was hier hängt und sich zu Recht oder zu Unrecht mit großen Namen schmückt! Was heißt das schon, Meisterwerke? Mein Gott, in drei-, vierhundert Jahren gelten unsere Bilder, die jetzt gemalt werden, auch dafür. Zwei Dinge entscheiden doch über diese Weihe: Es muß lang genug her sein und es muß Patina haben.

Ich beginne das Jahr mit einem Besuch bei meiner eigentlichen Familie: im Louvre. Er ist zu.

Edmond und Jules de Goncourt (1863/64)

Der Diebstahl der Mona Lisa

Bei Gott! ich hab's nicht getan; aber hätt' ichs getan, ich würde mich dieser Tat nicht schämen, denn sie wäre beim Teufel nicht das schlechteste, was ich in meinem Leben getan habe. Im Gegenteil stehe ich nicht an zu behaupten, daß mir die Anonymität des Diebs das einzige bedenkliche Moment in seiner ganzen Aktion zu sein scheint, von dem wundervollen Entschluß an, ein Kunstwerk vom Anblick des Publikums zu befreien, bis zur erlösenden Tat. Zuzutrauen wäre sie mir schon, und ich unterscheide mich von dem Täter nur darin, daß ich mich zu seiner Tat bekenne. (...)

Daß der Abtransport der Mona Lisa die endliche Erfüllung einer tiefen kulturellen Notwendigkeit bedeutet, geht für alle, die Ohren haben, wenn sie schon nicht die Fähigkeit übersinnlichen Erfassens hatten, aus dem Gekreisch derer hervor, die sich als Verlustträger gebärden. Aus dem Wehgeschrei des Abschaumes der Menschheit, der, nicht imstande zwischen Lionardo und einem Farbendrucker zu unterscheiden, behauptet, daß der Verlust der Mona Lisa nach dem Antisemitismus die größte Schmach des Jahrhunderts sei. Aus den Artikeln des Siegers, der trotz der Zerschmetterung der Christlichsozialen das Leben ohne die Mona Lisa nicht mehr lebenswert findet, wegen des seltsamen, unergründlichen Lächelns; der behauptet, daß ein Bild, welches zu Tausenden gesprochen, welches das Ziel der künstlerischen Andacht Tausender war, dieses Kleinod, welches Tausenden unendlich teuer ist, von Tausenden und Abertausenden bewundert wurde, nein, Tausenden und Abertausenden ein Born reinsten Empfindens, und Tausenden, ja man kann ohne Übertreibung sagen, Millionen ein Ziel frommer Wallfahrt war, daß ein solches Kleinod, wenn es gestohlen wurde, eine Schmach für die ganze Menschheit und ein Angriff gegen das ideale Interesse aller Völker und Länder und nicht nur Paris, sondern die ganze Welt und die ganze zivilisierte Welt und die ganze Kulturwelt und wieder die ganze Kulturwelt und die Augen der ganzen Kulturmenschheit sind nach Paris gerichtet und nach dem administrativen Augiasstall, so daß man «an» Marokko vergaß und unter dem ersten niederschmetternden Eindruck, nachdem der Sonnenstrahl der echten Kunst auch in das ärmliche Heim der unteren Schichten gelenkt wurde und die Erschließung für die großen Massen und die breiten Schichten, so daß nur die Hoffnung bleibt, dem Besitz der Menschheit erhalten zu bleiben und vor dem bewundernden Blick der Gesamtheit wieder aufzutauchen, und die ganze Welt den Wunsch hat, daß sie doch noch gefunden wird, damit das kostbare Gemeingut der Allgemeinheit, das geheimnisvolle, unergründliche Lächeln der Mona Lisa, welches Tausenden in tiefster Seele nachleuchtet, auch in Zukunft Tausenden und Abertausenden zur Quelle reinster Freude werde – All dies zeigt, wie notwendig hier ein entschlossenes Handeln war. Seit jeher hatte ich, ohne daß ich mir's recht gestehen wollte, eine geheimnisvolle Abneigung gegen das unergründliche Lächeln der Mona Lisa. (...) Wie mir «das alte Wien des Canaletto» durch die häufige literarische Verwendung dieses Malers unsympathisch wurde, so machte sich mir die Mona Lisa durch eine Eigenschaft verhaßt, die sie schon mit jedem Journmädel zu teilen schien. Dieses Vorurteil nun wurde vom Anblick des Originals nicht besiegt, sondern im Gegenteil fand ich, daß es nicht bald etwas Reizloseres, Altjüngferlicheres geben könne als das Lächeln der Mona Lisa, auf deren Geheimnis ich nicht neugierig war und die mir günstigsten Falls den seichten Glauben an die Unergründlichkeit der Frauenseele zu belächeln schien. Aber vor allem in einem Punkte unterschied ich mich von den Tausenden und Abertausenden: ich gab – ohne von der Kunst der Farbe viel mehr zu verstehen als sie – die Möglichkeit zu, daß Lionardo auch dann ein großer Maler geworden wäre, wenn die Gioconda zufällig ohne Lächeln auf die Welt gekommen wäre, und daß er ein Künstler war, selbst wenn sie ein Scheusal war. (...)

Auch auf einem höheren Kulturniveau als jenes ist, auf

dem die kultivierte Menschheit steht, wäre die Wehklage über ein verlorenes Bild als Heuchelei abzuweisen, die Unerheblichkeit des Kunstwerks im Vergleich zum Künstler hervorzuheben und die Kunst nötigenfalls durch Vernichtung des fertigen Werkes gegen die Anerkennung von Leuten zu schützen, deren tiefere Teilnahme ja doch nur jenen schöpferischen Naturen gehört, die Feuer fressen oder bis zum hohen C gelangen können.

Karl Kraus (1911)

Die Freiheit auf den Barrikaden · Eine Bildbeschreibung

Ich wende mich zu Delacroix, der ein Bild geliefert, vor welchem ich immer einen großen Volkshaufen stehen sah und das ich also zu denjenigen Gemälden zähle, denen die meiste Aufmerksamkeit zuteil worden. Die Heiligkeit des Sujets erlaubt keine strenge Kritik des Kolorits, welche vielleicht mißlich ausfallen könnte. Aber trotz etwaiger Kunstmängel atmet in dem Bilde ein großer Gedanke, der uns wunderbar entgegenweht. Eine Volksgruppe während den Juliustagen ist dargestellt, und in der Mitte, beinahe wie eine allegorische Figur, ragt hervor ein jugendliches Weib, mit einer roten phrygischen Mütze auf dem Haupte, eine Flinte in der einen Hand und in der andern eine dreifarbige Fahne. Sie schreitet dahin über Leichen, zum Kampfe auffordernd, entblößt bis zur Hüfte, ein schöner, ungestümer Leib, das Gesicht ein kühnes Profil, frecher Schmerz in den Zügen, eine seltsame Mischung von Phryne, Poissarde und Freiheitsgöttin. Daß sie eigentlich letztere bedeuten solle, ist nicht ganz bestimmt ausgedrückt, diese Figur scheint vielmehr die wilde Volkskraft, die eine fatale Bürde abwirft, darzustellen. Ich kann nicht umhin zu gestehen, diese Figur erinnert mich an jene peripatetischen Philosophinnen, an jene Schnellläuferinnen der Liebe oder Schnelliebende, die des Abends auf den Boulevards umherschwärmen; ich gestehe, daß der kleine Schornsteinkupido, der, mit einer Pistole in jeder Hand, neben dieser Gassenvenus steht, vielleicht nicht allein von Ruß beschmutzt ist; daß der Pantheonskandidat, der tot auf dem Boden liegt, vielleicht den Abend vorher mit Kontermarken des Theaters gehandelt; daß der Held, der mit seinem Schießgewehr hinstürmt, in seinem Gesichte die Galeere und in seinem häßlichen Rock gewiß noch den Duft des Assisenhofes trägt; – aber das ist es eben, ein großer Gedanke hat diese gemeinen Leute, diese Krapüle, geadelt und geheiligt und die entschlafene Würde in ihrer Seele wieder aufgeweckt.

Heilige Julitage von Paris! ihr werdet ewig Zeugnis geben von dem Uradel der Menschen, der nie ganz zerstört werden kann. Wer euch erlebt hat, der jammert nicht mehr auf den alten Gräbern, sondern freudig glaubt er jetzt an die Auferstehung der Völker. Heilige Julitage! wie schön war die Sonne und wie groß war das Volk von Paris! Die Götter im Himmel, die dem großen Kampfe zusahen, jauchzten vor Bewunderung, und sie wären gerne aufgestanden von ihren goldenen Stühlen und wären gerne zur Erde herabgestiegen, um Bürger zu werden von Paris! Aber neidisch, ängstlich, wie sie sind, fürchteten sie am Ende, daß die Menschen zu hoch und zu herrlich emporblühen möchten, und durch ihre willigen Priester suchten sie «das Glänzende zu schwärzen und das Erhabene in den Staub zu ziehn», und sie stifteten die belgische Rebellion, das de Pottersche Viehstück. Es ist dafür gesorgt, daß die Freiheitsbäume nicht in den Himmel hineinwachsen.

Auf keinem von allen Gemälden des Salons ist so sehr die Farbe eingeschlagen wie auf Delacroix' Julirevolution. Indessen, eben diese Abwesenheit von Firnis und Schimmer, dabei der Pulverdampf und Staub, der die Figuren wie graues Spinnweb bedeckt, das sonnengetrocknete Kolorit, das gleichsam nach einem Wassertropfen lechzt, alles dieses gibt dem Bilde eine Wahrheit, eine Wesenheit, eine Ursprünglichkeit, und man ahnt darin die wirkliche Physiognomie der Julitage.

Unter den Beschauern waren so manche, die damals entweder mitgestritten oder doch wenigstens zugesehen hatten, und diese konnten das Bild nicht genug rühmen. «Mâtin», rief ein Epicier, «diese Gamins haben sich wie Riesen geschlagen!» Eine junge Dame meinte, auf dem Bilde fehle der polytechnische Schüler, wie man ihn sehe auf allen andern Darstellungen der Julirevolution, deren sehr viele, über vierzig Gemälde, ausgestellt waren.

«Papa!» rief eine kleine Karlistin, «wer ist die schmutzige Frau mit der roten Mütze?» – «Nun freilich», spöttelte der noble Papa mit einem süßlich zerquetschten Lächeln, «nun freilich, liebes Kind, mit der Reinheit der Lilien hat sie nichts zu schaffen. Es ist die Freiheitsgöttin.» – «Papa, sie hat auch nicht einmal ein Hemd an.» – «Eine wahre Freiheitsgöttin, liebes Kind, hat gewöhnlich kein Hemd und ist daher sehr erbittert auf alle Leute, die weiße Wäsche tragen.»

Bei diesen Worten zupfte der Mann seine Manschetten etwas tiefer über die langen müßigen Hände und sagte zu seinem Nachbar: «Eminenz! wenn es den Republikanern heut an der Pforte St. Denis gelingt, daß eine alte Frau von den Nationalgarden totgeschossen wird, dann tragen sie die heilige Leiche auf den Boulevards herum, und das Volk wird rasend, und wir haben dann eine neue Revolution.» – «Tant mieux!» flüsterte die Eminenz, ein hagerer, zugeknöpfter Mensch, der sich in weltliche Tracht vermummt, wie jetzt von allen Priestern in Paris geschieht, aus Furcht vor öffentlicher Verhöhnung, vielleicht auch des bösen Gewissens halber; «tant mieux, Marquis! wenn nur recht viele Greuel geschehen, damit das Maß wieder voll wird! Die Revolution verschluckt dann wieder ihre eignen Anstifter, besonders jene eitlen Bankiers, die sich gottlob jetzt schon ruiniert haben.» – «Ja, Eminenz, sie wollten uns à tout prix vernichten, weil wir sie nicht in unsere Salons aufgenommen; das ist das Geheimnis der Julirevolution, und da wurde Geld verteilt an die Vorstädter, und die Arbeiter wurden von den Fabrikherrn entlassen, und Weinwirte wurden bezahlt, die umsonst Wein schenkten und noch Pulver hineinmischten, um den Pöbel zu erhitzen, et du reste, c'était le soleil!»

Der Marquis hat vielleicht recht: es war die Sonne. Zumal im Monat Juli hat die Sonne immer am gewaltigsten mit ihren Strahlen die Herzen der Pariser entflammt, wenn die Freiheit bedroht war, und sonnentrunken erhob sich dann das Volk von Paris gegen die morschen Bastillen und Ordonnanzen der Knechtschaft. Sonne und Stadt verstehen sich wunderbar, und sie lieben sich. Ehe die Sonne des Abends ins Meer hinabsteigt, verweilt ihr Blick noch lange mit Wohlgefallen auf der schönen Stadt Paris, und mit ihren letzten Strahlen küßt sie die dreifarbigen Fahnen auf den Türmen der schönen Stadt Paris. Mit Recht hatte ein französischer Dichter den Vorschlag gemacht, das Julifest durch eine symbolische Vermählung zu feiern: und wie einst der Doge von Venedig jährlich den goldenen Bukentauro bestiegen, um die herrschende Venezia mit dem Adriatischen Meere zu vermählen, so solle alljährlich auf dem Bastillenplatze die Stadt Paris sich vermählen mit der Sonne, dem großen, flammenden Glücksstern ihrer Freiheit. Casimir Périer hat diesen Vorschlag nicht goutiert, er fürchtet den Polterabend einer solchen Hochzeit, er fürchtet die allzu starke Hitze einer solchen Ehe, und er bewilligt der Stadt Paris höchstens eine morganatische Verbindung mit der Sonne.

Doch ich vergesse, daß ich nur Berichterstatter einer Ausstellung bin.

Heinrich Heine (1831)

Tuilerienschloß · Der König mit der roten Mütze

Einmal im Gedränge mußte ich mir gefallen lassen, vorwärts zu rücken. Wenn ich eigentlich sagen sollte, wie ich die Treppe hinaufgekommen sei, so wüßte ich es nicht, ich weiß bloß, daß ich nicht willens war, ins Schloß zu gehen. Der König! der König! ich hob mich bei diesem Rufe auf meine Zehen und sah so gut ich ohne Gläser konnte, denn es war an keine Möglichkeit zu denken, sie aus der Tasche auf meine Nase zu versetzen. Glücklicherweise ist die Figur des Königs von so auffallendem Umrisse, daß es auch den blödesten Augen gelingen muß sie herauszufinden; ich sah also ziemlich genau den König, den Rücken gegen das Fenster gekehrt, mit einem roten Mützchen gekrönt, auf dem eine National-kokarde saß. In meinem Leben einen tragisch-komischeren Anblick gehabt zu haben, erinnere ich mich nicht: der ehe-malige Gebieter vieler Millionen Menschen, die mehr taugten als er, der Schiedsrichter von Europa saß da – Sie kennen die bourbonische Ungestalt – mit einer erzwungenen heitern Miene, wie Polichinello wenn er trotz seiner heftigen Kolik im Faßnachtsspiele lustig sein muß. Ein junger Mensch im roten Gilet schien des Königs Rat zu sein, weil er ohne Unterlaß zu ihm redete, man hat mir aber nachher gesagt, daß dieser junge Mensch dem Könige drittehalb Stunden lang nicht von der Seite gegangen sei, um in den bittersten Aus-drücken, die der König geruhen mußte zu verdauen, über seine Regierung und seine Aufführung Musterung zu halten. Es hieß, die Königin, Md. Elisabeth, überhaupt die ganze Fa-milie sei in dem Zimmer zugegen; ich habe sie nicht gesehen. Das Gedränge war unausstehlich. Aus der Mitte desselben be-grüßten den König hörbar genug die gröbsten Injurien (...)

Unterdessen lud die Wache mit der Höflichkeit, womit man eine fremde Dame zum Tanze auffordert, alle und jede ein, die ihr nahe kamen, gefälligst den Saal zu räumen. Laß uns ungeschoren, hörte ich antworten, wir haben mehr Recht hier zu sein, als das dicke Schwein mit seiner Metze, wir sind es die bezahlen, damit sich jener mästen und möblieren kann. Plötzlich wurde die Aufmerksamkeit wieder auf den König gezogen, es hieß er tränke auf die Gesundheit der Nation – ich sah nichts als den Bauch einer gestürzten Flasche. Ist es nicht genug, sagten heißere Stimmen, daß er sich bei Tische besäuft, muß er sich noch hier besaufen. Es läßt sich nicht beschreiben, was dem Könige dieser Trunk geschadet hat. Das Volk besitzt inneres Gefühl, welchem dergleichen Züge nicht entgehen. Zu andern Zeiten und unter andern Umständen wäre es dem Könige hoch angerechnet worden, mit einem Manne vom Volke aus einem Glase getrunken zu haben, jezt wird die Forderung der von Mund zu Mund gegangenen Flasche für eine niederträchtige und heuchlerische Schmeichelei, von den Sanskulottes selbst angesehn.

Konrad Engelbert Oelsner (1794)

Tuileriengarten · Abschied in die innere Emigration

Hatte ich mir nicht geschworen, Paris nie wiederzusehen? An einem späten Augusttag hatte ich es verlassen. Mein letzter Besuch hatte der von Maillol geschaffenen Frauengestalt im Tuileriengarten gegolten. Nicht Menschen hatte ich Lebewohl gesagt, sondern einem Bild aus Stein. Ich ahnte, welcher Prüfung der Mensch ausgesetzt sein würde, und wollte seiner Last nicht noch eine neue hinzufügen, die Last meines Vermächtnisses. Nur der Stein ist treu. Die Liegende auf ihrem Sockel wird mich nicht verleugnen, wenn die Stunde kommt. So dachte ich, und darum ging ich zu ihr und sprach zu ihr: «Halte aus!» Der Künstler hatte ihr die blinden Augen antiker Bildwerke gegeben, sie blickte in keine Zukunft, sondern ruhte ganz in sich selbst, befreit von allen Wünschen, erlöst von allem Kummer. «Bleibe und halte uns», sagte ich zu ihr, denn ich wollte, daß ihre Schönheit die kommende Befleckung des Menschen überlebe. Kein Schmerz konnte sie mehr treffen. So lautete denn mein Auftrag an sie, schmerzlos zu bleiben und schmerzlos in meinem Gedächtnis zu wohnen.

Friedrich Sieburg (1950)

Stühle und Damen

Unter den Bäumen stehen eine unzählige Menge Strohstühle nebeneinander gereiht; es sind *Lehn*stühle, kaum sitzt man darauf, kommt eine Frau, die Lehnspflicht einzufordern. Man zahlt zwei Sous; ist man aber ein junger Mensch vom feinsten Ton, begeht man eine Felonie, sagt keck, man habe schon gezahlt, legt zu den zwei ersparten Sous noch fünf Franken, und frühstückt gut. Schriftsteller, die statistische Notizen sammeln, müssen es sich merken, daß man in Paris zum Sitzen an öffentlichen Orten zwei Stühle gebraucht (sie können den Strohbedarf und den Ackerbau darnach berechnen); nämlich einen zum Sitzen und den andern die Füße darauf zu stellen. Man erkennt Ausländer, die erst in Paris angekommen, leicht daran, daß sie mit herabhängenden Füßen sitzen. Auch unterscheiden sich durch die Art des Sitzens die Ehemänner von den Anbetern ihrer Weiber. Erstere sitzen *neben* den Frauen, und haben, wie diese, ihre Füße auf dem Fußstuhle gestellt. Die Anbeter hingegen sitzen *vor* den Angebeteten, ihnen zu Füßen auf dem Fußstuhle, unterhalten sich mit ihnen französisch (in linguistischer und sittlicher Bedeutung des Wortes), und wenden der Allee und der Welt darin den Rücken zu. Frauenzimmer, deren Herz Ferien hat, bereiten sich, wie brave Studenten, auf das kommende Sommer-oder Wintersemester gehörig vor, indem sie die vorübergehenden Herren fleißig ansehen, und sich die wichtigsten Paragraphen notieren. Dies ist eine löbliche Sitte: denn die Schamhaftigkeit wird durch nichts mehr gestärkt, als durch ihre Verletzung, nämlich durch Abhärtung derselben. Man braucht im Garten der Tuilerien gar nicht eitel zu sein, sondern nur fremd, um sich vorzuschmeicheln, man habe die schönsten Eroberungen gemacht in der Weiberwelt... Eine bürgerliche Frau geht vorbei und fordert Kupfergeld ein; sie trägt etwas versteckt und achtsam unter ihrer weißen Schürze. Bettelt sie für einen Säugling, den sie mütterlich gegen Wind und Sonne schützt? Nein sie trägt unter ihrer Schürze eine Art Gebackenes, das so leicht ist, wie gebackene Luft. Es heißt: *Plaisirs des Dames.* Das muß schnell und verhüllt herumgetragen werden, damit es nicht kalt werde. *«Des plaisirs, mes Dames! Des plaisirs!»* ruft sie im Fluge, und wie im Traume schwebt sie vorüber.

Ludwig Börne (1823)

Die Säuberung der Tuilerien

Das Sandkörnchen, welches den Ausschlag gab, war ein erbärmlich kleiner Umstand, und der Prinz von Lambesc war vom Schicksal dazu ausersehen, diesen erbärmlich kleinen Umstand rege zu machen. Die Sache war folgende.

Prinz Lambesc hatte am 12. Juli die Elysäischen Felder und die darangrenzenden Gegenden mit Kavallerie besetzt. Es war Sonntag. Mehrere tausend ruhige Lustwandler hatten sich wie gewöhnlich in die Tuilerien begeben. Der Anblick der Truppen, die aus den Elysäischen Feldern bis auf die Place Louis XV., welche die genannten beiden öffentlichen Wandelplätze voneinander absondert, vorgedrungen waren, zog die Menge in die Gegend der Drehebrücke herab, wodurch der Ludwigsplatz mit den Tuilerien zusammenhängt. Die Unbefangenheit, womit die Leute hier standen und die Truppen angafften, beleidigte den ritterlichen Stolz des Prinzen, der von Begierde nach Heldentaten glühte und dieses Angaffen für ein Trotzbieten halten mochte. Sogleich erwachte in seiner erhabenen Heldenseele der kühne Gedanke, den Anfang seiner Taten mit einem Angriff auf diesen unbewaffneten Haufen ruhiger Lustwandler zu machen. Gedacht, getan. Er stellte sich an die Spitze einer Schwadron, stürmte mit entblößtem Schwert auf die ruhige Versammlung ein, hieb mit eigener hoher Hand einen armen alten Greis, der sich auf die Schulter seines Sohnes gestützt hatte und nicht so geschwind als die übrigen laufen konnte, nieder und kam auf diese Weise in einem Nu wirklich damit zustande, die Tuilerien vom Feinde, das ist von Spaziergängern beiderlei Geschlechts, zu reinigen. Die in die Flucht geschlagenen Spaziergänger liefen nach dem Palais-Royal, und hier war es, wo der unbekannte mutige Bürger auf einen Stuhl sprang und mit Gefahr seines Kopfes der erhitzten Menge den Rat entgegenrief, die Freiheitskokarde zu nehmen und die Waffen zu ergreifen.

Joachim Heinrich Campe (1789)

Im Jeu de Paume gekritzelt

Richtet man einmal die Aufmerksamkeit, anstatt auf Wahrnehmungsform und Malweise der französischen Impressionisten, auf ihre Gegenstände, so drängt sich auf, daß ihre Landschaften mit allen möglichen Signa der Moderne durchsetzt sind, zumal mit Momenten der Technik. Dadurch unterscheiden sie sich ausdrücklich von der deutschen Nachfolge. Will diese etwa dem Spiel von Sonnenreflexen in einem Waldinnern ohne Störung der Natur sich überlassen, so ist die Störung gerade das Lebenselement der großen französischen Maler. Die Flüsse mit Eisenbahnbrücken, die sie bevorzugen, haben selber schon, vielleicht in Erinnerung an die römischen Aquädukte, eine Tendenz, wenn nicht den Kontrapunkt ihrer Umgebung abzugeben, so jedenfalls als alt zu erscheinen, wie wenn sie selber die Natur wären, der ihre Steine oft entstammen. Die Bilder aber wollen diese Verschmelzung des Entgegengesetzten von sich aus vollziehen: die Schocks absorbieren, die den Nerven von Artefakten angetan werden, die gegen den Leib und gegen die Augen der Menschen sich verselbständigt haben. Das Allbekannte der impressionistischen Verfahrungsweise: die Auflösung der gegenständlichen Welt in ihre perzeptiven Korrelate; der Versuch, sie ins Subjekt nach Hause zu bringen, enthüllt sich erst ganz in der Wahl der Objekte. Was der Erfahrung spottet, soll doch noch erfahren, das Entfremdete soll doch Nähe werden. Das ist der Impuls, an dem der Begriff der modernen Malerei eigentlich sich gebildet hat. Die bildliche Realisierung will noch das Entfremdete dem Lebendigen gleichmachen, dem Leben erretten. Die Neuerung war eminent konservativer Intention. Die Kraft, mit der diese bewußtlos in die Malweise sich umgesetzt hat, macht die Tiefe des Impressionismus aus. Jenes Moment sublimiert sich sogleich aus einem Stofflichen in ein rein Malerisches: Sisleys Faszination durch den Schnee meint wohl, daß dem Abgestorbenen der Natur, der winterlichen Decke, ihr optisches Leben abgezwungen wird wie den Eisendingen, deren es nicht mehr bedarf, die sogar Sisleys Augen als allzu groben Einbruch der Dingwelt in sein Farbkontinuum bereits verschmähen mochten. Daß bei allen die grauen Dinge ihre bunten Schatten haben, ist nicht bloß, wofür man es nimmt, eine Eigentümlichkeit der Technik, sondern die sinnliche Erscheinung solcher Metamorphose. Und die kahlen Bäume Pissarros, die opponierenden Vertikalen, welche die Farbflächen durchschneiden, verwandeln schon die gegenständlichen Störungsfaktoren, um deren Bewältigung es den Impressionisten ging, in Formelemente. Erlaubt ist die Spekulation, der Übergang des Impressionismus in Konstruktion, und damit der konstruktive Aspekt der modernen Malerei im Gegensatz zum expressiven, sei in jener gegenständlichen Schicht entsprungen. (...)

Die Funde Manets, die Entdeckung der ungemilderten Kontraste, die Emanzipation der Farbe von aller vorgedachten Harmonie – all das hängt zusammen mit dem Bösen. Die Schocks der Farbenkombination, die sich heute noch mit der ganzen Kraft ihres Zum ersten Male fühlen lassen, drücken den Schock aus, der um die Mitte des neunzehnten Jahrhunderts von den Gesichtern der Kokotten ausgehen mußte, die Manets Modelle waren: daß Schönheit bestehen kann in der paradoxen Einheit des Unzerstörten und des Zerstörenden. Ineinandergemalt sind von Manet, bei dem die soziale Bewegung noch ungeschieden ist von der künstlerischen, die soziale Kritik: der Schauder vor dem, was die Welt aus den Menschen macht; und das Entzücken über den Reiz, der dem abgestumpften Kollektivbewußtsein genau von dem widerfährt, was selbst Opfer ist eines negativ Kollektiven. So reimen sich heute die Bilder Manets mit Baudelaire.

Warum ich zur unbeschreiblich virtuosen und originellen Malerei von Toulouse-Lautrec keine rechte Beziehung finden kann, suchte ich mir klarzumachen. Schuld hat vermutlich das spezifische Talent selber: jener Schmiß, der mich fatal erinnert an das, was in der Musik eine abscheuliche Phrase «musikantisch» nennt. Es ist das prompte Malerauge, das durch seine Affinität zu den Dingen Affinität zur Welt bekundet, wartend auf die Antwort eines Aha: so hätte man es auch längst sehen müssen. Man stellt sich dazu einen Vater vor, der, mit dem unerfahren souveränen Gestus des Sachverständigen, auf so ein Plakat deutet und sagt: der Mann kann was. Die Schocks, die Manet registrierte, sind bei Lautrec schon ausgemünzt; untrüglicher Blick und die Hand ohne Zögern sind disponibel, und während alles unterstreicht, daß auch Gebrauchskunst große Kunst sein kann, kommt deren Triumph über die Reklame der Reklame zugute. Nicht anders ist in der Urnatur fidelnder Musikanten das Trinkgeld mitkomponiert. Auf diesem voyage jusqu'au bout de la nuit entrollt sich ein Fremdenverkehr, den in den Seitenstraßen der Place Pigalle die Pfiffe von Zuhältern bedienen, als wären sie von einer Distriktbehörde einstudiert. Kein Zufall, daß man einen kolorierten Film über seine Biographie gedreht hat. Asphalt-Blubo.

Theodor W. Adorno (1958)

Zuerst die Madeleine

Einen breiteren Strom des Lebens, in einer glänzenderen
Umgebung kann man wohl auf der Erde nicht fluten sehen,
als auf diesem Spaziergang, wie man ihn, wenn man, wie
ich, mit scharfen Augen ausgerüstet ist, von der Madeleine
aus, oder vom Place de la Concorde, oder auch, rückwärts
blickend, von der Höhe, worauf der Arc de Triomphe steht,
übersieht. Welche Gebäude, welche Straßen, welche Plätze,
und an diesem Tage, der noch wie ein letztes köstliches
Geschenk vom Himmel fiel, welche Massen von Menschen,
Fußgängern und Equipagen, die sich durcheinander drängten, um ihn zu genießen! Zuerst die Madeleine. Sie schließt
an diesem Ende der Stadt die Boulevards, ist aber nicht diesen, sondern dem Place de la Concorde en face zugekehrt und
korrespondiert in grandioser Anmut der Chambre des De-
putés, welche sich an der entgegengesetzten Seite demselben
Platz in gleicher Entfernung gegenüber befindet. Sie ist nach
dem Tempel der Diana in Ephesus, aber in erweiterten Formen errichtet und war von Napoleon nicht für einen kirch-
lichen Zweck bestimmt, ist auch allerdings, heiter und hell,
wie sie vor uns steht und uns die Augen klar macht, nicht
geeignet, uns darauf vorzubereiten, daß sie uns in ihrem
Innern durch Rauch und Kerzen-Dunst gleich wieder getrübt
und umnebelt werden sollen. Ich rate jedem, nicht einzutre-
ten, wenigstens nicht an einem Sonntag, wo drinnen geklin-
gelt und genäselt wird; in der Woche geht es eher, da nimmt

man die wenigen alten Weiber, die in den Betstühlen hocken, für umgefallene Fliegen, man denkt sich die Heiligenbilder, für die sich ja wohl anderwärts nackte Wände fänden, weg und betrachtet nichts, als das Deckengemälde über dem Altar, wo man Napoleon und Henry quatre einträchtiglich mit- und nebeneinander apotheosiert sieht, was an dieser Stätte eine ganz besondere Wirkung tut. Von außen kann man dies Gebäude, das eine ernste Anmut charakterisiert, wie sie gesättigten Formen, die aus dem Schönen dem Erhabenen entgegenschwellen, eigen ist, gar nicht genug anschauen; vor allem herrlich ist das Portal mit seiner Säulenhalle, die schlank und frei um den ganzen Tempel herumspringt.

Friedrich Hebbel (1843)

Place de la Concorde · Der Obelisk

Wird sich Guizot halten? Heiliger Gott, hierzuland hält sich niemand auf die Länge, alles wackelt, sogar der Obelisk von Luxor! Das ist keine Hyperbel, sondern buchstäbliche Wahrheit; schon seit mehren Monaten geht hier die Rede, der Obelisk stehe nicht fest auf seinem Postament, er schwanke zuweilen hin und her, und eines frühen Morgens werde er den Leuten, die eben vorüberwandeln, auf die Köpfe purzeln. Die Ängstlichen suchen schon jetzt, wenn ihr Weg sie über die Place Louis-Quinze führt, sich etwas entfernt zu halten von der fallenden Größe. Die Mutigern lassen sich freilich nicht in ihrem gewöhnlichen Gange stören, weichen keinen Fingerbreit, können aber doch nicht umhin, im Vorübergehen ein bißchen hinaufzuschielen, ob der große Stein wirklich nicht wackelmütig geworden. Wie dem auch sei, es ist immer schlimm, wenn das Publikum Zweifel hegt über die Festigkeit der Dinge; mit dem Glauben an ihre Dauer schwindet schon ihre beste Stütze. Wird er sich halten? Jedenfalls glaub ich, daß er sich die nächste

Sitzung hindurch halten wird, sowohl der Obelisk als Guizot, der mit jenem eine gewisse Ähnlichkeit hat, z. B. die, daß er ebenfalls nicht auf seinem rechten Platze steht. Ja, sie stehen beide nicht auf ihrem rechten Platz, sie sind herausgerissen aus ihrem Zusammenhang, ungestüm verpflanzt in eine unpassende Nachbarschaft. Jener, der Obelisk, stand einst vor den lotosknäufigen Riesensäulen am Eingang des Tempels von Luxor, welcher wie ein kolossaler Sarg aussieht und die ausgestorbene Weisheit der Vorwelt, getrocknete Königsleichen, einbalsamierten Tod enthält. Neben ihm stand ein Zwillingsbruder von demselben roten Granit und derselben pyramidalischen Gestalt, und ehe man zu diesen beiden gelangte, schritt man durch zwei Reihen Sphinxe, stumme Rätseltiere, Bestien mit Menschenköpfen, ägyptische Doktrinäre. In der Tat, solche Umgebung war für den Obelisken weit geeigneter als die, welche ihm auf der Place Louis-Quinze zuteil ward, dem modernsten Platz der Welt, dem Platz, wo eigentlich die moderne Zeit angefangen und von der Vergangenheit gewaltsam abgeschnitten wurde mit frevelhaftem Beil. – Zittert und wackelt vielleicht wirklich der große Obelisk, weil es ihm graut, sich auf solchem gottlosen Boden zu befinden, er, der gleichsam ein steinerner Schweizer in Hieroglyphenlivree jahrtausendelang Wache hielt vor den heiligen Pforten der Pharaonengräber und des absoluten Mumientums? Jedenfalls steht er dort sehr isoliert, fast komisch isoliert, unter lauter theatralischen Architekturen der Neuzeit, Bildwerken im Rokokogeschmack, Springbrunnen mit vergoldeten Najaden, allegorischen Statuen der französischen Flüsse, deren Piedestal eine Portierloge enthält, in der Mitte zwischen dem Arc de triomphe, den Tuilerien und der Chambre des députés – ungefähr wie der sazerdotal tiefsinnige, ägyptisch steife und schweigsame Guizot zwischen dem imperialistisch rohen Soult, dem merkantilisch flachköpfigen Humann und dem hohlen Schwätzer Villemain, der halb voltairisch und halb katholisch angestrichen ist und in jedem Fall einen Strich zuviel hat.

Doch laßt uns Guizot beiseite setzen und nur von dem Obelisken reden: es ist ganz wahr, daß man von seinem baldigen Sturze spricht. Es heißt: im stillen Sonnenbrand am Nil, in seiner heimatlichen Ruhe und Einsamkeit, hätte er noch Jahrtausende aufrecht stehenbleiben können, aber hier in Paris agitierte ihn der beständige Wetterwechsel, die fieberhaft aufreibende, anarchische Atmosphäre, der unaufhörlich wehende feuchtkalte Kleinwind, welcher die Gesundheit weit mehr angreift als der glühende Samum der Wüste; kurz, die Pariser Luft bekomme ihm schlecht.

Heinrich Heine (1841)

Attraktionen auf dem Ludwigsplatz

Der Platz Ludwigs des 15ten diente auch zur Zerstreuung und Aufmunterung tiefsinniger Leute. Wenn Volterre den ganzen Tag in seiner Studierstube zugebracht, verfügte er sich bey guter Witterung zwischen 5 und 7 Uhr Abends auf diesen Platz und gab den Eskamoteurs, Scharlatans und andern Künstenmachern einen Zuschauer ab. Hier sah man einen abgedankten preussischen Soldaten, der seine zwey Kinder, einen Knaben von ungefähr 12 Jahren und ein Mädchen von 10 Jahren, alle beyde dunkelblau mit rothen Aufschlägen gekleidet – das Mädchen statt Beinkleider trug einen blauen Kittel, einen Habit veste, und wie sein Bruder einen dreyeckigten Hut – preusisch exerzieren und fechten liess. Diese Kinder waren so aufmerksam und behend bey ihren militärischen Verrichtungen, dass sie nicht nur von denen Zuschauern das Lob, sondern auch viele Geschänke davontrugen. – Auf einer andern Seite sah man einen Mann, der auf hohen Stellzen gieng und geigte zugleich, obwohlen er nur anderthalben Arm hatte. Den Bogen heftete ihm sein Wirt an den halben Arm und Hemmd zugleich an, und geigte und hüpfte mit seinen wenigstens 5 Fuss hohen Stellzen

sehr geschickt, in dem sein Weib ganz gelassen die zwey
Zipfen ihres Fürtuchs hält und wie eine Betschwester um die
Stellzen ihres Mannes tanzte. Mit einem Worte, man konnte
auf diesem Platz gewöhnlich von 4 bis 9 Uhr Abends
nichts als Künstler, Marionettenspiele, Curiositäten, Stein-
fresser, Taschenspieler sehen, ja Anno 1790 wurden auch in
aufgeschlagenen Hütten kleine Commedien aufgeführt.

Johann Peter Jager (um 1803)

Revolutionsplatz · Von den Kontrasten

In jener Schreckenszeit, worüber noch folgende Jahrhunderte schaudern werden, kam ich einmal gegen Abend allein
aus einem Garten der Elysäischen Felder. Es war Frühling,
und ich würde mich an dem Dufte der Blumen und dem
majestätischen Untergange gelabt haben, wenn nicht das
allgemeine Elend meine Seele bis zur tiefsten Traurigkeit
gestimmt gehabt hätte. Kaum bin ich in der Nähe des Revo-
lutionsplatzes, so höre ich den Ton von Instrumenten. Ich
gehe näher hinzu und vernehme Violinen, eine Flöte und
ein Tambourin und unterscheide ganz deutlich das Freuden-
geschrei von tanzenden Menschen. Wie ich so eben über
das Kontrastierende in den Szenen dieser Welt nachdenke,
geht jemand bei mir vorüber und macht mich – auf die
Guillotine aufmerksam. Ich schlage meine Augen auf und
sehe sie in vollem Gange. Das tödliche Messer sank und
hob sich hintereinander zwölf bis fünfzehn Mal. Von einer
Seite das Erschallen ländlicher Tänze, von der andern das
Rieseln ganzer Ströme von Blut, der Duft der Blumen, der
milde Einfluß des Frühlings, die letzten Strahlen der unter-
gehenden Sonne, die für diese unglücklichen Schlachtopfer
nie, nie wieder aufging. – O diese Bilder sind mir unauslösch-
lich! Um nicht über den abscheulichen Platz gehen zu müssen, eile ich mit schnellen Schritten in die Straße der Elysäi-

schen Felder; aber es war zu spät, ich kann dem gräßlichen Karren, worauf die Glieder schöner Weiber und tugendhafter Männer zuckend durcheinander lagen, nicht mehr ausweichen. Ich mußte es mit anhören, wie der Führer des Mordwagens grausam – persiflierend umher rief: *Still, Leutchens, still! sie schlafen!*

André-Ernest-Modeste Grétry (1797)

Strasbourg · Straßburg

Rund herum um den Place de la Concorde, der ein großes Rondell bildet, sind die Festungen Frankreichs gruppiert, trotzige, gewaltige Jungfrauen, wie aus dem Nibelungen-Kreis herausgeschnitten, auch eine zornglühende Brunhild darunter, die keinen anderen Gedanken mehr hat, als den, daß sie überwältigt worden ist, zuerst Lille, dann Strassbourg, Lyon mit dem Merkuriusstab, Marseille mit dem Anker, Bourdeaux mit dem Thyrsus, Nantes, u.s.w.; ich sah sie hier alle gern, sogar Straßburg, denn dies Mädchen haben wir doch wohl nur in französische Pension gegeben und werden es wieder heimholen, wenn wir für die übrigen Töchter eine Gouvernante brauchen.

Friedrich Hebbel (1843)

Cours-la-Reine · Das blutende Herz

Eine in der feuchten fetten Erde angelegte Treppe führte in eine Art Grube hinunter; an eine Seite derselben lehnte sich ein niedriger, schmutziger, gesprungener Bau, dessen mit moosigen Ziegeln bedecktes Dach kaum an die Oberfläche des Erdbodens oben reichte, wo Rudolph stand; ein paar Hütten von wurmstichigen Brettern dienten als Keller, als Schuppen und gehörten zu dieser erbärmlichen Kneipe.

Ein sehr schmaler Gang ging der ganzen Länge nach durch die Grube und führte von der Treppe zu der Türe des Hauses; der übrige Raum verschwand hinter einer Gitterlaube, die zwei Reihen plumper Tische schützte, welche in der Erde festgemacht waren.

Der Wind bewegte pfeifend ein schlechtes Blechschild, auf welchem man ein rotes Herz, von einem Pfeil durchbohrt, sah, an den verrosteten Angeln auf einem über dieser Höhle aufgerichteten Pfahle.

Ein dicker feuchter Nebel verband sich mit dem Regen – Es wurde allmählich Abend.

«Was sagen Sie zu diesem Wirtshause, junger Mann?» begann der Schulmeister wieder.

«Nach dem vierzehntägigen Regen muß es ziemlich feucht da unten sein. Ich glaube, man kann da angeln – Gehen Sie voran.»

«Nur einen Augenblick! Ich muß erst wissen, ob der Wirt da ist – Merken Sie auf.»

Der Räuber drückte die Zunge stark an seinen Gaumen und gab auf diese Weise einen seltsamen langgedehnten, kehltönigen Laut von sich.

Von unten antwortete gleich darauf ein ähnlicher Ton.

«Er ist da», sagte der Schulmeister. «Verzeihung, junger Mann – Ehre den Damen! Lassen Sie die Eule vorausgehen, ich folge Ihnen. Nehmen Sie sich vor dem Fallen in Acht; es ist schlüpfrig da.»

Der Wirt zum blutenden Herzen kam (...)

Es wurde hier unten so dunkel, daß unmöglich in einer Ecke dieser zweiten Stube der gähnende Eingang zu einem der Keller zu erkennen war, die gewöhnlich mit einer doppelten Falltüre verschlossen werden, deren eine Hälfte meist offen stehen bleibt.

Der Tisch, an welchem der Schulmeister saß, befand sich ganz nahe bei diesem dunklen tiefen Loche, dem er den Rücken zukehrte und das er so vor den Augen Rudolphs ganz verdeckte – (...)

«Gut –»

Kaum hatte der Schulmeister dies Wort gesprochen, als er unversehens über Rudolph herfiel, denselben an der Kehle packte und in den Keller stürzte, der hinter dem Tische offen stand. Der Angriff erfolgte so rasch, so unerwartet, so kräftig, daß ihn Rudolph weder vorhersehen noch vermeiden konnte (...)

Rudolph war in Folge des fürchterlichen Sturzes ohnmächtig und bewegungslos unten an der Kellertreppe liegen geblieben.

Der Schulmeister hatte ihn bis an den Eingang eines zweiten noch weit tieferen Kellergewölbes geschleppt, in dasselbe hinuntergetragen und die dicke mit Eisen beschlagene zweite Türe verschlossen; dann war er wieder zu der Eule hinaufgegangen, um mit ihr einen Diebstahl, vielleicht einen Mord in der Witwen-Allee zu begehen. (...)

Je heller sein Geist wieder wurde, um so deutlicher erinnerte er sich, wenn auch unvollständig und langsam, der Umstände des Überfalles, dessen Opfer er geworden war. Fast kehrten bereits alle seine Gedanken zurück, als er an den Füßen wiederum das Gefühl von Kühle empfand; er bückte sich, er tastete umher; das Wasser reichte ihm bis an die Knöchel –

In der schauerlichen Stille, die ihn umgab, hörte er das schwache, dumpfe, fortwährende Rauschen noch deutlicher. Diesmal erriet er die Ursache: das Wasser drang in den Keller ein. Die Seine war sehr bedeutend angeschwollen und dieser unterirdische Ort befand sich unterhalb des Niveaus des Flusses –

Diese Gefahr gab Rudolph sein ganzes Selbstbewußtsein wieder; blitzschnell schritt er die feuchten Stufen hinauf. Oben stieß er an eine Türe, die er vergebens zu erschüttern suchte; sie blieb unbeweglich in ihren eisernen Angeln.

In dieser verzweifelten Lage (...)

Eugène Sue (1842)

Szenen aus dem Elysée-Palast

Die Gesellschaft vom 10. Dezember – neben zerrütteten
Roués der Aristokratie mit zweideutigen Subsistenzmitteln
und von zweideutiger Herkunft, neben verkommenen und
abenteuernden Ablegern der Bourgeoisie Vagabunden, entlassene Soldaten, entlassene Zuchthaussträflinge, entlaufene
Galeerensklaven, Gauner, Gaukler, Lazzaronis, Taschen-
diebe, Taschenspieler, Spieler, Maquereaus, Bordellhalter,
Lastträger, Tagelöhner, Orgeldreher, Lumpensammler,
Scherenschleifer, Kesselflicker, Bettler, kurz die ganze un-
bestimmte, aufgelöste, hin- und hergeworfene Masse, die
die Franzosen *la Bohème* nennen – sollte so lange die Privat-
armee Bonapartes bleiben, bis es ihm gelang, die öffentliche
Armee in eine Gesellschaft vom 10. Dezember zu verwandeln. Bonaparte machte hierzu den ersten Versuch kurz
nach Vertagung der Nationalversammlung, und zwar mit
dem eben ihr abgetrotzten Gelde. Als Fatalist lebt er der
Überzeugung, daß es gewisse höhere Mächte gibt, denen der
Mensch und insbesondere der Soldat nicht widerstehen
kann. Unter diese Mächte zählt er in erster Linie Zigarre
und Champagner, kaltes Geflügel und Knoblauchswurst. Er
traktiert daher in den Gemächern des Elysée zuerst Offiziere und Unteroffiziere mit Zigarre und Champagner, mit
kaltem Geflügel und Knoblauchswurst.

Die Goldbarren-Lotterie (...) war eine «Tochter aus Ely-
sium», Bonaparte hatte sie mit seinen Getreuen auf die Welt
gesetzt und der Polizeipräfekt Carlier sie unter seine offizielle
Protektion gestellt, obgleich das französische Gesetz alle
Lotterien mit Ausnahme der Verlosung zu wohltätigen
Zwecken untersagt. Sieben Millionen Lose, Stück für Stück
ein Franc, der Gewinn angeblich bestimmt zur Verschiffung
Pariser Vagabunden nach Kalifornien. Einerseits sollten goldene Träume die sozialistischen Träume des Pariser Proleta-
riats verdrängen, die verführerische Aussicht auf das Große

Los, das doktrinäre Recht auf Arbeit. Die Pariser Arbeiter erkannten natürlich in dem Glanze der kalifornischen Goldbarren die unscheinbaren Franken nicht wieder, die man ihnen aus der Tasche lockte. In der Hauptsache aber handelte es sich um eine direkte Prellerei. Die Vagabunden, die kalifornische Goldminen eröffnen sollten, ohne sich aus Paris wegzubemühen, waren Bonaparte selbst und seine schuldenzerrüttete Tafelrunde. Die von der Nationalversammlung bewilligten drei Millionen waren verjubelt, die Kasse mußte auf eine oder die andere Weise wieder gefüllt werden. (...) Bonaparte und Genossen begnügten sich nicht damit, den Überschuß der sieben Millionen über die auszuspielenden Barren teilweise in die Tasche zu stecken, sie fabrizierten falsche Lose, sie gaben auf dieselbe Nummer 10, fünfzehn bis zwanzig Lose aus, Finanzoperation im Geiste der Gesellschaft vom 10. Dezember.

Die bonapartistischen Journale drohten bei jedem parlamentarischen Sturme mit einem Staatsstreiche, und je näher die Krise rückte, desto lauter wurde ihr Ton. In den Orgien, die Bonaparte jede Nacht mit männlichem und weiblichem swell mob feierte, sooft die Mitternachtsstunde heranrückte und reichliche Libationen die Zungen gelöst und die Phantasien erhitzt hatten, wurde der Staatsstreich für den folgenden Morgen beschlossen. Die Schwerter wurden gezogen, die Gläser erklirrten, die Repräsentanten flogen zum Fenster hinaus, der Kaisermantel fiel auf die Schultern Bonapartes, bis der nächste Morgen wieder den Spuk vertrieb und das erstaunte Paris von wenig verschlossenen Vestalinnen und indiskreten Paladinen die Gefahr erfuhr, der es noch einmal entwischt war. In den Monaten September und Oktober überstürzten sich die Gerüchte von einem Coup d'état. Der Schatten nahm zugleich Farbe an, wie ein buntes Daguerreotypbild.

Karl Marx (1852)

Champs-Élysées · Volksbelustigungen

Tribünen mit Wein-Fässern Würste und Brode werden unter das Volk geworfen. Die königlichen Prinzen Artois Angoulême und die Herzogin fahren in offenen Wagen Schritt vor Schritt durch das Volks-Gedränge und mühen sich ab mit Grüßen rechts und links! Das Volk schreit «Vive le Roi Vive le Duc de Bordeaux Vive les Bourbons» – so bellen und springen die Hunde wenn man ihnen Fleisch wirft! und morgen wenn man keins wirft zerreißen sie jeden an den man sie hetzt! Ist das nicht schrecklich. Doch nicht. – Die Prinzen scheinen die peinlichen Erinnerungen nicht zu haben, scheinen sich würklich zu vergessen und wie wahre Franzosen von Herzen zu lachen über die possierlichen Auftritte die entstehen, wenn sie an den Tribünen vorbeifahren und Salven von Würsten wie Raketen geworfen werden. In d. Wagen des Gefolges fliegen auch Würste hinein, das Volk hängt sich an um sie zu erbetteln, aber die Hof-Damen und -Herren wollen ihren Teil den das Glück ihnen beschieden behalten. Die Bedienten necken das Volk zuzeiten indem sie die Würste die der Wagen davongetragen vorzeigen und so ist es eine wahre Hanswurstiade.

Fürchterliches Gedränge mit hölzernen Eimern und Wein-Kufen und Trucken an den Tribünen – Herkulische Wasserträger – Savoyarden – Kohlen-Träger Handwerks-Gesellen Maurer Wein-Küfer usw. in ganzen Gesellschaften stürmen darauf ein, Handgemenge mitunter, die Gendarmen müssen zuweilen dreinschlagen.

Die kräftigen Gesichter der vielen erhitzten Menschen, die nackten Arme – und zum Teil nackten Leiber durch die von dem Gewühle zerrissenen Hemden durchscheinend – schön anzusehen bis, wann ein Teil seinen Zweck erreicht hat, alles toll wild und bacchanalisch endigt.

Sulpiz Boisserée (1820)

Mabille · Avenue Montaigne

Wer sich respektierte, der mußte den Abend nach dem grand prix in Mabille verbringen, ehe Mabille – im Jahre 1883 – verschwand. Das war ein so ehernes Gesetz, wie daß man nach dem Opernball ins Café Anglais gehen und ein *buisson d'écrevisse* essen muß. Vergebens schützt man vor, daß man überhaupt kein Speisebedürfnis empfinde und der Magen speziell diese Krustentiere nicht vertrage; man braucht die Krebse nicht anzurühren, aber man muß sie sich vorsetzen lassen. Ebenso war es keine Ausrede, daß man von den Aufregungen des Rennens, vom Geschrei und Gedränge der Zuschauermassen, vom Staube und der Hitze und der langen Fahrt nach Longchamps todmüde sei und am liebsten schlafen möchte. Nichts hinderte einen ja, auf einem eisernen Stuhl hinter einem eisernen Tische in einer Ecke einzunicken, aber diese Ecke mußte in Mabille sein. (...)

Mabille war keines jener öffentlichen Lokale, die heute einen gewaltigen Zulauf haben und morgen verlassen sind; es war über die wandelbare Gunst der Menge erhaben; es war eine ehrwürdige moralische Institution, die Paris für seine zahllosen fremden Besucher unterhielt und die es ihnen auch schuldete. (...) Mabille war ein Katechismus des Pariser Lasters *in usum delphini,* eine Schul-Ausgabe des Lehrbuchs der Pariser Sünde, natürlich mit Unterdrückung aller anstößigen Stellen, so etwas wie die Ovid- und Horaz-Ausgabe, die dem jungen Don Juan in Byrons Gedichte zur Lektüre gegeben wurde. Mabille war ein anständiges Spezimen unanständiger Tanzlokale. Der englische Pastor, der deutsche Professor konnten unbedenklich hierherkommen und unbedenklich ihre gestrengen Ehehälften mitnehmen! Kein Greuel zwang ihn, die Stirne zu runzeln; keine Unzüchtigkeit trieb ihr die Schamröte in die Wangen. Die Frau Pastorin aber konnte beim Anblick der Sirenen dieser Gegend mit Genugtuung konstatieren, daß die Sünde in der Tat so abstoßend sei, wie ihr beredter Gemahl es in

seinen Sonntagspredigten verkündet, und der Herr Professor
fühlte eine tiefe Befriedigung darüber, daß es ihm gegeben
sei, ohne allzu empfindliche Verletzung seines moralischen
Sinnes in allen Ehren das berühmte Pariser Laster so recht
an seiner Quelle zu studieren. Das war die schöne inter-
nationale Aufgabe von Mabille.

Max Nordau (1884)

1944 · Die Einheit

Ich grüße das vor dem Triumphbogen angetretene Tschad-
Regiment, dessen Offiziere und Soldaten, auf ihren Wagen
stehend, mich zur *Étoile* schreiten sehen und mich anblicken,
als ob ein Traum Wirklichkeit werde. Ich entfache die
Flamme aufs neue. Seit dem 14. Juni 1940 hat dies niemand
ohne die Anwesenheit des Eindringlings tun können. Dann
verlasse ich das Gewölbe. Die Helfer treten auf die Seite.
Vor mir liegen die *Champs-Élysées!*

Ah, ein Meer! Ungeheure Menschenmengen stehen auf
beiden Seiten der Prachtstraße. Wohl zwei Millionen! Auch
die Dächer sind schwarz von Menschen. In allen Fenstern
dichtgedrängte Gruppen, umgeben von Fahnen. Trauben
von Menschen hängen an Feuerleitern, Masten und Laternen.
Soweit mein Auge reicht: eine einzige brandende Menge,
in der Sonne, unter der Tricolore.

Ich gehe zu Fuß. (...) Da alle, die dort stehen, in ihrem
Herzen Charles de Gaulle zur Zuflucht in ihrer Not und zum
Symbol ihrer Hoffnung erwählt haben, sollen sie ihn als einen
der ihren sehen, vertraut und brüderlich, und dieser Anblick
soll die nationale Einheit widerspiegeln. Zwar fragen sich die
Stäbe, ob nicht plötzlich auftauchende feindliche Panzer oder
eine Bomberstaffel diese Massen lichten und eine Panik
entfesseln könnten. Ich aber glaube an diesem Nachmittag
an Frankreichs Glück. Zwar befürchtet der Ordnungsdienst,

das Gedränge der Menschen nicht in Schranken halten zu
können. Ich dagegen glaube, daß sie sich diszipliniert verhalten werden. Zwar mischen sich unberechtigterweise Sta-
tisten in das Gefolge der Kampfgefährten. Aber nicht sie
sind es, auf die sich die Blicke richten. Zwar habe ich selbst
weder das Äußere, noch den Geschmack, noch das Benehmen,
noch die Gestik, um die Augen der Zuschauer zu ergötzen.
Aber ich bin überzeugt, daß sie das gar nicht erwarten.

So schreite ich ergriffen und ruhig dahin, inmitten des
unbeschreiblichen Jubels der Menge, durch das Getöse der
Stimmen, die meinen Namen rufen; soweit wie möglich
bemühe ich mich, meine Blicke auf jede Welle dieses Meeres
zu richten, damit mein Auge den Blicken aller begegnen
kann, und ich hebe und senke die Arme, um auf ihre Zurufe
zu erwidern. In diesem Augenblick vollzieht sich eines jener
Wunder des Nationalbewußtseins, eine jener Gesten Frankreichs, die im Laufe der Jahrhunderte bisweilen unsere Geschichte erleuchtet haben. In dieser Gemeinschaft, die von
einem einzigen Gedanken, einem einzigen Elan, einem einzigen Ruf erfüllt ist, verschwinden die Differenzen, tritt
der einzelne zurück. Ihr ungezählten Franzosen, an denen
ich Schritt für Schritt an der *Étoile,* am *Rond-Point,* an der
Concorde, vor dem Rathaus, vor der Kathedrale vorüber-
gehe, wüßtet ihr doch, wie ähnlich ihr einander seid! Ihr
blassen Kinder, die ihr trampelt und schreit vor Freude,
ihr kummerbeladenen Frauen, die ihr mir zuwinkt und
zulächelt, ihr Männer, erfüllt von lang vergessenem Stolz,
die ihr mir euern Dank zuruft, ihr Greise und Greisinnen,
die ihr mich mit euern Tränen ehrt, ach, wie ähnlich ihr einander seid! Und ich, inmitten dieses Begeisterungstaumels,
fühle mich erfüllt von einer Aufgabe, die sehr weit über
meine Person hinausgeht, ich fühle mich als Werkzeug des
Schicksals.

Charles de Gaulle (1956)

Der Unbekannte Soldat

Auf der Place de l'Étoile steht der mächtige Arc de Triomphe. Der «guide bleu» – der den Arc de Triomphe, weil er mit A beginnt, als Nummer Eins in der Reihe der wichtigsten Profanbauten von Paris nennt (gleich hinter ihm kommt die Banque de France, obwohl die eigentlich in die religiösen Sachen eingereiht gehörte) –, der «guide bleu» teilt mit, daß die Fertigstellung des Triumphbogens, unter Louis-Philippe, 9051115 Francs gekostet hat. Da kann man nur sagen: Ausgerechnet. Triumphe, die einen Bogen bekommen, kosten aber nicht nur viel Geld, sondern auch viel Leben. Was das anlangt, waren die Vaterländer im letzten Weltkrieg nicht knauserig. Einige von ihnen haben dann, um an diese Splendidität zu erinnern, und um die Masse, das Kleinzeug ihrer Blutopfer, zu ehren, einen «Unbekannten Soldaten», gewissermaßen ein Stück bis zur völligen Unkenntlichkeit verbrauchter Scheidemünze der Währung Mensch, glorreich bestattet.

Die französische Republik legte ihren «soldat inconnu» unter den Triumphbogen auf dem Platz des Sterns. Eine Steinplatte, über der ein ewiges, gasgenährtes Feuerchen flammt, deckt die Gruft, ihre Inschrift besagt: «Ici repose un soldat français mort pour la patrie.» Am Grab vorbei flitzen die Automobile nach Longchamps, zu den Rennen, die in jüngster Zeit, das macht wohl der regendurchweichte Boden, überraschend oft von Outsidern gewonnen werden. Die Leute steigen aus, um den Unbekannten Soldaten zu grüßen. Ernst blicken sie, schrauben das Licht ihrer Lebenslust für einen Augenblick auf klein, pumpen ihre Seele voll mit Grau und stellen den Gefühlshebel in Richtung: Tod, Grab, Ehrfurcht. Fast immer auch umstehen Frauen aus dem Volk in schwarzer Tracht die Gruft. Traurig starren sie auf die gasgenährte Flamme, als brächte sie irgendwelche Botschaft von da unten, oder als sei es die unsterbliche Seele selbst, die so leuchte. Ja, vielleicht war gerade der Unbekannte Soldat ein der weinenden Frau gut bekannter. Die Chance ist gering: eins zu Gott weiß wieviel. Es wäre schon ein rechter Haupttreffer, ein Volltreffer sozusagen, wenn gerade dieser Mutter Sohn unterm Triumphbogen moderte. Und wäre es selbst so, was hätte sie Großes davon? Ein talmigoldenes Rändchen um ihren echtschwarzen Kummer.

Ruhestätte im objektiven Sinn kann man ein Grab an dieser lebenumkreisten Unruhestätte eigentlich kaum nennen. Aber subjektiv hat der Tote natürlich auch hier seinen Frieden. Er hätte ihn ebenso, lägen seine armen Knochen mitten auf der Place de l'Opéra. Das, dieses Überall-schlafen-Können, ist ein wesentlichstes Benefiz des Todseins, sozusagen die Lichtseite dieser Schattenseite der kosmischen Ordnung.

Obgleich es kaum ein paar Jahre her sind, weiß man heute schon nicht mehr, wer die Idee gehabt hat, die unbekannten Toten des Krieges durch so feierliches Grab für einen von ihnen zu ehren (zu versöhnen?). Jedenfalls hatte der Einfall – getragen von dem weithin schwellenden und schwingenden Pathos, das den Franzosen wie ihre Parfüms und ihren Lustspieldialog kein Volk der Erde nachmacht – Stil. Erhitzt durch Freude oder Schmerz, gehen die französischen Dinge gern in den Aggregatzustand des Theaters über, dem großen Erleben entbinden sich hier, ohne Accoucheurhilfe der Dichter, leicht die großen Gebärden, und eine dekorative Lüge ist schon fast eine Wahrheit.

«Mort pour la patrie» steht eingemeißelt auf der steinernen Platte. Wer weiß, ob das stimmt? Vielleicht sollte es richtiger heißen: Mort par la patrie. Vielleicht war der letzte Gedanke des Mannes da unten ein Fluch gegen die Gewalten, die ihn zum Helden gepreßt hatten. Vielleicht wurde er gerade von dem General, der ihm jetzt in Ehrfurcht salutiert und ihn einen Helden nennt, wegen vorschriftswidrigen Salutierens Schweinehund geheißen. Vielleicht hat er sich einen Teufel um die gloire geschert, hätte das verborgenste Dasein dem offiziellsten Grabmal vorgezogen und nicht für alle Triumphbogen der Erde dreingewilligt, daß man ihm sein zeitlich Flämmchen ausblase, um ihm ein ewiges, gasgenährtes anzuzünden.

Die Napoleonischen Grenadiere, wie wir von Heinrich Heine wissen, sind entschlossen, hervorzusteigen aus ihrem Grab, falls der Kaiser nochmals darüberreiten und viel Schwerter klirren und blitzen sollten. Hingegen wird (wie genaue Kenner der Stimmung in Gefallenenkreisen berichten) der Unbekannte Soldat, kommt wieder Mobilisierung und das Auto des geliebten Feldherrn hupt über sein Grab, wahrscheinlich liegen bleiben.

Alfred Polgar (1924)

Rückblick

Als ich (...), langsam zurückwandernd, dem Place de la Concorde schon wieder sehr nahe war, erblickte ich auf einmal, von Musketieren umgeben, mehrere Hof-Equipagen, die mit einer so rasenden Eile dahinrasselten, als ob noch vor Abend die Reise um die Welt zu vollenden sei; ich dachte: das ist Louis Philipp, denn so fährt niemand, außer ihm, und ich irrte mich nicht! Ich trat hart an den Weg, in dem ersten Wagen saß die Königin, eine alte Dame, die unaufhörlich nach allen Seiten nickte, in dem zweiten befanden sich drei oder vier Herren, in deren einem ich den König zu erkennen glaubte (...) Ich verfolgte die Equipagen mit meinen Augen und sah, daß die Ketten des Triumphbogens wirklich gehorsam fielen, wie sie sich näherten, und daß sie kühn unter so viel Schlachten und Helden hindurchfuhren – es war ein sonderbarer Anblick, mir wurde zumut, als hätte ich den Ruhm notzüchtigen sehen, ich erinnerte mich auf einmal, daß ich noch nicht zu Mittag gegessen und suchte meine Restauration auf.

Friedrich Hebbel (1843)

DIE METRO

Zazies Ankunft

«Onkel», schreit sie, «nehmen wir die Metro?»

«Nein.»

«Wieso denn, nein?»

Sie ist stehengeblieben. Gabriel macht ebenfalls halt, dreht sich um, stellt den Koffer hin und beginnt zu erklären:

«Nun ja: nein. Heute gehts nicht. 's wird gestreikt.»

«'s wird gestreikt?»

«Nun ja: 's wird gestreikt. Die Metro, dieses durch und durch pariserische Transportmittel, ist unter der Erde eingeschlafen, denn die Angestellten mit den durchlöchernden Zangen haben die Arbeit niedergelegt.»

«Ach, die Drecksäcke», schreit Zazie, «ach, die Sauhunde. Mir das anzutun.»

«Das tun sie ja nicht nur dir an», sagt Gabriel vollkommen objektiv.

«Das ist mir wurscht. Deshalb bin ich doch die Dumme, wo ich so glücklich war und so froh und alles, mal in der Metro rumzukutschen. Verfluchte Scheiße nochmal.»

«Du mußt dich vernünftigerweise damit abfinden», sagt Gabriel, dessen Worte manchmal die Färbung eines leicht kantianischen Thomismus aufwiesen. (...)

«Ah! Paris», stößt er in aufmunterndem Ton hervor, «welch eine schöne Stadt. Sieh nur mal, wie schön das ist.»

«Das ist mir wurscht», sagt Zazie, «was ich gern gewollt hätte, das ist in der Metro fahren.»

«Die Metro!» brüllt Gabriel, «die Metro!! aber da ist sie ja!!!» Und mit dem Finger zeigt er auf etwas in der Luft.

Zazie zieht die Augenbrauen hoch. Sistmißtrausch.

«Die Metro?» wiederholt sie. «Die Metro», fügt sie verächtlich hinzu, «die Metro, die ist unter der Erde, die Metro. Sowas.»

«Das da», sagt Gabriel, «ist die Luftmetro.»

«Dann ist es nicht die Metro.»

«Ich werd dir das erklären», sagt Gabriel. «Manchmal kommt sie aus der Erde raus, und dann fährt sie wieder rein.»

«Geschichten.»

Gabriel fühlt sich ohnmächtig (Gebärde), dann zeigt er, in dem Verlangen, die Unterhaltung auf ein anderes Thema zu bringen, von neuem auf etwas, das an ihrem Wege liegt. «Und das!» grölt er, «sieh hin!! Das Pantheon!!!»

«Was man doch nicht alles hören muß», sagt Charles, ohne sich umzudrehen. Er fuhr langsam, damit die Kleine die Sehenswürdigkeiten alle sehen und sich außerdem auch noch bilden könne.

«Ist das vielleicht nicht das Pantheon?» fragt Gabriel. In seiner Frage liegt etwas Spöttisches.

«Nein», sagt Charles mit Nachdruck, «Nein, nein und nochmals nein, das ist nicht das Pantheon.»

«Und was wäre es dann deiner Meinung nach?»

Der höhnische Spott in seinem Ton wird fast verletzend für den Gesprächspartner, der sich übrigens beeilt, seine Niederlage einzugestehen.

«Das weiß ich auch nicht», sagt Charles.

«Da. Du siehst ja.»

«Aber es ist nicht das Pantheon.»

Ist das ein Dickschädel, dieser Charles, also wirklich.

«Wir werden einen Passanten fragen», schlägt Gabriel vor.

«Die Passanten», erwidert Charles, «sind alle Arschlöcher.»

«Das ist wirklich wahr», sagt Zazie aufgekratzt.

Gabriel gibt nach. Er entdeckt einen neuen Anlaß zur Begeisterung.

«Und das», ruft er, «das ist...»

Aber das Wort wird ihm durch einen Heureka-Ausruf seines Schwagers abgeschnitten.

«Ich habs gefunden», heult der. «Das Ding, das wir soeben gesehen haben, war natürlich nicht das Pantheon, es war die Gare de Lyon.»

«Vielleicht», sagt Gabriel ungeniert, «aber das gehört jetzt der Vergangenheit an, sprechen wir nicht mehr davon, das hier dagegen, sieh doch mal hin, Kleine, was für ne hübsche Architektur, das sind die Invaliden...»

«Du bist ja auf den Kopf gefallen», sagt Charles, «das hat gar nichts mit den Invaliden zu tun.»

«Na schön», sagt Gabriel, «wenns der Invalidendom nicht ist, dann laß uns doch wissen, was es ist.»

«Das weiß ich auch nicht so genau», sagt Charles, «aber das ist allerhöchstens die Kaserne von Reuilly.»

«Ihr», sagt Zazie nachsichtig, «ihr seid alle beide kleine Spaßvögel.»

«Zazie», erklärt Gabriel und setzt eine majestätische Miene auf, die er mühelos in seinem Repertoire gefunden hat, «wenn es dir Spaß macht, wirklich den Invalidendom und das richtige Grab des echten Napoleon zu sehen, werde ich dich hinführen.»

«Napoleon kann mich mal», erwidert Zazie. «Er interessiert mich nicht im geringsten, dieser Wasserkopf mit seinem saudummen Hut.»

«Was interessiert dich dann?»

Zazie antwortet nicht.

«Ja», sagt Charles unerwartet nett, «was interessiert dich denn?»

«Die Metro.»

Raymond Queneau (1959)

Beschreibungsversuche

Die Metro schien mir damals sehr leer, besonders wenn ich es mit jener Fahrt vergleiche, als ich krank und allein zum Rennen gefahren bin. Das Aussehen der Metro unterliegt auch abgesehen vom Besuch dem Einfluß des Sonntags. Die dunkle Stahlfarbe der Wände überwog. Die Arbeit der die Waggontüren auf- und zuschiebenden und dazwischen sich hinein- und herausschwingenden Schaffner stellte sich als eine Sonntagnachmittagsarbeit heraus. Die langen Wege zur Correspondance wurden langsam gegangen. Die unnatürliche Gleichgültigkeit der Passagiere, mit der sie die Fahrt in der Metro hinnehmen, wurde deutlicher. Das Sich-gegen-die-Glastüre-Wenden, das Aussteigen einzelner an unbekannten Stationen weit von der Oper wird als launenhaft empfunden. Sicher ist in den Stationen trotz der elektrischen Beleuchtung das wechselnde Tageslicht zu bemerken, besonders wenn man gerade heruntergestiegen ist, merkt man es, besonders dieses Nachmittagslicht, knapp vor der Verdunkelung. Die Einfahrt in die leere Endstation der Porte Dauphine, Menge von sichtbar werdenden Röhren, Einblick in die Schleife, wo die Züge die einzige Kurve machen dürfen nach so langer geradliniger Fahrt. Tunnelfahrten in der Eisenbahn sind viel ärger, keine Spur von der Bedrückung, die der Passagier unter dem wenn auch zurückgehaltenen Druck der Bergmassen fühlt. Man ist auch nicht weit von den Menschen, sondern eine städtische Einrichtung, wie zum Beispiel das Wasser in den Leitungen. Das Zurückspringen beim Aussteigen, mit dem dann folgenden verstärkten Vorgehen. Dieses Aussteigen auf ein gleiches Niveau. Meist verlassene kleine Schreibzimmer mit Telephon und Läutewerk dirigieren den Betrieb. Max schaut gern hinein. Schrecklich war der Lärm der Metro, als ich mit ihr zum erstenmal im Leben vom Montmarte auf die großen Boulevards gefahren bin. Sonst ist er nicht arg, verstärkt sogar das angenehme ruhige Gefühl der Schnelligkeit. Die Reklame von Dubonnet ist sehr geeignet, von traurigen und unbeschäftigten Passagieren gelesen, erwartet und beobachtet zu werden. Ausschaltung der Sprache aus dem Verkehr, da man weder beim Zahlen, noch beim Ein- und Aussteigen zu reden hat. Die Metro ist wegen ihrer leichten Verständlichkeit für einen erwartungsvollen und schwächlichen Fremden die beste Gelegenheit, sich den Glauben zu verschaffen, richtig und rasch im ersten Anlauf in das Wesen von Paris eingedrungen zu sein.

Die Fremden erkennt man daran, daß sie oben, schon auf dem letzten Absatz der Metrotreppe sich nicht mehr auskennen, sie verlieren sich nicht wie die Pariser aus der Metro übergangslos in das Straßenleben. Auch stimmt beim Herauskommen die Wirklichkeit erst langsam mit der Karte überein, da wir auf diesen Platz, wo wir jetzt nach dem Heraufkommen hingestellt sind, niemals zu Fuß oder zu Wagen gekommen wären, ohne Führung der Karte.

Franz Kafka (1911)

Die Metro im Haus · Sätze aus einem Roman

Die unter der Straße entlangfahrende Metro läßt das Zahnputzglas auf der Glasplatte erzittern.

Die unter der Straße entlangfahrende Metro läßt das Obst in seiner Schale erzittern.

Die unter der Straße entlangfahrende Metro läßt den Fahrstuhl in seinem Schacht erzittern.

Der kaum wahrnehmbare Klang der Glocken erstickt in dem Zittern, das die unter der Straße entlangfahrende Metro verursacht.

Michel Butor (1954)

Über den Rhythmus

Es gibt zwei Dinge die französische Tiere nicht tun, Katzen kämpfen nicht viel und schreien nicht viel und Hühner plustern sich nicht auf beim laufen über die Straße, wenn sie beginnen die Straße zu überqueren gehen sie einfach weiter wie es Franzosen auch tun.

Jeder der ein Auto fährt in Paris muß das wissen. Jeder der das Trottoir verläßt um weiterzugehen oder irgendwohinzugehen geht in einem bestimmten Tempo und dieses Tempo wird eingehalten und nichts erschreckt sie nichts ängstigt sie nichts läßt sie schneller oder langsamer gehen nichts nicht das heftigste oder unerwartetste Geräusch läßt sie zusammenzucken, oder das Tempo oder die Richtung ändern. Wenn jemand zurückzuckt oder überhaupt zusammenzuckt in den Straßen von Paris kann man sicher sein daß es ein Ausländer ist kein Franzose. Das ist friedlich und aufregend.

Gertrude Stein (1940)

Boulevard de Grenelle · Die Hochbahn

Ich bin hier und tue nichts. Ein paarmal wagte ich, in Begleitung meiner Frau, den Abstieg auf die Straße, auf jenen breiten Boulevard, der in der Höhe des 2. bis 3. Stocks von der Metro durchrollt und durchbraust wird. Die Gleise ruhen auf einem mächtigen Eisenbau, der von gewaltigen Betonsäulen getragen wird. Da oben flitzen nun die Züge, meist vier oder fünf Wagen aneinander gekoppelt, alle paar Minuten an mir vorüber, der vom 1. Stock aufblickt. Menschen erkenne ich von unten nicht in den Wagen.

Hier sitze ich also hinter dem Fenster und blicke nicht zwischen Kakteen, die auch mitgekommen sind aus Deutschland, sie stehen in ihren Töpfen, man hatte sie sorgfältig eingepackt und transportiert. Sie breiten sich nun auch in dieser Wohnung aus. Kurz vor der Abreise wurde noch eine prächtig rankende Fettpflanze vom Schrank herunter gerissen und das schöne Wesen zerschmettert.

Ich sitze an meinem Schreibtisch, und wahrhaftig, ich schreibe hier oder tue so, als ob ich schreiben will. Es ist kein Wunder geschehen an meinen Händen, aber ich habe eine kleine Beobachtung gemacht. Infolge der Vereisungsgefühle in den Händen trage ich gelegentlich im Zimmer einen Handschuh, und so nahm ich auch einmal einen Bleistift in die Hand, und siehe da, er rollte und sprang mir nicht einfach weg, er blieb an seinem Platz. Das war eine Entdeckung. Und so schreibe und notiere ich jetzt. Mir scheint, es ist zwar nicht meine alte Handschrift, aber sie ist verzerrt, doch immerhin lesbar.

Alfred Döblin (1953)

Dubonnet

Einmal war er mit der Métro der Linie 9 durch ganz Paris gefahren, nur um zu erkennen, was die Reklamewandbemalung für DUBONNET genau darstellt, an der man in den dunklen Schächten zwischen den Métrostationen in regelmäßigen Abständen vorbeifährt. Der Zug fuhr so schnell, daß er immer nur denselben kleinen Teil der Reklamefläche sah, nie das Ganze, und aus dem Teil nicht klug wurde. Eigentlich hatte er schon in der Stadtmitte aussteigen wollen, aber so fuhr er bis zur PORTE DE CHARENTON am Südostrand von Paris, wo der Zug an einer Baustelle langsamer fuhr, bis er endlich sah, daß die undefinierbaren Flecken bunte Wolken darstellten und die Kugel davor eine Art Sonnenglobus mit den Farben aller Länder, in denen DUBONNET getrunken wurde...

Peter Handke (1975)

Spazieren in Paris

Wie man sich des Tages auff den Gassen vorzusehen; und ob man des Abends sicher gehen kan?

§ 1. Man hat sich des Tages über auff den Gassen zu *Paris*, wenn man geht / überaus wohl fürzusehen. Nebenst der Menge so vieler Leute / die einem zu Fuß begegnen / und zuweilen anlauffen / sind unbeschreiblich viele *Carossen* und *fiacres*, welche biß in die späte Nacht hin und wieder *rouliren*. Und das fähret nicht langsam / sondern / wenns gute Pferde sind / in vollem Trabe. Man muß die Augen forn und hinter sich haben. Sucht man dem vor sich aus dem Wege zu gehen / so hat man den von hinten zu / schon auffm Leibe / weil man ihn wegen des vielen Gerassels nicht allemahl hören kan; und die Kutscher sind solche Bernhäuter / daß sie nicht eher gare ruffen / als biß man ihnen kaum aus dem Wege kommen kan / Dahero setzt es auch öfters blutige Händel / wenn der ein oder ander nicht unrecht haben will. Zur Bequemlichkeit der Gehenden sind übern *Pont neuf*, *Pont Royal* und andere Orten an den Seiten kleine Höhungen und Absätze gemacht / da einem die *Carossen* nicht schaden können. Im Gegentheil aber hat man sich / vornehmlich auffm *Pont neuf*, vor den Gehenden wohl vorzusehen. Indem ein Frembder unbehutsamer Weise die unvergleichliche Situation, die Menge der vorbeygehenden und fahrenden / die unterschiedliche in denen an beyden Seiten auffgeschlagene *boutiquen* ausgelegte Wahren betrachtet / so geschichts gemeiniglich / daß ihm ein *Filou* an der Seiten hänget. Wo man einen Hauffen Volcks versammlet siehet / da kan man nur sicher glauben / daß Schelme und Beutel-Schneider sich mit darunter finden.

§ 2. Bey nassem / üblen Wetter will ich keinem rahten / etwas *propres* anzuziehen. So bald es nur ein wenig geregnet / so sind die Gassen in *Paris* mit Unflath angehäuffet / welches denn durch die Vielheit der gehenden und fahrenden immer mehr und mehr zunimmt. Man sagt / *Lutetia* soll von *luto* den Nahmen bekommen haben / und es ist auch wohl in der That also; denn die Gassen sind gar selten reine / obgleich von der Policey sehr gute Anstalten / die Unreinigkeit wegzuführen / gemacht worden. Man kan sich unmöglich so wohl vorsehen / daß man sich nicht entweder selbsten besprütze / oder von andern besprützet werde.

Joachim Christoph Nemeitz (1722)

Ein Boche in der Métro

Aussteigen, aber Landser sperren den Ausgang: soll er «pardon» oder «Verzeihung» sagen? Die kleine hohle Schrecksekunde, wenn er den Mund mit einem «Kamerad» und «Du» öffnet, in einem wohltemperierten, diskret soldatischen Deutsch. Die Lautheit von Halbwüchsigen beiderlei Geschlechts neben ihm, die ihn nicht wittern. Sein Paletot wird von der zuschnappenden Tür eingeklemmt; er steht mit dem Rücken zum vorübergleitenden Draußen, peinliches en face der übrigen Fahrgäste. Die leger gekreuzten Beine, die Hände in den Taschen können nichts daran ändern, daß er hinten festgeklemmt ist. Pressierte, die glauben, daß er mutwillig den Ausgang versperrt. «Je---descends moi-même», stammelt er und verläßt bei der nächsten Haltestelle im Krebsgang als erster das Abteil. (...)

Aber er kennt seinen Métroplan besser als die Einheimischen. Einer hat sich verfahren, er steht ratlos in dem leeren blitzenden Kacheltunnel – die letzten Züge dröhnen durch. Ein großer, etwas angetrunken, der Kopf steckt im Rotweinnebel, einzelne graue Haare, das eine Auge weicht etwas ab: «Pardon, monsieur, à l'Odéon, quelle direction est-ce?» Der andere, den Finger an der Nase, läßt ein kleines Kolleg los, Demonstrationen an der Leuchttafel. «Vous n'êtes pas Français?... Alors, monsieur, vous êtes Allemand, et moi, je suis Français ... et moi, j'habite depuis quinze ans vis-à-vis de l'Odéon ... et vous, vous voulez m'expliquer, comment y aller...» Neuer Vortrag. Der Pariser, die Augen herauswälzend und mit angeekeltem Mund, muß erkennen, daß der andere wirklich völlig im Bilde ist, die einzige noch benutzbare Verbindung genannt hat. Er entfernt sich in einer desperaten Diagonale über den Perron hin. «C'est abominable .. ces Boches .... ils savent tout, ils ne savent rien et ils savent pourtant tout.»

Felix Hartlaub (1941)

Der Tunnel der Verliebten

Auf der Station Châtelet stieg Georgette aus und ging in Richtung der Cité davon. Ich folgte ihr langsam durch einen der langen Tunnel, die zu einem Ausgang führen. Es war nicht so voll wie am Abend, aber schon zogen die Leute in Scharen durch das unterirdische Gewölbe. In diesem berühmten Tunnel treffen sich Verliebte, seit die Métro geschaffen wurde. Zu jeder Tageszeit stehen dort etwa zehn Paare in verliebter Umarmung; keines der Paare achtet auf die anderen, sie denken nicht daran, sich umzusehen und reichen einander Lippen und Hände. Weder die seltenen Passanten noch die plötzliche Zugluft stört sie bei diesem Treiben. Jedes Paar scheint sich für unsichtbar zu halten.

Georgette, an solche Liebesszenen gewöhnt, schlängelte sich durch diese Gruppen, die zu dieser Stunde noch sehr schläfrig sind, hingegeben und gierig zwar, aber ohne Frische.

Philippe Soupault (1928)

Vorteile des Taxis

Der Kuß im Taxi bleibt in der Erinnerung als der immer unvollendete Kuß, der wieder begonnen werden muß, denn die Bewegung des Taxis verleiht dem Augenblick einen geradezu physikalischen Beweis der Unsicherheit und Vergänglichkeit des Abenteuers zwischen schnell aufsteigenden Schwingungen, die beim ersten Halt ersterben. Der Geschmack auf den Lippen ist wie eine rasche tiefe Verwundung, die von der plötzlich anhaltenden Maschine gestoppt wird. Der Gegenverkehr ruft in die Realität zurück. Augen aus der Menge durchstöbern das Taxi, um Blitz und Taumel einzufangen, die offenen Münder, den trunkenen Blick der Augen. Die Straßenlaternen sind Scheinwerfer, die jähe Schluchten aufreißen in die nebeligen Wolken von Zigarettenrauch, Atem und Parfüm. Und nun rollt das Taxi wieder, aber der Kuß ist durch die Angst vor seinem Ende zerbrochen. Wenn das Taxi anhält, zerbricht das Abenteuer. Man stolpert auf das Pflaster hinaus, mit dem Geräusch eines vom Himmel fallenden Körpers. Man zahlt mit der Stimme einer feilschenden Hure. Man öffnet die vernebelten Augen und sieht das Haus und möchte wünschen, ein Erdbeben hätte es verschlungen und mit ihm alles Empfinden für Zeit. Im Kopf, im Körper geht das Abenteuer weiter. Es verdampft, denn es hat sich im Äther ereignet, an unbekanntem Ort, während man sich fortbewegte, der Kuß hat keine Spur hinterlassen, keine Umgebung, an der sich der Geschmack der Erinnerung festsetzen könnte. Auf eine nicht ganz geheure Weise bleibt er vom alltäglichen Leben ausgeschlossen. Vielleicht hat er sich nie ereignet. (...)

Eines Tages werde ich in einer langen *Promenade en Taxi* alles das beschreiben, was sich in einem Taxi ereignet. Die vorausgehenden Träumereien von dem, was kommen wird, die Vorbereitungen, die Proben vor der Vorstellung, und dann die retrospektiven Analysen und Träumereien von dem, was gewesen ist, die Stimmung der Erleichterung,

wenn man entkommen ist, wenn man sich losreißt. Die Er-
regungen und Ekstasen werden dann erinnert und notiert,
die Spaltung zwischen den Lebensschichten, wie ein Wechsel der Geschwindigkeit, der Gangart, einmal langsam,
einmal schnell, einmal warm, dann kalt, einmal mit anderen
zusammen, dann wieder allein, einmal tausend Personen in
einer, dann nur eine Person. In der Metro oder im Autobus
sind solche Zustände nicht denkbar.

Anais Nin (1937)

Métropolis

Das ist die Welt
Von Sous-Paris,
Die Tout-Paris
In Atem hält,

Die Menschen schluckt
Und Züge spuckt
Durch die couloirs
– Zum Geld? Ici!
«La Bourse» – La Vie!
Et «Grands Boulevards»...
Sie öffnet rund
Affichenschlund!
C'est le goût américain
Et attention! Changez de train!
   Prenez le Métro
   Prenez le Métro
   C'est le plus beau
     le plus beau du monde
     Dansons la ronde
       la ronde du Métro!
(...)

Ein Schuß! A moi!
Man macht wen kalt!
Man kreischt, es knallt!
Und: Halte-là!
Police! Les «flics!»
Verbrechertrick
    Station *Cambronne*
Cambrioleurs,
Im «Ascenseur»
    auf und davon!
«Merde au Métro!»
C'est rigolo! (...)

Das ist die Welt
Von Sous-Paris,
Die Tout-Paris
In Atem hält!

Von «Sacré-Cœur»
Und ventre-à-terre
    durch die couloirs!
Man hetzt, man rennt,
Steigt aus am End:
    «Aux Abattoirs»
Zur letzten Ruh!
Ah! je m'en f...
C'est le goût de Tout-Paris
Et jusqu'au dernier cri:
    Prenez le Métro
    Prenez le Métro
    C'est le plus beau
        le plus beau du monde –
        Dansons la ronde
            la ronde du Métro!

Walter Mehring (1923)

Parc Monceau · Eine Demonstration

Karl befand sich unter denen, die den Boulevard hinauf-
getrieben wurden. Der Menschenknäuel floh quer über die
Straße. Drüben, dem Parktor gegenüber, das wie die Straße
hell beleuchtet war, stand der Rückzug in die Seitenstraßen
offen.

Aber auf dem Rondell vor diesen Seitenstraßen machten
die meisten wieder halt. Die Straße samt der Allee vor der
Botschaft war jetzt reingefegt, nur die Polizei und die Truppen blieben. Die Menge war nach rechts und links vollständig
getrennt. Karl sah auf seine Karte und stellte fest, daß sich die
auseinandergeschnittenen Hälften nur auf dem Umweg eines
riesigen Fünfecks von Straßen wieder vereinigen konnten.

Zu denen, die auf das Rondell zurückgewichen waren,
gesellte sich eine Schar von Neugierigen, die sich wohl bis
jetzt in den Seitenstraßen aufgehalten hatten. Einige Dutzend
Menschen saßen vor dem Restaurant an der Ecke.

Da hörte man von weitem etwas wie Peitschenschläge und
einen verworrenen, hellen Lärm. Es kam aus der Richtung
des Boulevard des Batignolles. Das waren Schüsse! Die
Menge um Karl vergrößerte sich zusehends. Und unter der
Anführung zweier wie Arbeiter gekleideter Menschen rückte
die Masse vor, um aufs neue in den Boulevard de Courcelles
einzudringen. Ohne zu wissen, wie es kam, war Karl bei den
vordersten. Ein paar Polizisten zu Fuß und zu Rad rannten
ihnen entgegen. Es war lächerlich; aber sie brachten sofort die

gewaltige Bewegung zum Stehen. Es wurde schrill gepfiffen; diesmal hatten die Pfiffe eine ungeheuerliche Wirkung. Jemand stieß einen Ruf aus, einen Warnungsschrei: aber da brach in einem rasselnden Galopp eine breite Phalanx von Panzerreitern aus dem Dunkel der Hauswände in den Schein der Straßenlaternen, direkt auf die Menge zu. Alles ergriff die Flucht. Man rettete sich in das Restaurant, man rannte an den Häusern hin, schon galoppierten die Reiter auf das Trottoir. Und nun begann an den Hauswänden entlang eine gespenstische Jagd. Ein Reiter stolperte, das Pferd schlug aus, Funken stoben, das Tier ging durch und die Menschen rannten wie besessen fort. Die anderen Kürassiere folgten, einer nach dem anderen, bis zur nächsten Straßenecke. Es war, als jagten Ratten hinter Mäusen her. Eine andere Abteilung der Kürassiere ritt eine Attacke auf die Menschen, die sich in der Fortsetzung der Allee auf der anderen Seite der Straße befanden. Die Reiter umzingelten sie, jagten aber ebenso plötzlich im Galopp zurück, verfolgt von einem satanischen Ausbruch von Geschrei und Pfiffen. Wütende Männer machten Miene, über den Platz, den die Reiter geräumt zurückließen, aufs neue vorzudringen, aber die Menge folgte nicht. Stumm, mit hartnäckigem Ausdruck standen die Leute im hellen Schein des Restaurants und der Kandelaber. Plötzlich war die nächste Attacke da, auf die man gerechnet hatte. Jetzt ritten jedesmal zwei Gardisten nebeneinander. Die Leute flüchteten wieder in das Restaurant und in die Hausgänge. Aber die Haustüren waren inzwischen geschlossen worden, man mußte laufen. Radfahrer kamen hinter den Reitern her und führten die Verfolgung durch.

Diese Radfahrer waren schrecklich. Im Nu flitzten sie heran, sprangen ab, hoben ihre Räder empor und schlugen damit wie mit Sensen in die Menge hinein. Sie ruhten nicht eher, als bis die Menschenmauer um einen vollen Straßenblock zurückgetrieben war. Karl war immer dazwischen. Er verfolgte die Vorgänge wie ein aufregendes Spiel, ohne sich zu sagen, daß er selber Gefahr lief.

Hier im Eckhaus befand sich eine Apotheke. Die beiden riesigen Flaschen im Schaufenster funkelten rubinrot und blendend wie Gold in die Dunkelheit hinaus.

Es fiel Karl auf, daß sich das Aussehen des Volkes, in dessen Mitte er stand, geändert hatte. Er sah in graue, von formlosen Mützen und wollenen Halstüchern fast verdeckte Gesichter. Nur noch wenige gutgekleidete Menschen waren zurückgeblieben. Dort war ein breitschultriger, hochgewachsener Herr mit großem Schlapphut und weißem Haar, das bis auf die Schultern herabfiel. Mehrmals war Karl in seiner Nähe gewesen. Dieser Alte stand, ohne eine Miene zu verziehen, die Hände in den Taschen seines Mantels, überall an der Spitze und folgte den Vorgängen mit einer gewissen, verständigen Aufmerksamkeit. Die Polizisten kamen ihm niemals zu nahe. Jedesmal wenn sich die Menge zurückzog, war er einer der letzten; er deckte ihr gewissermaßen den Rücken. Zwei andere Personen waren da, deren Anwesenheit Karl nicht weniger erstaunte: ein älterer Herr, der eine junge Dame am Arm führte. Beide machten einen vornehmen Eindruck. Als die Menge zurückwich und alles floh, zerrte sie furchtsam ihren Begleiter am Arm und hörte dennoch nicht auf zu lachen wie ein Kind. Einmal geschah es, daß Karl vor der verfolgenden Polizei neben diesen beiden über den Fahrdamm einer Seitenstraße rannte; fast hätte ein Fiaker sie alle drei überfahren, und alle drei lachten.

Nochmals kam die Menge zum Stillstand. Man war zwar zwischen den Bäumen im Dunkel der Allee. Ein Höllenchor von Pfiffen gellte, als die Polizisten kamen.

Karl erschrak zum erstenmal. Man reizte die Polizisten durch diese unerträglichen Pfiffe zu sinnloser Wut. Es war ein Wunder, daß sie nicht schon mit Schüssen antworteten. Was hatte er selber hier zu suchen? Aber wie mit Eisenklammern hielt es ihn fest. Für den schlimmsten Fall hatte er seinen Browning in der Tasche, diesen siebenfachen Tod, der ihn bisher noch auf allen seinen Reisen stumm begleitet hatte. Während die Menge ihn so eng umschloß, daß es kaum möglich war, ein Glied zu rühren, gelang es Karl doch, die Waffe aus der verborgenen Tasche herauszubringen und in den Mantel gleiten zu lassen. Er umklammerte sie mit der rechten Hand, als wolle er den glatten kühlen Stahl zerdrücken.

Diesmal kamen die Radfahrer nicht. Man hörte einen Aufschrei: «Fort mit den Hunden!» Die Pfiffe verstärkten sich.

Ein paar Polizisten kamen näher. Man sah, wie sie sich zu den Tieren an ihrer Seite niederbückten. Zwei Wolfshunde sprangen in kurzen Sätzen der Menschenmauer entgegen und blieben knurrend stehen.

«Fort mit den Hunden!»

In der vordersten Reihe stand die junge Dame mit ihrem Begleiter. Sie stieß einen leisen Schrei aus und drängte rückwärts, aber hinter ihr stand eine eherne Wand. Ein Dutzend Menschen, die nicht ein noch aus wußten, drängte sich hinter den beiden schmalen Gestalten zusammen. Wieder schollen die Pfiffe und dazwischen der Ruf: «Hu! Hu! Hunde weg!»

Karl, zitternd vor Aufregung, war durch ein paar Leiber von dem Mädchen getrennt, das vor Angst umzusinken schien.

Er war bereit, in dem Augenblick, wo diese Bestien sich auf einen Menschen stürzen würden, zu schießen. Ein Stein flog am Kopf eines der Polizisten vorbei. Die Schutzleute packten jemand am Kragen; zugleich sprang einer der Hunde mit einem heiseren Fauchen an der jungen Dame empor. Der Augenblick war gekommen: Karl stieß ein paar Leute beiseite und stellte dem Tier die Mündung seines Brownings auf den flachen rauhen Kopf. Deutlich sah er die blutunterlaufenen Augen; das weiße furchtbare Gebiß schnappte nach dem Stahl, der nicht dicker als ein Daumen aus seiner Faust hervorstand. Karl spürte jetzt, wie der von borstigem Pelz überzogene Hundeschädel sich vor die Mündung legte, und schoß.

Alfons Paquet (1911)

Der Apotheker an der Place Saint-Ferdinand

Ob Sie es mir glauben oder nicht, Monsieur: mitten in Paris kann oft ein halbes Jahr vergehen, ehe ich ein neues Gesicht sehe. Es gibt kein abgeschlosseneres Dorf in ganz Frankreich als dieses Viertel. Die Place Saint-Ferdinand ist ein Loch, und die Clochards hier auf ihren Bänken haben genauso ihre Gewohnheiten und Ansprüche wie die Bürger auf ihren Balkonen. Kommen Sie nur ja nicht auf den Gedanken, sich etwa auf einem Platz niederzulassen, den dieser oder jener seit Ewigkeit für sich reserviert hat, oder Sie setzen sich einem wüsten Geschimpfe aus. Es gibt hier eine alte russische Gräfin, die allmorgendlich, werktags wie sonntags, dem Zeitungsstand gegenüber thront, um dort Papierrosen zu verkaufen, die sie selber herstellt. Von zehn bis vierzehn Uhr, das ist ihre Zeit. Dann ist ein Blinder an der Reihe, den seine Frau nachmittags ausführt, damit er ein bißchen frische Luft schnappt. So folgen sie aufeinander, jeder hat seine Freunde, seine Antipathien, seine Verbündeten, seine bevorrechteten Lieferanten. Sie treffen ihre Übereinkünfte, um sich von uns Kaufleuten allerlei Vergünstigungen und Vorteile zu verschaffen, die wir ihnen dann unwiderruflich als unsere Schuldigkeit zu entrichten haben.

Marcel Jouhandeau (1956)

Avenue du Bois · Madame Swann

Gegen Mittag erschien ich in der Gegend des Arc de Triomphe. Ich bezog einen Spähposten am Eingang der Avenue und verlor die Ecke der kleinen Straße nicht aus den Augen, durch die Madame Swann, die nur ein paar Schritte von da aus hatte, von ihrem Haus her kam. Da es schon die Stunde war, zu der viele Spaziergänger zum Essen heimgekehrt waren, blieben nur einige wenige dort, meist elegante Leute.

Plötzlich erschien dann auf dem Kiesweg der Allee, zögernd, verhalten und üppig wie die schönste Blüte, die ihren Kelch erst zur Mittagsstunde auftut, Madame Swann, von einer Toilette umwogt, die jedesmal eine andere, doch, wie ich mich zu erinnern glaube, meist mauvefarben war; dann hißte und entfaltete sie im Augenblick ihres größten Glanzes auf einem langen Stiel den Seidenwimpel eines großen Sonnenschirms von dem gleichen Mauveton wie das blütenblatthafte Gewirr des Kleides, das sie trug. Ein Gefolge begleitete sie; Swann und vier bis fünf Angehörige der eleganten Pariser Clubs, die ihr einen Morgenbesuch gemacht oder sie eben erst auf dem Wege hierher getroffen hatten: ihre gefügige schwarz-weiße Formation, die die fast mechanischen Bewegungen eines Odette ohne Eigenwillen umschließenden Cadres ausführte, gab dieser Frau, die allein im Blick intensive Lebendigkeit behielt, zwischen all diesen Männern das Aussehen, als blicke sie durch ein Fenster (...)

Strahlend, beglückt durch das schöne Wetter, die Sonne, die noch nicht lästig war, die Sicherheit und Ruhe des Schöpfers zur Schau tragend, der sein Werk vollendet hat und sich um das Weitere nicht mehr sorgt, in der Gewißheit, daß ihre Toilette – mochten plebejische Passanten sie auch nicht zu schätzen wissen – die eleganteste von allen sei, trug sie diese für sich selbst und für ihre Freunde, natürlich, ohne ihr übertriebene Aufmerksamkeit zu zollen, doch auch ohne völlig unbeteiligt daran zu sein; sie hielt die kleinen Schleifen an Rock und Taille nicht fest, wenn sie leicht vor ihr herflatterten wie Geschöpfe, deren Anwesenheit sie zwar wahrnahm, denen sie jedoch mit aller Nachsicht erlaubte, nach ihrem eigenen Gesetz sich ihrem Spiel hinzugeben, wofern sie sich dem Rhythmus der Trägerin anzupassen wußten, und selbst auf den mauvefarbenen Sonnenschirm, den sie oft beim Kommen noch nicht aufgespannt hatte, ließ sie dann ihren Blick fallen, der, wenn er sich nicht auf einen ihrer Freunde, sondern auf einen leblosen Gegenstand heftete, so froh und weich wurde, daß er zu lächeln schien. (...)

Nicht weniger als durch den sie umgebenden Hofstaat, der die Vorübergehenden zu ignorieren schien, rief Madame Swann auch durch die späte Stunde ihres Erscheinens die Erinnerung an ihre Räume wach, in denen sie einen so langen Morgen verbracht hatte und in die sie bald zum ‹Lunch› zurückkehren würde; wie nahe sie ihnen verhaftet geblieben war, schien sie durch die Art ihres Gehens anzuzeigen, das in seiner müßig sich wiegenden Ruhe an die paar Schritte erinnerte, die man in seinem Garten tut; sie trug gleichsam das kühle, intime Dunkel ihres Hauses mit sich ins Freie hinaus. Aber gerade dadurch erhöhte ihr Anblick bei mir das Gefühl, im Freien, in der Wärme des Frühlings zu sein, und das um so mehr, als ich überzeugt war, daß dank der genauen Kenntnis, die sie von den Riten und der Liturgie besaß, die hier am Platze waren, Madame Swann ihre Toilette unweigerlich genau und einzigartig auf Jahreszeit und Stunde abgestimmt hatte; die Blumen ihres steifen Hutes aus Stroh, die kleinen Bänder an ihrem Kleid schienen mir ein natürlicheres Erzeugnis des Monats Mai zu sein als die Blumen in Garten und Wald; und um das neue Weben und Wesen der Jahreszeit zu erkennen, erhob ich die Blicke nicht höher als bis zu ihrem Sonnenschirm, der offen ausgespannt wie ein nähergerückter, kreisrunder, milder, beweglicher, stets heiterer Himmel war. (...)

Gleich wenn sie kam, begrüßte ich Madame Swann, sie hielt mich an und sagte lächelnd ‹good morning› zu mir. Ich ging ein paar Schritte neben ihr her. Ich begriff dann, daß sie nur um ihrer selbst willen jenen Regeln gehorchte, nach denen sie sich kleidete, und daß diese für sie eine höhere Weisheit waren, der sie als Oberpriesterin opferte: denn wenn es ihr einmal zu warm wurde und sie ihre Jacke, die sie doch eigentlich geschlossen hatte anbehalten wollen, aufknöpfte oder ganz auszog und mir zu tragen gab, entdeckte ich an dem Einsatz, den sie darin trug, tausend kleine Einzelheiten der Ausführung, die um ein Haar ganz unbemerkt geblieben wären wie jene Orchesterpartien, auf die der Komponist die größte Sorgfalt verwendet hat, obwohl sie niemals wirklich ans Ohr des Publikums dringen; oder ich fand in den Ärmeln der über meinem Arm gefalteten Jacke irgendein wundervolles Detail, das ich zu meinem Vergnügen oder aus Höflichkeit eingehend bewunderte, einen Streifen von köstlicher Farbe, ein kleines mauvefarbenes Seidenfutter, das gewöhnlich dem Auge entging, aber genau so zierlich verarbeitet war wie die sichtbaren Teile, darin den Skulpturen einer gotischen Kathedrale gleich, die in achtzig Fuß Höhe hinter einer Balustrade verborgen genau so vollkommen gemeißelt sind wie die Reliefs am großen Hauptportal, obwohl nie eine Menschenseele sie erblickt, bis im Zufallsverlauf einer Reise ein Künstler die Erlaubnis erhält, sich in freier Höhe zwischen den beiden Türmen zu ergehen, um von dort aus den Blick über die Stadt zu genießen.

Marcel Proust (1919)

Bois de Boulogne · Ehrensachen

Der Fremde kennt das Hölzchen von Boulogne aus den Zeitungen am meisten wegen der Duelle, die hier gewöhnlich abgemacht werden. Neulich verlautete es, daß Mercier, der mit einigen Mitgliedern des Nationalinstitutes Handel gehabt hatte, sich an einem bestimmten Tage mit ihnen im Hölzchen schlagen wolle. Einer seiner Feinde machte darauf ein sehr boshaftes Epigramm, worin er jeden warnte, diesen Tag Amors Waffen in diesen Büschen ruhen zu lassen, weil es zu fürchten sei, daß die ausgejagte Seele dieses Murrkopfes in einen der neufabrizierten Leiber fahren möge! Seit Jahrhunderten ist dieses Holz der Kampfplatz der Ehre, und hier ist sicher Blut von allen Nationen Europens geflossen. Doch fürchtet man hier keine Gespenster der Erschlagenen, und gerade im Dunkeln schleichen die Menschen hier am meisten allein. Jetzt ist hier lange nichts Blutiges und Merkwürdiges vorgefallen, und die Wut, sich einander um eines scheelen Blickes und schnöden Wortes willen das Blut abzuzapfen, soll seit der Revolution sehr aus der Mode gekommen sein. Der Hauptgrund ist wohl, weil soviel hochmütiger Adel und so viele Offiziere nicht mehr hier sind.

Ernst Moritz Arndt (1799)

Alles Bluff

«Ich wollte ja nur wissen, ob es war, als du mich schon kanntest. Aber das wäre ja nur natürlich; war es hier im Hause? Du kannst mir nicht einen bestimmten Abend nennen, damit ich mir vorstellen kann, was da gerade war? Du mußt dir doch selber sagen, Odette, mein Liebes, es ist doch ausgeschlossen, daß du nicht mehr weißt, mit wem es war.»

«Aber ich weiß es nicht mehr, ich glaube, es war einmal im Bois, wo du dann nachgekommen bist und uns auf der Insel getroffen hast. Du hattest bei der Prinzessin des Laumes zu Abend gegessen», fügte sie hinzu, froh, ein Detail beibringen zu können, welches für ihre Wahrhaftigkeit sprach. «An einem Nachbartisch saß eine Frau, die ich sehr lange nicht gesehen hatte. Sie hat zu mir gesagt: ‹Kommen Sie doch mit mir da hinter den kleinen Felsen, man sieht dort so schön den Mondschein auf dem Wasser spielen.› Erst habe ich gegähnt und gesagt: ‹Ach nein, ich bin müde und fühle mich hier sehr wohl.› Da behauptete sie, ein so schöner Mondschein sei noch gar nicht gewesen. Ich habe geantwortet: ‹Alles Bluff!› Ich wußte gleich, was sie wollte.»

Odette erzählte das alles beinahe lachend, sei es, daß es ihr ganz natürlich vorkam, oder sei es, daß sie glaubte, die Sache bekäme dadurch weniger Gewicht, oder um nur ja nicht nach schlechtem Gewissen zu wirken. Als sie Swanns Miene sah, änderte sie sofort ihren Ton:

«Du bist ein schrecklicher Mensch, es macht dir Spaß, mich zu quälen; du bringst mich dazu, daß ich dir Unwahrheiten erzähle, nur damit du mich in Ruhe läßt.»

Dieser zweite gegen Swann geführte Schlag war schlimmer als der erste. Niemals hatte er vermutet, daß die Sache vor so kurzer Zeit und gleichsam unter seinen Augen geschehen sei, ohne daß er es gemerkt hatte, nicht in einer Vergangenheit, wo er sie noch nicht kannte, sondern an einem jener Abende, an die er sich gut erinnern konnte, die er mit Odette verlebt hatte; er hatte sie so wohl zu kennen geglaubt, aber rückblickend bekamen sie nun etwas Heimliches und Grausiges; mitten unter ihnen klaffte wie eine Spalte jener Augenblick auf der Insel im Bois. Odette war zwar nicht gescheit, aber sie besaß den Reiz der Natürlichkeit. Sie hatte die ganze Szene so harmlos erzählt und mimisch dargestellt, daß Swann atemlos alles an sich vorbeiziehen sah: Odettes Gähnen, den kleinen Felsen. Er hörte sie – lachend leider! – antworten: ‹Alles Bluff!› Er spürte, daß sie an diesem Abend nichts mehr sagen würde, daß er im Augenblick keine weitere Enthüllung von ihr erwarten durfte; sie schwieg; er sagte:

«Mein armes Liebes, sei mir nicht böse, ich merke, daß ich dich quäle, aber jetzt ist es vorbei, ich denke nicht mehr daran.»

Marcel Proust (1913)

Schnappschuß

Von seinen Ersparnissen hat der kleine Bruder gestern einen Photoapparat gekauft, und heute am Sonntagvormittag führt er seine Mutter und seine Schwester in den Bois de Boulogne, um sie zu photographieren. Die Zeremonie gleicht einer Hinrichtung. Alle drei, vor allem Mutter und Tochter, sind so häßlich und so traurig, daß es Aufsehen erregt. Alles versammelt sich rings um sie im Kreis und wartet darauf, daß geknipst wird. Und zu der Scham, daß sie beide da so häßlich und so traurig vor der Kamera stehen, gesellt sich noch der Schmerz darüber, so vielen Blicken zu einem Schauspiel zu dienen, und schließlich lassen sie alles über sich ergehen und geben dem beleidigenden Apparat nach, der ja nur darauf aus ist, die Erinnerung an ihre Häßlichkeit, an ihre Traurigkeit und an diese Minute feierlicher Verstörung festzuhalten.

Marcel Jouhandeau (1934)

Bagatelle

Am Ende des Gehölzes, nahe am Ufer der Seine, sieht man einen schönen Pavillon, über dessen Tür mit goldenen Buchstaben steht: *parva sed apta*. Auf der Treppe steht eine Nymphe von Marmor, die einen Blumenkorb auf dem Kopfe trägt, in welchen man des Abends eine kristallene Laterne zur Erleuchtung des Eingangs setzt. In dem ersten Zimmer, in welches man tritt, werfen zwei Delphine Wasser in ein großes Becken, das mit Rasen umgeben ist. Die Spiegel an den Wänden vervielfältigen dieses Schauspiel, was eine sehr gute Wirkung ergibt. Von da kommt man in eine geräumige Rotunde, die mit Spiegeln, Basreliefs, Arabesken und verschiedenen allegorischen Figuren verziert ist. An diese Rotunde stoßen zwei Kabinette, wovon das eine ein Badezimmer und das andere ein Boudoir ist. Alles atmet hier Weichlichkeit und Wollust. Aus den Gemälden lächelt die Liebe, und in dem Alkoven schwebt das Entzücken. Ich wagte es nicht, auf das Bett zu blicken. In dem obern Stockwerk scheint Mars zu wohnen. Überall sieht man die Piken, Helme, Trophäen und andere Zeichen des Kampfes und des Sieges. Doch ist der Kriegsgott kein Feind des Liebesgottes. Zur Rechten findet man ein kleines verstecktes Kabinett, wo man Insignien eines ganz anderen Kampfes und Sieges erblickt. Da stirbt die Schamhaftigkeit, und nur die Wollust triumphiert. Die Farbe des Diwans, der Stühle und der Tapeten ist die zarteste Fleischfarbe. Nur die Liebesgötter verstehen so zu färben. Aus den Fenstern hat man die reizendste Aussicht! Die Krümmungen der Seine, das Kloster Longchamp, die Brücke Neuilly und andere Gegenstände bilden zusammen eine schöne Landschaft. Man hält diesen Pavillon in der Tat für eine Art von Zauberwerk, wenn man hört, daß er in einer Zeit von nicht mehr als fünf Wochen gänzlich vollendet worden ist. Von dem Pavillon führen zwei Alleen zu einem Felsen von Granit, aus welchem ein Bach fließt. Hinter diesem Felsen ist ein angenehmes Lustwäldchen, das der *Vénus pudique* geweiht ist, deren Bildsäule in der Mitte steht. Von da fängt ein englischer Garten an, der ein wahres Gemälde ländlicher Natur ist. An einigen Stellen ist er wild und romantisch, an anderen wieder heiter und zierlich bearbeitet. Vorzüglich zieht eine schöne, mit Gehölz und kleinen Hügeln begrenzte Wiese die Augen auf sich. In der Mitte ist ein klarer Teich, auf welchem ein Kahn schwimmt. Linker Hand schlängelt sich ein Fußsteig, der zu einer Wildnis führt, die hohe, ineinander verflochtene Bäume umringen. Ein kleines, mit Rohr gedecktes Häuschen steht in der Mitte, das zwei mit Moos und Blättern belegte Zimmer und eine Küche enthält. Hier hat eine Zeitlang ein Einsiedler gewohnt, den mehrere Neugierige besuchten, um seine Ausfälle auf die Welt und ihre Vergnügungen zu hören. Er schimpfte vorzüglich auf die Weiber und die Liebe; aber Kupido rächte diese Gotteslästerungen und zeigte ihm in der Nähe seiner Einsiedelei eine ländliche Schönheit, die am Ufer der Seine Veilchen suchte. Der Einsiedler vergaß bei diesem Anblick seine strenge Moral und seinen dichten Bart und verwandelte sich in einen Seladon. Aber seine Liebe war nicht glücklich. Das Mädchen verschmähte sein Herz, und aus Verzweiflung ward er Soldat. Als er in einer Schlacht mit den Engländern verwundet wurde, kam er ins Invalidenhaus, und der Graf von Artois gab ihm eine Pension von hundert Livres. Neben dem Häuschen ist eine Kapelle, ein Feld, das der Eremit selbst bearbeitet hat, und ein Bach, aus welchem er seinen Durst löschte. – Seufzend über die menschliche Schwäche, ging ich weiter und kam an einen hohen, mit Hieroglyphen beschriebenen Obelisk. Schade, daß ich den Schlüssel dazu nicht hatte. Man sagt, dieser Obelisk enthalte die ganze Weisheit der ägyptischen Priester. Weiterhin findet man blühende Wiesen, durch welche sich Fußsteige und Bäche schlängeln. Hier und da sieht man schöne Brücken und niedliche Pavillons. Einer davon steht auf einem Felsen, auf welchen man nur mit Mühe hinaufklimmt. Dieser Pavillon wird der Tempel der Philosophie genannt, zu welchem der Weg freilich nicht ganz leicht ist. Das Äußere dieses Tempels ist nicht eben anziehend. Er ist in einem sonderbaren gotischen Geschmack, zum Zeichen, daß die Philosophie nur ihren Freunden liebenswürdig, den Profanen aber fremdartig und widrig erscheint. Das Innere ist mit den Brustbildern der griechischen Weisen verziert, und die verschiedenfarbigen Fensterscheiben stellen alle Gegenstände, die sich da befinden, verschiedenfarbig dar; das soll sich auf die Verschiedenheit der Meinungen unter den Menschen beziehen. Unter dem Pavillon ist eine Grotte, in welche die Sonnenstrahlen durch einige Spalten eindringen und wo alle Produkte des Mineralreiches aufgehäuft sind. Von einem anderen Felsen stürzt ein Wasserfall mit Geräusch herab und mischt seinen Schaum mit dem kristallklaren Wasser eines Teiches, dessen stille Wellen ein Grabmal von schwarzem Marmor bespülen, das mit Zypressen umgeben ist. Ein rührender Anblick für jeden, der geliebt und den Gegenstand seiner Liebe verloren hat. Habt Ihr Lust, meine Freunde, mit mir in die Unterwelt hinabzusteigen? Die Erde öffnet sich vor Euren Füßen, Ihr steigt auf steinernen Stufen hinab, dichte Finsternis umhüllt Euch – zu spät denkt Ihr an die Rückkehr. Ihr müßt weiter in dieser nächtlichen Finsternis, auf diesem unbekannten Pfade vordringen. Die beunruhigende Einbildungskraft hört hier das Geräusch des Styx und des Kokytos. Bald, bald wird Zerberus bellen – doch seid ruhig. Ein rascher Lichtstrahl dringt von weitem in Eure Augen. Noch einige Schritte, und Ihr seid wieder am Lichte des Tages, am Ufer eines rauschenden Baches, mitten in einer reizenden Landschaft. Hier, meine Freunde, erholt Euch mit mir, setzt Euch auf den weichen Rasen und genießt den schönen Abend. Ich bin des Beschreibens überdrüssig, und so geht's Euch vielleicht ebenfalls. Aber nie, nie würdet Ihr es überdrüssig werden, den schönen Garten des Grafen von Artois im Bois de Boulogne zu bewundern.

Nikolai Karamsin (1790)

Damals im Prinzenparkstadion

1935 fuhr unsere Mannschaft nach Paris. Es waren silberne Märztage. In den Gärten der Tuilerien, im Herzen der Stadt, blühten schon frühe Mandelbäume. Paris lag unter dem Schimmer eines ungewöhnlich schönen Vorfrühlings. Die deutschen Schlachtenbummler, die einen oder zwei Tage vorher Deutschland verlassen hatten, erlebten am Sonnabendnachmittag das wundervolle Bild der lichterglänzenden, brausenden Boulevards. An den kleinen Marmortischen mit den blauen Siphons und den Kaffeegläsern wurden aufgeregt Fragen debattiert. Am Tag des Spiels hatte sich der Himmel bedeckt. Es gab Sprühregen und plötzliche heftige Schauer, vom Sturmwind angeblasen. Der gewaltige rötliche Backsteinbau des Prinzenparkstadions, das der Sportzeitung *L'Auto* gehört und von ihr vermietet wird, war bis zum letzten Platz gefüllt. Lange dichte Ketten von Schutzleuten sperrten ab. Unter dem Regenhimmel, der über der grauen Stadt lag, warteten vielleicht 1000 deutsche Besucher, die sich fast verloren im Meer jener 40000 Franzosen, die im Anschluß an die Deutsche Hymne die Marseillaise sangen. Wir, die wir nun wieder bei einem deutschen Länderspiel in Paris saßen, hatten eine unangenehme Erinnerung. Einige Jahre zuvor, an einem grellen, fast heißen Märztag, hatten wir durch ein Selbsttor von Münzenberg 0:1 verloren. Für mich hatte jener Tag noch etwas besonders Peinliches: durch das Versehen eines französischen Technikers waren Dr. Ernsts und meine Stimme nicht nach Deutschland gelangt, wenigstens zunächst nicht. Ich sprach wacker ins Mikrophon, aber in Deutschland lauschten Millionen umsonst. Nun gut, dies war vorbei, hier war ein neues Spiel. Frankreich begann mit einem tollen, wild wirbelnden Spiel. Die deutsche Abwehr geriet schnell in Gefahr. Münzenberg hätte ums Haar seinen Schnitzer aus dem Stadion von Colombes wiederholt, als der blendende Duhart ihm den Ball vom Fuß geschlagen hatte – aber hinten waren ja noch Busch und Janes! Ja, dieser Janes! Er stand in den Angriffswellen eiskalt und sicher. (...)

Die deutsche Mannschaft fand sich. Sie fand ihren Stil von Neapel. Sie wurde immer besser. Als Deutschland 2:0 führte, hatte Frankreich noch eine große, gefährliche Zeit. Frankreich? Es spielten in der Elf der hellblauen Blusen zwei Serben: Beck und Nuic; ein Engländer: Aston, und ein Uruguayer. Sie alle, die – mit Ausnahme von Aston – schon für ihre Geburtsländer Nationalspiele ausgetragen hatten, waren nationalisiert worden zum Ruhme des französischen Fußballs. Keiner von ihnen, so gut sie auch waren, konnte am Sieg der Deutschen etwas ändern, so wenig wie das große Verteidigerpaar Mattler / van Dooren oder wie etwa jener Mulatte Diagne, der gleichfalls für Frankreich focht.

Paul Laven (1950)

Erdöl in Chaillot

PROSPEKTOR. Besuchen Sie die Cafés in Chaillot, Herr
  Baron?
BARON. Seit dreißig Jahren. Ziemlich regelmäßig.
PROSPEKTOR. Haben Sie das Wasser gekostet?
BARON. Ich habe den Versuch wieder aufgegeben.
PROSPEKTOR. Wer Schürfungen anstellen will, muß ein Was-
  serkoster sein. Das Wasser verrät alle Geheimnisse der
  Erde und selbst die schönste Quelle ist nichts anderes als
  ein Verrat ihres Innersten. Gestern nun bin ich, hier an
  demselben Tisch, bei dem ersten Schluck Wasser, das ich
  mir aus meiner Karaffe eingegossen hatte, vor Hoffnung
  erschauert. Ich habe ein zweites Glas getrunken, ein drit-
  tes, ja sogar ein fünftes. Ich täuschte mich nicht. Die
  Papillen meiner Zunge weiteten sich bei dem Geschmack,
  der die schönste Liebkosung des Schürfers ist, bei dem
  Geschmack von Erdöl.
MAKLER. Erdöl in Chaillot!
PRÄSIDENT. Herr und Heiland! Kellner, eine Karaffe Wasser
  und drei Gläser, aber rasch! Die Runde bezahle ich, Baron.
  Wir müssen auf die Bankvereinigung trinken!
BARON. Ich bin entzückt...
PROSPEKTOR. Freuen Sie sich nicht zu früh. Sie werden völlig
  geschmackloses Wasser trinken. Der Geschmack hat sich
  verflüchtigt, auch für mich. Unsere Feinde, die Dämonen,
  sind mir zuvorgekommen. Sie haben rings um das Café

eine Atmosphäre, eine Bewegung geschaffen, die meine Sinne abgelenkt hat. Glauben Sie ja nicht, daß die Schwere der Luft gestern abend, die Schönheit der Mädchen von ungefähr kam, oder heute morgen der ganze Aufmarsch der Gaukler vor unseren Tischen. Wir sollten müde gemacht werden, wir sollten entnervt und zum Champagner getrieben werden, damit das reine Wasser wieder seinen Geschmack erhält. Ich habe meinen Versuch soeben wiederholt. Umsonst.

Jean Giraudoux (1943)

Trocadéro

Ich verließ die Quais, wo der Nachtwind seine Verwüstungen begann, betrat langsamen Schrittes den kleinen Trocadéro-Garten, ging um die Krümmungen seiner verschrobenen Alleen. Manchmal unterbrach ich meinen Weg und setzte mich auf eine Bank. In diesem zögernden Spaziergang fand ich den abgerissenen Gang meiner Gedanken wieder, da ich die Grenze meiner Vorstellung und meines Gedächtnisses nicht bestimmen konnte. Das Gärtchen und seine winzigen Geheimnisse verdunkelten sich, ohne daß man darin die Nacht erkennen konnte. Man sah wohl den Schatten, aber ohne diesen leichten, nächtlichen Nebel. (...)

Als ich am Eingang zum Aquarium vorüberkam, das hinter Sträuchern versteckt liegt, hörte ich ein Geräusch von raschelnden Blättern. Jemand ging in meiner nächsten Nähe über den verbotenen Rasen. Ich stand still, um zu lauschen und versuchte, etwas zu erkennen. Im Dunkel sah ich eine menschliche Gestalt, die sich langsam und gebeugt vorwärts schlich. Ohne mich zu rühren, beobachtete ich ihre Bewegungen. Sie sprang geräuschlos über das kleine Gitter, das jeden Abend das Betreten des Aquariums verbietet, und ging hinein.

Ich glaube, daß ich einer der seltenen Bewohner von Paris bin, der diese künstliche, verachtete Grotte kennt und häufig besucht. Oft gehe ich morgens in diese Felsenhöhle, um den Forellen zuzusehen, die unter den Pflanzen dahingleiten, und hingerissen bewundere ich die aufsteigenden Luftblasen, die schöner sind als Brüsseler Spitzen. Die Kühle des Ortes und besonders das opalisierende Licht scheinen mir noch bewunderungswürdiger als die stummen und lunaren Evolutionen der Fische, die man auf frischer Lebenstat ertappt. Durch die großen Glasscheiben sieht man die Karpfen altern und die Sonnenstrahlen spielen. Dieses Aquarium ist ein Geheimnis.

Philippe Soupault (1928)

Pont d'Iéna · Gedanken an Jena

Vorgestern nacht traf ich hier ein, und am gestrigen Morgen eröffnete ich meine Wanderungen durch Paris mit einem Gange zum Pont d'Jena. Es war der Jahrestag der Schlacht; ein halbes Jahrhundert lag zwischen dem grauen Oktobermorgen von damals und von heut. Ich nahm meinen Weg vom Louvre bis zum Arc de l'Etoile, dessen Siegesinschriften mit *Valmy* beginnen mit *Ligny* schließen, und bog dann links ein bis zum Marsfelde hin und der Brücke von Jena. Lachendes Volk passierte die Brücke, und unter den Hunderten, die an mir vorübergingen, war sicherlich nicht einer, der daran dachte oder auch nur gewußt hätte, daß dies der Jahrestag eines glänzenden Sieges sei. Die Siegesliste ist lang in Frankreich; was ist ihnen der Tag von Jena? Ein Tag unter vielen. Wir *Preußen* haben für diesen Tag ein besseres Gedächtnis, und es ist gut, wenn man sich bei der Freude des 15. Oktobers auch des Schmerzes «vom Tage vorher» erinnert. – Am Quai entlang wandte ich mich dem Mittelpunkt der Stadt wieder zu, als plötzlich Trommelwirbel von den Champs-Elysées her herüberklang und meinem Auge und meinen Gedanken eine andere Richtung gab. Jetzt schwiegen die Trommeln, und Signalhörner fielen ein, dann wieder Trommelklang und endlich volle militärische Musik. Alles wandte sich nach links und eilte den Ankommenden entgegen. Es waren zwei Kompanien *Garde-Zuaven*. Da hatte ich denn diese berühmten Truppen vor mir, und dem Zuge mich anschließend, der eben jetzt die Konkordien-Brücke passierte, fand ich Zeit und Muße, diese populärsten Krieger Frankreichs in Augenschein zu nehmen. Wenn, ich weiß nicht mehr, wer gesagt hat, mit diesen Leuten könne jeder Schneider die Welt erobern, so hat er damit ein Gefühl ausgesprochen, das mehr oder weniger jeden beschleichen wird, der diesen Truppen zum erstenmal begegnet. Sie sind das volle Gegenteil von dem, was Falstaff (und nach ihm so viele andere) «Kanonenfutter» genannt hat. Wenn andere Truppen durch ihren Gesamtkörper wirken, so wirkt hier das Individuum. Jeder einzelne beansprucht eine Bedeutung und hat sie. Es sind Charakterköpfe vom ersten bis zum letzten Mann, und die ersichtliche Leichtigkeit, um nicht zu sagen Grazie, mit der sie ihre Waffen tragen und dem Klange der Musik im Geschwindschritt folgen, muß jeden bezaubern, der ein Auge und ein Interesse für militärische Schauspiele hat. – Aber hier schließt meine Bewunderung. Wenn ich sagen sollte, daß mir wohl geworden wäre beim Anblick dieser «Charakterköpfe», so müßt' ich lügen. Der schließende Unteroffizier trug einen kleinen Karabiner, dessen Lauf sicherlich nicht länger war als sein roter, lang herunterhängender Bart; aber diese affektierte Kleinheit der Waffe machte durchaus einen peinlichen Eindruck, und das Karabinerchen sah aus wie ein spitzes Stilett unter breiten, ehrlichen Schwertern. Diese Zuaven, was sind sie? Sie sind der Typus, die Quintessenz des französischen Wesens. In ihren unbestrittenen Mut mischt sich jene glaubens- und herzensleere Frivolität, die sie mit einem Witz oder einem Fluch auf der Lippe sterben läßt, und jene vielgerühmte «Gutmütigkeit», die den einen oder andern antreibt, ein Kind zu wiegen oder ihm die Flasche zu geben, geht Hand in Hand mit der ganzen Selbstsucht und Rücksichtslosigkeit des Verführers. Freuen wir uns dieser «Blüte der Armee», solange wir sie in leichtem eleganten Schritt über den Platz der Tuilerien hinmarschieren sehen; aber bewahre uns Gott in Gnaden vor ihnen, wenn die Grenze keine Grenze mehr ist und bei dem Spiel der Schlachten unsere Würfel schlechter fallen als die des Gegners.

Theodor Fontane (1856)

Der Turm · Zweifel

Mein spezieller Abscheu bei dieser Entreprise ist der Riesenturm, welcher offenbar als Reklame für die gedankenlosesten Tagdiebe von ganz Europa, Amerika etc. zu wirken bestimmt ist. Mit allem Andern wird man nicht so renommieren können gegenüber denjenigen welche sagen: connu ça! Denn um diesen Turm zu sehen, wird man nach Paris zur Ausstellung reisen müssen. Dazu soll das Ding noch eine scheußliche façon bekommen.

Jacob Burckhardt (1886)

Blick auf den Turm

Gott traut seinen Augen kaum:
Er schaut durch den Weltenraum
Und betrachtet voller Zweifel
Dieses Dings von Monsieur Eiffel.
Alle Heil'gen diskutieren,
Und Gott Vater sieht man stieren.
«'s ist ein Fernrohr», sagt er wichtig.
Jesus denkt: «Der tickt nicht richtig.»

Petrus fürchtet um sein Tor,
Und er schreit: «Da sei Gott vor!
Weh! mit dieser Einbrechstange
Sind die an dem Tor zugange!»
Jesus fürchtet stets die Schmerzen,
Und er bangt in seinem Herzen:
«Das da unten ist ein Pfahl,
Aufgerichtet mir zur Qual.»

Michael, der kühne Streiter,
Argwöhnt eine Himmelsleiter;
Lorenz, schon mal angesengt,
Wieder nur an Fackeln denkt.
Und die Jungfrau lächelnd meint
– Leicht errötend – «dieses scheint
Ein Geheimnis, recht apart,
In des Heil'gen Geistes Art.»

Xanrof (um 1889)

Strukturalistische Überlegungen

Der Eiffelturm zieht Bedeutung an wie der Blitzableiter den
Blitz. Für alle Bedeutungsliebhaber spielt er die verführerische Rolle eines rein Bedeutenden, das heißt einer Form, die
die Menschen unablässig mit Bedeutung erfüllen (die sie
ihrem Wissen, ihren Träumen, ihrer Geschichte nach Belieben entnehmen), ohne daß doch diese Bedeutung jemals
endgültig festgelegt wäre. (...)
  Damit der Eiffelturm diese große Traumfunktion, die ihn
zu einer Art totalem Denkmal macht, erfüllen kann, muß er
sich der Vernunft entziehen. Die erste Bedingung für eine
solche siegreiche Flucht besteht darin, ein ganz und gar
nutzloses Monument zu sein. Die Nutzlosigkeit des Eiffelturms ist immer dunkel als ein Skandal empfunden worden,

das heißt als eine kostbare, doch nicht gestehbare Wahrheit. Noch bevor er gebaut wurde, warf man ihm vor, er sei nutzlos, was, wie man damals glaubte, genügen würde, ihn zu verdammen. Es lag nicht im Geiste einer im allgemeinen der Rationalität und der Empirie der großen bürgerlichen Unternehmungen verpflichteten Epoche, die Idee eines nutzlosen Objekts zu ertragen (es sei denn, es handele sich erklärtermaßen um ein Objekt der Kunst, was man vom Eiffelturm auch wiederum nicht annehmen konnte). Deshalb führte Gustave Eiffel in der Verteidigung seines Projekts, mit der er selbst auf den «Protest der Künstler» antwortete, sorgfältig alle zukünftigen Verwendungsmöglichkeiten des Turmes auf. Wie von einem Ingenieur zu erwarten, sind es alles wissenschaftlich-technische Verwendungszwecke: aerodynamische Messungen, Studien über die Widerstands-fähigkeit der Materialien, Physiologie der Besteigenden, radioelektrische Forschungen, Probleme der Telekommuni-kation, meteorologische Beobachtungen usw. Diese Nütz-lichkeiten sind gewiß unbestreitbar, aber sie erscheinen als von lächerlich geringem Wert gegenüber dem ungeheuren Mythos des Turmes, der Bedeutung, die er für die Menschen in der ganzen Welt erhalten hat. (...)

Der Eiffelturm ist in Form von unendlich vielen Souvenirs oder ausgefallenem Zierat (für Kopfputz und Schuhe) un-ablässig nachgemacht und vervielfacht worden. (...) Die Vervielfachung dieser kleinen Eiffeltürme, die Phantasie der reproduzierenden Vorstellung, die sich dabei freien Lauf läßt, die Vorliebe, die die Käufer dafür zu haben scheinen, all das stammt aus zwei Konstruktionsphantasmen, denn jeder Käufer eines Souvenirartikels erlebt durch Übertragung das Abenteuer der Schaffung des Turmes. Das erste dieser Phantasmen betrifft etwas, was man die Miniaturisierung des Eiffelturmes nennen könnte. Der Turm ist ein berühmtes Monument vor allem wegen seiner Höhe. Dadurch, daß der Käufer des Souvenirs über eine *Reduktion* dieses Monuments verfügt, empfindet er ein sich wiederholendes Erstaunen, es ist ihm möglich, den Turm in der Hand zu halten oder ihn auf einen Tisch zu stellen. Was dessen wirklichen Wert ausmacht, das Wunder seiner Größe nämlich, steht ihm gewissermaßen zur Verfügung, und er kann ein seltsames, unerreichbares, nicht anzueignendes Objekt zu seinem alltäglichen Dekor gesellen. Und noch mehr: die Miniaturnachahmung hat etwas vom Konstruktionsmodell. Der Käufer kann sich in der unbestimmten Vorstellung wiegen, das Modell auf seinem Tisch sei nicht das reproduzierte Modell des wirklichen, sondern das des zukünftigen, noch zu bauenden Turmes, denn phantasmatisch gesehen besteht zwischen Konstruktionsmodell und Souvenirturm kein Unterschied. Bei dem einen wie bei dem andern macht sich der Benutzer zum Konstrukteur und Ingenieur, zum Sieger über die Materie. Diese Materie kann er im übrigen – und darin besteht das zweite Phantasma – durch alle Spieltürme hindurch variieren und auch darin noch ein Erstaunen und eine Macht, das Erstaunen über eine Macht, finden. Es gibt in der Tat das Vergnügen einer unendlich oft wiederholten und ebenso oft gelungenen Herausforderung, alle Materialien, von den einfachsten bis zu den unwahrscheinlichsten, in einen Eiffelturm zu verwandeln, vom Eisen über Eierschalen bis zu Kupfer, Muscheln, Streichhölzern, Diamanten. (...) Ausgesprochen wird mit dieser uneingeschränkten Vervielfachung, daß der Turm im Grunde jedermann und mehr noch: allen Imaginationen gehört. Eine tiefe Wahrheit, die sogar durch das Gesetz anerkannt wird, denn ein Gerichtsurteil hat einst jedem das Recht zugesprochen, den Eiffelturm zu reproduzieren: sein Bild ist kein geschütztes Eigentum. Der Eiffelturm ist öffentlich.

Blick und Objekt, der Eiffelturm ist – darin besteht vielleicht sein intensivstes Leben – ein Symbol, und diese Rolle hat eine unvorhergesehene Entwicklung erlebt. Gewiß sollte der Eiffelturm von Anfang an die Revolution symbolisieren (deren Hundertjahrfeier man beging) sowie die Industrie (deren große Ausstellung stattfand), doch haben diese Symbolbedeutungen kaum fortbestanden, andere sind an ihre Stelle getreten. Die gesellschaftliche Symbolbedeutung war nicht die der Demokratie, sondern die der Stadt Paris. Erstaunlich ist, daß Paris so lange auf ein Symbol gewartet hat.

Roland Barthes (1964)

Zweifel

Alice Toklas sagte, die Frau des Vetters meiner Großmutter erzählte mir daß ihre Tochter den Sohn des Ingenieurs der den Eiffelturm gebaut hatte geheiratet hätte und sein Name war nicht Eiffel.

Gertrude Stein (1940)

Grenelle · Das andere Paris

Er blieb einen Augenblick stehen und ließ seinen Blick über die Avenue hinschweifen, die noch leerer und beunruhigender wirkte als die, aus der er kam. Hier, bei diesem Café und diesen hohen Häusern, endete das bürgerliche Paris. Jenseits, hinter der großen öden Weite, die sich im Dunkel verlor, begann eine andere Welt als die seine, eine ihm nahezu unbekannte Welt. Niemals suchte er diese verlorenen Viertel auf. Was hätte er dort auch suchen sollen! Ein paar Sekunden lang stand er unbeweglich da. Zwischen den Platanen, die sich zu seinen Häupten bewegten, und der langen, niederen Mauer, die die Avenue auf der anderen Seite abschloß, schien die Fahrstraße mit ihren großen Pflastersteinen sich schwarz und leuchtend unter den Flammen der Gaslaternen wie ein zweiter Strom, parallel der Seine, endlos hinzuziehen. Dieser Anblick nahm ihn gefangen. Er erinnerte sich, daß er als kleiner Bub hierhergekommen war, mit dem Kindermädchen, das ihm anempfahl, der Mama nichts davon zu sagen, denn Lina (so hieß die Person) gab Grenelle und den fragwürdigsten Teilen des Champ-de-Mars den Vorzug vor den gesitteten Rasenflächen des Bois de Boulogne. Sie verließen Passy auf dem Weg durch eine kleine ländliche Straße, die Rue Berton, und gelangten ungefähr an der Stelle, an der er sich jetzt befand, zum Quai. Von dort aus erreichten sie den Viadukt, um daselbst in das Leben kragenloser Männer und hutloser Frauen einzutauchen, die das Riesenrad umdrängten. Schon in der Rue Berton hatte Lina ihre weiße Schürze, deren sie sich schämte, zusammengerollt und in ihre Handtasche gesteckt; mit etwas ängstlich gespannter Miene und stolz nach außen gerichteten Schuhspitzen setzte sie ihren Weg dann fort. Sie hätte hemmungslos gelacht, wenn sie ihn jetzt hier in diesem Augenblick hätte sehen können. Sobald sie allein mit ihm war, sprach sie zu ihm in ihrem perigordinischen Dialekt und lehnte hohnlachend ab, ihm ihre Rede zu übersetzen, aber es war leicht zu erraten, daß sie sich über das schweigsame Kind mit den schüchternen Augen mokierte.

Als ein Zug die Überführung passierte, fuhr er zusammen. Er nahm seine Wanderung wieder auf und hielt erst inne, als er am Pont de Grenelle angekommen war.

Julien Green (1932)

Champ-de-Mars · Die Weltausstellung

Die Weltausstellung, entscheidender Schlag gegen das Bestehende: Frankreich wird amerikanisiert, die Kunst unterliegt der Industrie; Dreschmaschinen stutzen den Raum für Gemälde, die Nachtgeschirre stehen in Vitrinen, die Statuen im Regen – mit einem Wort: die Unheilge Allianz der Materie.

Edmond und Jules de Goncourt (1867)

Das Bundesfest

Hier, wo die Franken, ein freier, germanischer Bund, sich
jährlich versammelten, um ihren Königen den Willen des
souverainen Volkes zu befehlen, hier feierte man jetzt das
erste Bundesfest der wieder errungenen Freiheit. Die völlige
Gleichheit war eben jetzt unter den Bürgern durch die Nie-
derreißung aller erblichen Unterschiede wieder hergestellt.
Jeder galt nur durch persönliches Verdienst, und über dieses entschied die Stimme des Volkes. Aus den verachteten
Hütten des Bauers und des Handwerkers gingen jetzt, im
Glanz eigentümlicher Geistesvorzüge, des Vaterlands Stützen
wie neue Sterne hervor, und mancher aufgeblähte Bewohner
eines Palastes sank in der Blöße persönlicher Nichtswürdig-
keit unerkannt in den Staub; denn das Andenken großer
Ahnherren war wie ein erborgter Schmuck von seinem
Haupte gefallen, und der lügenhafte Schimmer fremder
Tugenden erloschen. Ein Sturm der Begeisterung hob die
ganze Nation zur Höhe des Selbstgefühls. Mensch zu sein,
war der schöne Stolz von fünf und zwanzig Millionen, das
erste und letzte Ziel ihrer Befreiung. Der Eid der Brudertreue
ward am 14ten Julius in der nämlichen Stunde von allen
Einwohnern eines Reiches geschworen, das eine Fläche
von zehntausend Quadratmeilen auf unserer Erdkugel einnimmt; in neunzehnhundert Städten und hunderttausend
Dörfern stiegen an Einem Tage und in Einer Stunde die
feierlichen Zusagen wechselseitiger Liebe und Treue ein-
trächtig zum Himmel. Fünfmal hunderttausend Menschen
saßen nur allein auf dem zum Amphitheater umgeschaffenen
Märzfelde; Einwohner der Hauptstadt und Abgeordnete
aus allen Provinzen, die hier als Stellvertreter ihrer Mitbürger erschienen, um das Bundesfest feiern zu helfen; alle
standen zugleich auf von ihren Sitzen, alle streckten den
Arm in die Höhe; von Männern, Weibern, Kindern erscholl
der schmetternde Ruf: *«Ich schwöre!»* Übermannt von
diesem mächtigen Gefühl, das in den Sehnen der Stärksten

zitterte, fielen diese verbrüderten Menschen, ohne Rücksicht auf Rang, Alter und Geschlecht, einander in die Arme, und wiederholten ihren unbekannten Nachbarn ihren Eid; die Nationalgarden warfen ihre Waffen weg und küßten sich, und plötzlich erscholl es erweckend und erhebend von allen Seiten: *«Hoch lebe die Nation!»*

Nur freie Nationen, sagt der Augenzeuge, dem wir hier folgen, kennen dieses Gefühl; denn nur freie Nationen haben ein Vaterland.

Ich sah die Zurüstungen zu diesem Feste, das beispiellos in den Jahrbüchern der Menschheit bleibt. Das größte Amphitheater in der Welt, wogegen die berühmten Römischen nur Kinderspiele sind, ward in wenigen Tagen durch die Allmacht des Volkswillens erschaffen. Die verdächtige Trägheit von fünfzehntausend besoldeten Arbeitern ward durch den Enthusiasmus von hunderttausend Freiwilligen vergütet. Im Taumel der Freiheit arbeiteten sie mit einem Eifer, mit einer Behendigkeit, mit einer Fröhlichkeit, mit einer Verschwendung der Kräfte, die man kaum noch begreift, wenn man sie auch selbst gesehen hat. Unendlich war die Abwechselung der arbeitenden Gruppen, und unbegreiflich, ohne die Begeisterung des Augenblicks in Rechnung zu bringen, die Ordnung, die allenthalben herrschte. Hier waren keine Wachen ausgestellt, hier kannte man nicht die gebieterische Stimme des Aufsehers, und noch weniger seinen Stecken; auch die Bienen und Ameisen bauen ohne Tyrannen und Satelliten, und vollenden doch in Eintracht den Bau ihres kleinen Freistaats. Die Gerechtigkeit des Volkes heiligte eines jeden Eigentum, und schützte jedermann in seinem Recht. Kleidungsstücke und Uhren, die man während der Arbeit von sich gelegt hatte, blieben den ganzen Tag unberührt an ihrer Stelle liegen. Mit Trommeln und Kriegsmusik, die Schaufeln auf der Schulter, zogen die begeisterten Scharen Arm in Arm unter Freiheitsgesängen zu ihrem Tagewerk, und später als die Sonne verließen sie das Feld. Alte und Junge, Männer und Weiber, Herzoge und Tagelöhner, Generalpächter und Schuhputzer, Bischöfe und Schauspieler, Hofdamen und Poissarden, Betschwestern und Venuspriesterinnen, Schornsteinfeger und Stutzer, Invaliden und Schulknaben, Mönche und Gelehrte, Bauern aus den umliegenden Dörfern, Künstler und Handwerker unter ihren Fahnen kamen Arm in Arm in buntscheckigem Zuge, und griffen rüstig und mutig zur Arbeit. Tausend rührende Züge des überall rege gewordenen Gefühls verherrlichten diese geschäftige Szene; tausend gutmütige Scherze, tausend Beweise des Gallischen Frohsinns, tausend Beispiele der Ehrliebe, Großmut und Uneigennützigkeit des Pöbels versöhnten die gedemütigte *Morgue* des Adels. Um des Schauspiels Täuschung zu vollenden, erschien auch Ludwig der Sechzehnte, ohne Leibwache, ohne Gefolge, allein in der Mitte von zweimal hunderttausend Menschen, seinen Mitbürgern, nicht mehr seinen Untertanen. Er nahm die Schaufel, und füllte einen Schiebkarren mit Erde, unter lautem Jauchzen und Beifallklatschen der Menge. Alles drängte sich zu ihm hin, nannte ihn Freund und Vater, und gab ihm alle die süßen Namen, welche der Despot aus dem Munde seiner Schmeichler nie hört, und welche nur ein guter und gerechter König aus dem Munde eines freien Volkes hören kann.

Georg Forster (1792)

Vel d'Hiv · Internierung 1940

Dann waren wir drin und konnten zusehen, wo wir uns installieren wollten. Zunächst befanden wir uns mit vielen anderen, die auf dem Boden oder auf ihren Koffern saßen, in einer Art Durchgangsraum. Margot lief herum, um sich zu orientieren. Ich saß da und sah mich um.

Ich hatte zahllose Bekannte. Irgendwann schickte mir Gustava Nachmann einen Zettel. Ich hatte sehr viel über sie gehört, war ihr aber nie begegnet. Jetzt suchte ich sie auf und machte ihre Bekanntschaft. Sie warnte mich vor irgendeinem Dienstmädchen, das da hockte, es könne ein Nazispitzel sein. Ich glaube, sie irrte sich.

Dann kam Margot zurück, und wir suchten uns eine andere Bleibe, weniger Massenquartier und mehr Privatwohnung, in einer offenen Loge am Rande der Piste. Vor uns lag Hannah Arendt mit ihrer Gruppe. Ich kannte sie gut. Ich hatte manchmal für sie getippt.

Wir lagen eine Woche im Vel d'Hiver. Inzwischen rückten die Deutschen vor. Nachts hörten wir die dumpfen Detonationen der französischen Flugabwehr. Man dachte an Bombenangriffe. Hannah kam und sagte, gesetzt den Fall, es fiele eine Bombe auf das Dach des Gebäudes, dürfte sie mit ihrer Gruppe bei unserer Loge über die Rampe klettern. «Aber selbstverständlich», sagte ich. – Wir haben beide nicht gewußt, was wir redeten. Das Gebäude hatte ein Glasdach. Man stelle sich die Panik vor, die entsteht, wenn das in tausend Splitter zerbirst, selbst wenn sonst kein Schaden entsteht – man stelle sich's vor! Glücklicherweise wurde Paris nicht bombardiert. (...)

Morgens bekam man Kaffee, graues Brot und ein Stück Büchsenleberwurst, die stark gewürzt, aber fetthaltig war. Das war eine sättigende Nahrung, widerstand aber vielen bei der Hitze. Mittags und abends gab es eine dicke Suppe aus Hülsenfrüchten. Um Kaffee und Suppe in den riesigen Feldkesseln zuzubereiten, brauchten die Köche viele Eimer voll Wasser. Es wurden also Freiwillige zum Wassertragen gesucht. Ich meldete mich sofort, weniger aus Biereifer, als aus der Überlegung, daß man sich in einer so prekären Lage wie der unseren vor allem beschäftigen müsse und nicht tatenlos auf dem Strohsack herumsitzen dürfe. Die Wasserleitungen waren irgendwo im Freien an einer Hauswand. Kaum erschien ich leicht schwankend mit meinen zwei vollen Eimern in Sichtweite der Frauen, als Friedel Levi, die ich damals noch gar nicht kannte, auf mich zustürzte und laut rief, daß eine so alte Frau wie ich (ich war damals 48) eine so schwere

Arbeit nicht tun dürfe. Mit Mühe machte ich mich los. Dann hob ich die Eimer wieder an, machte eine falsche Bewegung, fühlte einen reißenden Schmerz im Rücken und hätte um ein Haar alles Wasser verschüttet. Ich hatte den schönsten Hexenschuß meines Lebens! Ich war so schrankenlos wütend über dieses Mißgeschick, daß ich empört die Arbeit fortsetzte. Beleidigt zog sich der Hexenschuß zurück.

Nach etwa einer Woche war die allgemeine Nervosität gestiegen. Nachrichten von draußen bekamen wir nicht, aber wir wußten, wir fühlten, daß die Deutschen näher rückten. Jemand sagte: «Ich muß immer denken, wie es wäre, wenn hier statt der französischen Wachen plötzlich die SS stände.» Endlich geschah etwas: wir wurden abtransportiert. Fort, weg von dem möglichen Zugriff des Feindes.

Wieder war es strahlendes Wetter. In großen, vollgestopften Lastwagen fuhren wir das Seine-Ufer entlang, am Louvre vorbei. Die Abendsonne beleuchtete das Gebäude. Ich war froh, fortzukommen, aber die Frauen ringsherum weinten. Auf dem Bahnhof wurden wir in drei bereitstehende Züge verfrachtet. Es glückte mir, in ein Abteil mit netten Leuten zu kommen.

Käthe Hirsch (1976)

DAS SIEBENTE

Les Invalides · Der Platz

Auf dem Rückweg zur Porte d'Orléans am Invalidenplatz
vorbei; die Kuppel hell im Scheinwerferlicht, wie es hier für
alle wichtigen Bauwerke üblich geworden ist. Ich finde es
gräßlich; so bekommen die Dinge etwas durch und durch
Jahrmarkthaftes. Wieviel schöner, wenn die Konturen dieser
Bauten in die dunkle Nacht ragen (...)
Der Platz selbst voll von Panzern, Kanonen und andern
militärischen Gerätschaften, wohl die schwere Ausrüstung
der gestrigen Parade. Sie hat offenbar gewaltigen Eindruck
gemacht, und ich konnte nicht umhin, laut zu sagen: «Man
möchte meinen, Frankreich habe Europa besiegt.» Gar nicht
untypisch übrigens für die Franzosen, die sich ja nie für
besiegt halten; siehe 70/71, das *vae victis*, und nämliches gilt
für den letzten Krieg. Hat doch kürzlich dieser Hampelmann
Paul Boncour in irgendeiner politischen Versammlung, der er
vorsaß, seine Ansprache folgendermaßen beendet: «Frankreich – niemals besiegt!» Was braucht er denn noch: eine
Armee in heillosem Durcheinander, Soldaten die sich ihre
eigene Demobilmachung befehlen, zu sich nach Hause gehen, sich den Teufel um ihre Waffen scheren, dazu Einmarsch
der Deutschen, Exodus der Zivilbevölkerung, eine Flucht
die nicht aufhören will. Und was heißt das alles? «Frankreich – niemals besiegt!» Politiker und ihre Taschenspieler-
tricks!

Paul Léautaud (1951)

Das Haus und seine Bewohner

Ludwig der Vierzehnte hat das mächtigste Invalidenhaus in ganz Europa erbaut, um dadurch den alten, ausgedienten Kriegern seine Dankbarkeit zu bezeigen. Oft hat er sie besucht, allein, ohne Wachen, im Vertrauen auf die Ergebenheit seiner Veteranen. Diese Invaliden sind ein trauriges Schauspiel für den Philosophen, und ihr Anblick muß jedes Herz rühren. Einige können nicht gehen, andere müssen gefüttert werden wie die Kinder. Hier beten einige vor dem Altare; dort sitzen andere im Kreise unter dem Schatten der Bäume und sprechen von den Siegen, die ihr Blut erkaufte. Wie gern ziehe ich vor einem grauen Krieger den Hut ab, der die unvertilgbaren Zeichen der Tapferkeit und das Gepräge des Ruhms an seinem Leibe trägt! Der Krieg ist ein Unglück, aber die Tapferkeit ist unstreitig eine der erhabensten Tugenden. «Ein furchtsamer Mensch», sagt der Korporal Trim im *Tristram Shandy,* «kann ein guter Kerl sein; aber gewiß ist jeder schlechte Mensch furchtsam.»

Als Peter der Große das Pariser Invalidenhaus besah, saßen die ehrwürdigen Krieger gerade bei Tische. Er schenkte sich ein Glas Wein ein, rief: «Auf Eure Gesundheit, Kameraden!» und leerte es bis auf den letzten Tropfen.

Die Architektur und die Malerei dieses Gebäudes sind vortrefflich.

Nikolai Karamsin (1790)

Die Translatio

Die Zuschauer auf den Tribünen haben mit ihrer Trampelei gegen die Kälte erst aufgehört, als der Wagen mit dem Katafalk direkt an ihnen vorbeikam. Da endlich ist es still, und die große Idee, welche die Menge durchweht, ist förmlich zu spüren. Aber ich verlange mehr, es fehlt mir der

Ausdruck, es fehlen die Beifallsrufe. Als ich meinen Hut abnehme, macht keiner mit. Ich muß rufen: «Hüte runter!» bis ein Dutzend typischer Pariser Bürger, die vor mir sitzen, meinem Beispiel folgt. Vielleicht liegt es doch am Wetter, sie müssen frieren, sie sehen auch ganz erfroren aus.

Da kommt einer, der auf den Champs-Elysées dabei war, und er erzählt, wie sich das Volk, das echte Volk benommen hat. Die Leute auf den Tribünen gehören ja nicht mehr dazu. Das Volk hat gerufen: «Es lebe der Kaiser!» es hat die Pferde ausspannen und sich selbst vor den Wagen setzen wollen. Aus einem Vorort waren welche da, die sind niedergekniet; Männer und Frauen haben den Trauerflor am Sarg geküßt. Und es wurde auch politisiert. «Nieder mit Guizot!» hat einer gerufen, und «Nieder mit Thiers!» ein anderer. «Wieso?» fragt der erste, «was hat Thiers dir getan, was hast du gegen ihn, er ist doch abserviert?» – Merkwürdige Zeit, in der ein Flickschuster dem Premierminister ans Leder will.

Der Wagen fährt weiter, wir hören die Trommeln des Fahnenmarsches, vermehrte Kanonenschüsse. Dann steht Napoleon vor dem Gitter der *Invaliden*. Es ist zehn vor zwei. (...)

Für die Leute auf den Tribünen ist das Schauspiel vorbei. Sie machen ziemlichen Lärm, als sie in großer Hast ihre Plätze verlassen. Beim schubweisen Hinuntergehen liest jeder die Reklame auf den Brettern: LEROY, LIMONADIER, *rue de la Serpe, ganz nahe bei den Invaliden. Beste Weine, heiße Pasteten.*

Ich habe nun Gelegenheit, die Ausstattung der Avenue genauer zu prüfen. Fast alle Gipsfiguren sind mißlungen, einige in lächerlicher Weise. Ludwig XIV. etwa, der von weitem immerhin einige Statur hat, sieht aus der Nähe geradezu grotesk aus. Macdonald ist ganz gut getroffen, Mortier auch. Ney könnte es sein, wenn er eine andere, weniger hohe Stirn hätte. Überdies hat man ihm einen melancholischen Ausdruck verleihen wollen, das wirkt forciert und reizt zum Lachen. Sein Kopf ist überhaupt viel zu massig. A propos:

die Maße für diese allzu rasche, improvisierte Bildhauerei sollen nicht immer korrekt angegeben worden sein; wodurch ein Marschall Ney herauskam, der gut einen Fuß zu groß war. Was blieb den Beaux-Arts-Leuten anderes übrig, als der Statue eine zwölf Zoll breite Bauchscheibe herauszusägen! Danach haben sie, so gut es eben ging, die beiden Stücke wieder zusammengekittet.

Die gipserne Kaiserstatue schließlich, die gelb angestrichen ist, damit es wie Bronze aussieht, ist verblaßt und fleckig, so daß das kaiserliche Gewand wie alte, geflickte Serge aussieht. Das bringt mich – wie seltsam, wie geheimnisvoll ist doch der Fluß unserer Gedanken – auf etwas anderes. Bei Thiers hörte ich letzten Sommer vom alten Kammerdiener des Kaisers, Marchand, daß Napoleon nur alte Kleider und alte Hüte mochte. Ich kann das verstehen, denn mir geht es gerade so. Wie soll auf ein Hirn, das tätig ist, ein neuer Hut passen – der Druck wäre unerträglich.

Victor Hugo (1840)

Die Wiederholung, eine Farce

Im heutigen *Matin* großes Trara. Hitler hat den guten Einfall gehabt, Österreich die Asche des Herzogs von Reichstadt wegzunehmen und uns zurückzugeben. Gestern abend ist sie im Invalidendom eingetroffen. Napoleon II. Der Aiglon. Edmond Rostand. Der Sohn neben dem Vater. Wiedergabe von zeitgenössischen Stichen. Man hat sogar eine alte Frau aufgetan, die noch die Rückführung der Asche Napoleons I. erlebt hat, sich noch erinnern kann, welches Wetter an dem Tage gewesen ist, was ihre Mutter zu ihr gesagt und was sie ihr geantwortet hat. So eine Posse, so ein Mummenschanz! Mit einem Sack Kartoffeln wäre uns besser gedient. Oder mit Kohle – statt Asche!

Paul Léautaud (1940)

Musik in der Kirche

Am Tage der Aufführung war in der Invalidenkirche alles
zugegen: Fürsten, Diplomaten, Abgeordnete beider Häuser,
die gesamte französische Presse, Korrespondenten der aus-
ländischen Organe, dazu eine ungeheure Menschenmenge
– ich brauchte also unbedingt einen großen Erfolg; ein
flauer Beifall wäre schon schlimm genug gewesen, ein Durch-
fall hätte mich natürlich gänzlich vernichtet. Was geschah
nun?

Zur Ausführung meines Requiems waren die Mitwirken-
den in mehrere, ziemlich weit voneinander entfernte Gruppen
aufgeteilt, was zuvörderst der Aufstellung derjenigen Blech-
bläser dient, die ich fürs *Tuba mirum* als vier distinkte kleine
Orchester vorschreibe, welche die Eckpunkte des gewaltigen
Chor- und Orchesterapparates aller Beteiligten bilden sollen.
Ihr Einsatz ist äußerst heikel. Nach dem ersten Abschnitt
des *Dies irae* nämlich gibt es keine Pause, das *Tuba mirum*
schließt unmittelbar an und zwar im halben Tempo. In diesem neuen Tempo soll gleich zu Beginn das gesamte Blech
auf einmal losschmettern, ehe es sich in jene vier Gruppen
aufspaltet, die dann über den großen Raum hinweg gleichsam einander zurufen und antworten; die Einsätze liegen
hierbei jeweils um eine Terz höher. Es dürfte klar geworden
sein, wie immens wichtig es ist, die vier Schläge des doppelt
so breiten Tempos deutlichst zu markieren. Man stelle sich
die Folgen einer Nachlässigkeit an diesem Punkte vor: Der so
sorgfältig vorbereitete, genau kalkulierte musikalische Ausbruch, dies tönende Entsetzen mit seinen im Wortsinn un-
erhörten Gestaltungsmitteln, den nie zuvor versuchten und
seitdem unerreichten Klangverbindungen und Dimensionen,
eine musikalische Vision des Jüngsten Gerichts, die, will mir
scheinen, noch lange Bestand haben wird – was würde daraus: nichts als ein ungeheures, ein ungeheuer scheußliches
Durcheinander.

Ich bin ein mißtrauischer Mensch, hielt mich infolgedessen immer in der Nähe Habenecks und hatte ihm gerade den Rücken gekehrt, um auf die Gruppe der Paukenschläger acht zu geben, die er nicht sehen konnte, und deren Eintritt ins allgemeine Getümmel dicht bevorstand. Und es nahte auch jener besondere Takt, von dem ich eben sprach, der Takt mit dem plötzlich verbreiterten Tempo und den schrecklichen Fanfarenstößen der an den Ecken des Klangraums placierten Blechbläsergruppen, jener Takt, der unter den vielleicht tausend Takten meines Requiems der einzige ist, der wirklich eines Dirigenten bedarf. Und genau hier, wo er unentbehrlich war, agierte Habeneck auch: *er läßt den Stab sinken, zieht seelenruhig seine Schnupftabakdose und nimmt eine Prise*. Ich hatte ihn ja nie ganz aus den Augen gelassen; dies sehen, mich um hundertachtzig Grad drehen, vor ihn stürzen, den Arm ausstrecken – und die vier langsamen Schläge des neuen Tempos sind schon von mir markiert. Die Orchester nehmen es auf, alles setzt richtig ein, ich dirigiere das Stück zu Ende, und die Wirkung, die ich mir erträumt, ward erzielt. Habeneck aber, der bei den letzten Worten des Chors sah, daß es gut gegangen war und das *Tuba mirum* gerettet, flüsterte mir zu: «Mich überlief kalter Schweiß, ohne Sie wären wir verloren gewesen!» – «Gewiß», antwortete ich, sah ihn fest an und sagte kein Wort mehr... War es Absicht? ... Wäre es möglich, daß dieser Mensch im Verein mit X., dem ich ein Greuel war, und Cherubini-Freunden eine solch niederträchtige Schurkerei sich auszudenken gewagt oder sich zu deren Werkzeug hergegeben hätte? ... Ich mag nicht daran denken... Doch, ich glaube, so war's. Gott soll mir verzeihen, wenn ich dem Manne Unrecht tue.

So wurde dem Requiem allen Verschwörungen zum Trotz (...) schließlich doch ein vollständiger Erfolg zuteil.

Hector Berlioz (um 1850)

Kloster Sacré-Cœur · Erziehung um 1885

Einmal in der Woche hatten wir «Anstandsunterricht». Der Lehrer war ein kleiner, mit einer winzigen Violine bewaffneter Greis, der uns den Knicks, den Walzer und die Quadrille beibrachte.

Der Knicks war eine feierliche Handlung, die verschiedene und wohl zu unterscheidende Abstufungen enthielt: sie ging vom großen Hofknicks (sechs Schritte vor, vier zurück und die traditionelle Kniebeuge auf dem vierten Schritt – diese Begrüßung war nur für Besuchstage im Sprechzimmer und der Schrecken vieler kleiner Mädchen, denn man mußte, ohne sich umzudrehen, die Türe hinter sich schließen) bis zum einfachen kurzen Knicks, der die Kniebeuge am Standort erforderte. Dann verwandelte sich die Miniaturgeige in einen Dirigentenstab, der unsere Bewegungen regelte, und der kleine alte Herr stellte die gedachte Person dar, die wir grüßen mußten. Die verschiedenen Arten und Betonungen, um «bon jour» und «au revoir» auszusprechen, je nachdem es sich an einen Höhergestellten oder an einen Untergebenen richtete, erforderten gleichfalls endlose Proben. Wenn dem «bon jour» ein «monsieur» folgte, so war das ein eindeutiges Zeichen dafür, daß man es mit einem Tieferstehenden zu tun hatte.

Misia Sert (um 1945)

Im Faubourg Saint-Germain · Ein Makler unterwegs

Wie soll man es abgrenzen, dies berühmte Faubourg? Haverkamp weiß es ungefähr und vom Hörensagen, aber er fühlt es nicht. Diesem Stück Paris entspricht eine leere Stelle seiner inneren Erfahrung. Die einzigen zum Verkauf angebotenen Grundstücke in dieser Gegend, die ihm vorgekommen sind, waren alte Eckhäuser mit vier Stockwerken, einer Kneipe im Erdgeschoß und zwei Pensionen vorletzten Grades. Das genügt nicht. Er ist sich dessen bewußt und es verdrießt ihn ein wenig. (...)

In der Rue de Babylone denkt er wieder an das berühmte Faubourg. «Jetzt, meine ich, bin ich mittendrin.» Über die Mauern und Portale her spürt er deutlich den Duft einer etwas moderigen Pracht. Die Mauern sind schwärzlich, die Straßen schmal, und sie stoßen scharf aufeinander. Zu alte Bäume verkommen in lichtlosen Gärten, in denen Efeu hinterlistig um sich greift. Haverkamp ist nicht besonders nachsichtig mit der Vergangenheit. Er hat nie Zeit gehabt, über das Leben von früher nachzusinnen. Ihn kann kein romantischer Zaubertraum irreführen. Er sieht, was ist. Ein Ding der Vergangenheit erregt seine Bewunderung nur aus ganz gegenwärtigen Ursachen; es hat in seinen Augen nur dann ein Recht, weiter zu bestehen, wenn nichts Besseres an seine Stelle tritt.

Sein Weg führt jetzt in die breiten Strecken des Viertels um den Invalidendom. Da atmet Haverkamp auf, er wird froh, er hat zu loben. Diese Großzügigkeit ist etwas für Menschen wie ihn.

Jules Romains (1933)

Rastignac lernt

Er hatte noch zweiundzwanzig Sous in der Tasche, als er in den Wagen stieg, in dem Reste von Orangenblüten und Silberflitter an die vorausgegangene Fahrt mit den Frischvermählten erinnerten. «Wohin soll's gehen, der Herr?» fragte der Kutscher, schon ohne seine weißen Handschuhe. ‹Na denn›, dachte Eugène, ‹ich ruiniere mich, aber warum zum Teufel soll für mich nichts dabei herausspringen!› «Zu den Beauséants», sagte er. «Zu welchen?» fragte der Kutscher.

Ein Wörtchen nur, das Eugène aber prompt aus der Fassung brachte. Unser Aspirant auf die große Welt wußte nämlich nicht einmal, daß es zwei Adressen Beauséant gab.

Er hatte ja keine Ahnung, wie vielen Angehörigen er gänzlich gleichgültig war.

«Zum Vicomte de Beauséant, in die Rue...», «de Grenelle», unterbrach ihn der Kutscher kopfschüttelnd. «Sehen Sie, es gibt doch auch Beauséants, den Comte und den Marquis, in der Rue Saint-Dominique», und dabei klappte er das Trittbrett hoch. «Ich weiß, ich weiß», erwiderte Eugène ganz von oben herab. ‹Heute macht sich auch alle Welt über mich lustig›, dachte er. (...)

Dann klappte der Kutscher, angetan mit einem groben blauen, rotbordierten Cape, das Trittbrett herunter. Eugène stieg aus, er hörte von der Vorhalle her unterdrücktes Kichern. Dort standen ein paar Diener, die angesichts einer derart schäbigen Hochzeitskutsche gleich ihre Witze gemacht hatten. Der Student begriff den Spott, als er neben seinem Gefährt ein elegantes Coupé gewahrte, das in Paris kaum seinesgleichen fand: Zwei feurige Pferde mit Rosen als Ohrzier, in den Gebissen schäumend, dazu ein Kutscher, gepudert und aufs gefälligste gekleidet, der sie so eng am Zügel hielt, als wollten sie durchgehen. Hier, im Faubourg Saint-Germain also, präsentierte sich, verglichen mit dem hübschen Cabriolet eines Sechsundzwanzigjährigen, das er in der Chaussée-d'Antin bei Frau von Restaud vorgefunden hatte, der Luxus eines ganz Großen – die Equipage war gut und gerne ihre dreißigtausend Franken wert.

Honoré de Balzac (1835)

Palais Bourbon

Ging dann zum östreichischen Gesandten ins Faubourg St Germain, den Sitz des Adels. Ein schmutziges Quartier voll Dreck und hotels. Der Gesandte freundlich, ohne Übermaß. Die Frau kam. Scheint sehr liebenswürdig. Soll bei ihnen essen. Essen muß der Mensch. Werde erscheinen. Der Gesandte gab mir seine Karte in die Deputiertenkammer, die

50 Schritte von seinem Hause im Palais Bourbon ist. Schönes Gebäude. Ein Labyrinth von Eingängen und Couloirs. Das Innere wunderschön, zu hübsch fast. (...) Alle Reden kurz, mitunter nicht ohne Stottern. Am besten sprach einer der Opposition von seinem Sitze aus. Ziemlich jung mit einer kräftigen, hellen Stimme. Von den Ministern, deren drei zugegen waren, sprachen zwei. Einmal der Finanzminister d'Argout, von seiner Bank aus, wie es schien, ohne zu überzeugen. Er ist ein übel aussehender, häßlicher Mann, dem die Haare wie ungekämmt vom Kopfe herabhängen.

Franz Grillparzer (1836)

Palais Salm · Légion d'Honneur

Was der Dekorierte davon «hat»? Äußerlich einen kleinen jährlich ausbezahlten Geldbetrag, der übrigens nicht pfändbar ist: staffelweise geht das von 250 bis 3000 Francs. Viele verzichten darauf; es geht hier nicht ums Geld. Es geht übrigens auch nicht bei der Verleihung ums Geld: im vorigen Jahr platzte eine Skandalblase, weil inzwischen abgestrafte Beamte behauptet hatten, für eine große Summe Geldes die Ehrenlegion verschaffen zu können. (Es wurden damals viele zehntausend Francs gefordert und gezahlt.) Ich halte es nach meinen Erkundigungen für ganz ausgeschlossen, daß auch nur in einem einzigen Falle die Kanzlei des Ordens als Gegenleistung selbst für großherzigste Spende direkt das Bändchen verleiht. So einfach ist das hier nicht...

Welche «Schritte»; wieviel Besuche, Briefe, Telefongespräche; wie mühsam muß immer wieder das mitunter knarrende Uhrwerk der Beziehungen in Gang gesetzt werden – welche unerhörte Fülle von Arbeitskraft, Energie, Intrigen, Rankünen, Händedrücken, Lügen, Kabalen und Halbwahrheiten! Jedes Ministerium hat das Vorschlagsrecht – die Kanzlei der Ehrenlegion prüft dann ihrerseits nach,

und was fällt dabei unter den Tisch und wird ächzend wieder
heraufgeholt und noch einmal präsentiert und noch einmal
und noch einmal. (...)

Da darf er denn dieses Wort sagen, das, mit einer leichten Handbewegung, fast jeder Franzose gleichmütig den
gratulierenden Freunden hinwirft, die ihn, je nachdem, ob
sie es haben oder nicht, herablassend oder ehrfurchtsvoll be-
gratulieren, ein Wort, das sich auf die stets vorausgesetzten
bitteren Kämpfe um das Bändchen bezieht, und das ein
Courteline ersonnen haben könnte, weil es so humoristisch-
doppeldeutig ist:

«Et vous savez – je n'ai rien fait pour cela –!»

Kurt Tucholsky (1927)

Faubourg Saint-Germain · Der eingebildete Enkel

Die alten verschlossenen Hotels (...) mit ihren weißgrauen
Fensterläden, den diskreten Gärten und Höfen, den hinter
den Stäben dichtgemachten Gittertoren und schweren gut
schließenden Eingängen. Einige waren sehr hochmütig und
anspruchsvoll und unzugänglich. Das mochten die Talley-
rands gewesen sein, die De La Rochefoucaulds, unerreich-
bare Herrschaften. Aber dann kam eine ebenso stille Straße
mit etwas kleineren Häusern, nicht weniger vornehm in ihrer
Art und durchaus zurückhaltend. Das eine Tor war im
Begriffe zuzugehen; ein Diener in Morgenlivree wandte sich
noch einmal zurück und sah mich aufmerksam und nachdenklich an. Und in demselben Augenblick war mir, als
müßte nur eine Kleinigkeit irgendwann anders gewesen sein,
damit er einen erkennte und zurückträte und die Tür offen-
hielte. Damit da oben eine alte Dame wäre, eine Grand'mère,
die es möglich machte, ihren Lieblingsenkel selbst zu dieser
frühen Stunde zu empfangen. Mit einem Lächeln, selber ein
wenig zärtlich, richtete es die vertraute Kammerfrau aus und

ginge vor einem her durch die verhangene Zimmerflucht, innerlich zurückgewendet und eilend aus Eifer und aus Beunruhigung, vorangehen zu müssen. Ein Fremder begriffe nichts bei solchem Durchgehen; aber man empfände die Gegenwart all der zusammenhangsvollen Dinge: den Blick der Bildnisse, die Zifferblätter der Spieluhren und den Inhalt der Spiegel, in denen die klare Essenz dieser Dämmerung aufbewahrt wird. Man hätte in einer Sekunde die lichten Salons wiedererkannt, die ganz hell sind innerhalb des Dunkels. Und den einen Raum, der dunkler scheint, weil das Familiensilber hinten alles Licht an sich genommen hat. Und die Feierlichkeit von alledem ginge auf einen über und bereitete einen vorsichtig vor auf die alte Dame in violettem Weiß, die man sich von einem Mal zum andern nicht vorstellen kann, weil so vieles zu ihr gehört – – –

Ich ging so durch die stille Straße und war noch immer bei meinen Einbildungen, als ich im Schaufenster eines Confiseurs in der rue de Bourgogne altes schönes Silber sah. Kannen mit etwas schiefgeneigten vollen Silberblumen auf den Deckeln und phantastischen Spiegelbildern in dem geschwungenen Bug.

Rainer Maria Rilke (1907)

Jenseits des Territorialprinzips

Aber wie ein Reisender, den der erste Anblick einer Stadt enttäuscht hat, sich sagt, daß er vielleicht tiefer in ihren Zauber eindringen wird, sobald er ihre Museen besucht, Bekanntschaft mit ihren Einwohnern schließt, die Bibliotheken benutzt, sagte auch ich mir, daß ich, wenn ich einmal von Madame de Guermantes empfangen und einer ihrer Freunde geworden wäre, gewiß Eingang in ihr Dasein finden und in Erfahrung bringen werde, was unter seiner orangefarben strahlenden Hülle ihr Name objektiv und wirklich für die anderen bedeutete, da ja schließlich der Freund meines Vaters gesagt hatte, das Milieu der Guermantes sei etwas ganz Besonderes noch innerhalb des Faubourg Saint-Germain.

Das Leben, das man meiner Vorstellung nach dort führte, entstammte einer von aller Erfahrung so entlegenen Quelle und schien mir etwas so Einzigartiges zu sein, daß ich mir bei den Soireen der Herzogin keine Leute denken konnte, die ich auch anderswo schon getroffen hätte, also keine realen Personen. Denn da diese ja nicht mit einem Male eine andere Natur anlegen konnten, hätten sie dort Reden geführt, die ungefähr den mir bekannten glichen; ihre Partner hätten sich am Ende so weit herabgelassen, ihnen in der gleichen menschlichen Sprache Antwort zu erteilen, und es hätte somit auf einer Abendgesellschaft im ersten Salon des Faubourg Saint-Germain Augenblicke gegeben, die aufs Haar von mir bereits durchlebten gleichgewesen wären; das aber konnte nicht sein. Freilich war mein Geist von gewissen Schwierigkeiten bedrängt, und die Gegenwart des Leibes Jesu Christi in der Hostie schien mir kein undurchdringlicheres Geheimnis zu bergen als der erste Salon des Faubourg Saint-Germain, der gleichwohl auf dem rechten Ufer lag und dessen Möbel ich morgens von meinem Zimmer her konnte ausklopfen hören. Doch weil die Demarkationslinie, die mich vom Faubourg Saint-Germain trennte, nur ideeller Natur war, kam sie mir nicht weniger wirklich vor; ich spürte deutlich, daß die auf der anderen Seite dieses Äquators ausgebreitete Strohmatte, von der meine Mutter, als sie, wie ich selbst, sie eines Tages hinter der zufällig geöffneten Tür liegen sah, respektloserweise gesagt hatte, sie sei in recht schlechtem Zustand, bereits der Faubourg Saint-Germain war.

Marcel Proust (1920)

MONTPARNASSE

Carrefour Vavin

Die tolle Ecke am Boulevard Raspail, ein kleiner Picadilly, einst ein Zirkus aller Sonderlinge, der wirklichen und der verkannten Genies einer Epoche, läßt noch die Namen der alten Kampfstätten aufleuchten, Dôme, Rotonde, Coupole, es gibt sie noch, sie sind noch vorhanden, wenn sie auch in Kinos oder sehr teure Restaurants verwandelt wurden, aber wo sind die Schwärme der Ekstatischen, die freien Gestalten der bilderstürmenden Zigeuner geblieben? Vor dem Dôme warten die Taxis in langer Reihe auf Gott weiß was für Gäste. Nur Balzac, der überlebensgroße, der brennende Balzac von Rodin schreitet noch wie eine mächtige Flamme über den Carrefour. Das Café du Dôme hatte wie das ihm verschwisterte «Romanische Café» in Berlin immer etwas von einem Wartesaal und einem Obdachlosenasyl. Ein Besucher beschrieb es: «Es war zugleich das gemeinsame Haus, öffentlicher Platz, Herberge, Forum, Versteigerungslokal, Getto, Hof der Wunder.» Man hätte auch noch hinzusetzen können, es war ein breites Bett, eine unruhige Arbeitsstätte, eine Irrenzelle mit verriegelter Tür, ein Gefängnis für Lebenslängliche, ein Durchgangslager und ein Schiff auf der Fahrt zu immer wieder entfliehenden Ufern. Lenin, Joyce, Hemingway, Henry Miller, der die Anarchie preisende Blaise Cendrars, der junge Cocteau, Strawinsky, Picasso und alle Surrealisten und Dadaisten, Eluard, Soupault, Tzara und der nach seinem frühen Tode zum Heiligen des Montparnasse erklärte bitterarme, verzweifelte und betrunkene Modigliani verbrachten auf den harten Lederbänken des Dôme, auf seiner zugigen oder backofenheißen Terrasse ihre Tage, ihre Nächte, ihr Leben. Sie wechselten höchstens einmal zu einem ernsten Pumpversuch oder in vorübergehender geistiger Verwirrung ins Coupole oder die Rotonde hinüber, es spielte sich alles in diesem wahrhaft magischen Dreieck ab wie später auf Saint-Germain-des-Prés zwischen der Brasserie Lipp, dem Café Deux Magots und dem Flore.

Das Dôme sieht heute so aus, als sei die böse Fee einmal hindurchgeschritten und habe die Gäste in einen Schlaf der Zeitlosigkeit gestürzt. Die Kaffeetassen, die Gläser von 1925 scheinen noch nicht ausgetrunken und immer noch nicht bezahlt zu sein; doch die Gesichter der Schlafenden blieben dem Wandel des Alterns unterworfen, so daß man sie, da in ihren Augen noch ein letzter übriggebliebener Funke Genie glüht und ihre Tracht die der jungen Dichter geblieben ist, die zu den ersten Herolden der Josephine Baker gehörten, für Wunderkinder unter den Pappmasken von Greisen halten möchte. Die Begeisterung ist gestorben, die neuen Ideen sind zur Fließbandproduktion und die alten Laster zu teuer geworden. Gegenüber im Coupole versucht man neuerdings eine Renaissance der Gegend zu erreichen. Nicht wenige, die sich mit Kunst beschäftigen oder zu denken versuchen, sind des Deux Magots und der Amüsierkeller von Saint-Germain-des-Prés, die Kierkegaard zu einem Conférencier für kleine existentiale Wunschkonzerte gemacht haben, müde und streben zum Montparnasse zurück, der vielleicht zum zweiten Mal entdeckt werden könnte. Im Coupole ereifern sich bis in den Morgen hinein die Fanatiker der informellen und der figurativen Malerei, es ist viel Volk da, wenn auch kein Modell wie die musengleiche Kikki, und wenn man durch das von der Gesprächserregung beschlagene Glas der Terrasse blickt, scheint doch allerlei Buntes und vielleicht ein neuer Ismus im Topf zu schmoren. Am Tage zeichnet den Boulevard Montparnasse ein kaltes graues Licht aus. Große

altgraue oder backsteinrote Schulen stehen wie Zwing-
burgen französischer Volkstüchtigkeit zwischen Geschäfts-
und Bürgerhäusern, deren Atelierwohnungen so teuer sind,
daß man, um sie zu kaufen, ihren Boden mit Goldstücken
bedecken müßte.

Wolfgang Koeppen (1961)

Balzac im Schlafrock

Rodins Balzac-Statue ist großartig – genau das, was ein
Romancier ist oder sein sollte. Das Löwenhaupt eines gefalle-
nen Engels im Schlafrock. Der Kopf ist prachtvoll, der
Schlafrock ein ganz formloser Kegel aus weißem Gips. (...)
Die Spießer sind zutiefst empört darüber. Ich habe angeregt,
die Statue für Alphonse Daudet sollte nur aus einem Schlafrock bestehen – ganz ohne Kopf. (...)
   Eine Dame hatte das Werk eine Weile voller Entsetzen
angestarrt. Als jemand sie auf Rodin aufmerksam machte, der
gerade vorüberging, war sie von seinem Aussehen sehr überrascht. «Er wirkt eigentlich gar nicht boshaft», war ihr Kom-
mentar.

Oscar Wilde (1898)

Die Familie der Dômiers

Als ich 1905 zum ersten Mal in Paris ankam, wurde ich von
Weisgerber und Rudolf Levy am Bahnhof in Empfang
genommen. Sie führten mich gleich ins Café du Dôme (...)
Ich bekam einen nicht gelinden Schrecken, daß meine Freunde gerade dieses Café ausgesucht hatten! Es sah trostlos aus,
immer saßen ein paar entsetzliche alte Pariser Spießbürger
herum, ein paar traurige «Damen», freudlos zum Weinen
(ich kam aus Deutschland und hätte nichts damit vergleichen

können, so ungemütlich und trostlos war es), doch bald
geschah es, daß mir, der ich kein Wort französisch sprechen
konnte, das Café du Dôme eine Notwendigkeit, ja Annehmlichkeit wurde. Es häuften sich die Begebenheiten,
ich mußte mir Paris ansehen, alles was so einen Deutschen
verblüffen und interessieren kann. Spielhöhlen, Verbrecher-
kneipen, Bordelle und Tanzlokale! An einem Abend besuchten wir im Lapin agile auf Montmartre eine Künstlergesell-
schaft, die dort ihre Abende verbrachte, einer der Maler fiel
uns sofort durch eine Arbeit auf, die den Wirt darstellte und
das Lokal schmückte (sie war von Picasso). Nach langer
Sitzung durchwanderten wir die düsteren Gassen, die mir
gerade in diesem Teil der Stadt, durch die Geschichten von
den Apachen, unheimlich schienen, ich fiel fast in Verzweiflung, als neben mir Revolverschüsse knallten, die aber nur
Picassos gewöhnlicher Abendscherz waren. Ich dachte, jetzt
müßten alle Schutzleute zusammenlaufen, nein, kein Mensch
kümmerte sich um uns, die Franzosen sangen: «Ich hatt'
einen Kameraden» und wir sangen deutsch mit, ehe wir aus-
einandergingen.

So komme ich ins Geschichtenerzählen und will doch vom
Dôme schreiben. (...) Die Dômiers bildeten förmlich eine
Familie. Zwei Kellner bedienten das ganze Café, auch den
Raum, in dem wir ständig einen Tisch innehatten. Der eine,
André, ein gutmütiger Mann, der immer mit Geld auszu-
helfen hatte, der andere, Eugène, finster und bäuerlicher, gab
gern Ratschläge, wie man seinen Leib in Ordnung halten
solle, und sah mit Bitterkeit zu, wenn man mit Getränken
über die Schnur haute. Auch wenn man kein Geld hatte, kam
man in den «Dôme», fand stets einen Freund am Tisch, der
seine Habe zu teilen bereit war, in der Voraussicht, bald in
gleicher Lage zu sein! Die meiste Zeit verbrachte man im
«Dôme», um auf Geld aus der Heimat zu warten, oder auf
irgendeinen, den man anpumpen konnte.

Hans Purrmann (1928)

Besuch aus Berlin · Die zwanziger Jahre

Ich war nach Paris gekommen, um zu erfahren, wie man über das Bauhaus, über Strawinsky, über Marx und Lenin dachte, aber in dieser Samtjacken-Bohème schien Puccinis Mimi sich noch immer in jeder Mansarde zu Tode zu hüsteln, und wenn ich, obwohl schon etwas eingeschüchtert, das Gespräch auf die «Révolution Russe» brachte, dachten sie, ich meinte Tucholsky, und sangen die Marseillaise.

Hans Sahl (1983)

Akademie Rossi · Malen lernen

Der Montag führte mich in meine Akademie. Cola Rossi, die schwarzen Haare ins Gesicht geschnitten, strich das Geld ein und brachte dem Akt irgendeine Pose bei. Leider posieren die Modelle hier alle. Ein jeder hat ein halb Dutzend Stellungen, die er allmählich an den Mann bringt.

In der Klasse wird fleißig gearbeitet. Die Korrektur scheint sachlich und gut. Man arbeitet nicht lebensgroß, sondern im Berliner Format. Ich werde hoffentlich allerhand lernen, namentlich da ein wundervoller Anatomieunterricht, der in der Ecole des Beaux Arts unentgeltlich erteilt wird, meine mangelhaften anatomischen Kenntnisse ergänzt. An Präparaten und schematischen Tafelzeichnungen wurde uns gestern das Knie auf eine wundervolle Weise erklärt. So etwas wird uns Mädeln nirgends so geboten wie hier. (...)

Also die Rue de La Grande Chaumière ist eine kleine Straße mit kleinen Häusern. In zweien hat Cola Rossi sein Atelier aufgeschlagen, er ist König in dieser Straße.

Früher Modell, ist er jetzt ganz Gentleman. Sehr smart angezogen, sehr ritterlich gegen Damen, versucht er die Miene eines Grandseigneurs zu behaupten. Sein Vater ist ihm ähnlich. Nur sieht man es dem an, daß er sich in allerhand Ecken umhergetrieben hat, wo es nicht ganz sauber war. (...)

Überhaupt sehen hier in Paris viele Maler so aus wie in Büchern, oder wie man früher dachte, so müßten sie aussehen. Mit langen Haaren, braunen Sammetanzügen, mit seltsamer Toga auf der Straße, mit wehenden Schlipsen, – im ganzen ein wenig wunderlich.

Auch die Vernünftigen, auch Nichtmaler tragen auf der Straße große schwarze oder dunkelblaue Capes, deren Capouchons sie bei Regenwetter über den Kopf ziehen. Das sieht nett aus. Denselben Kragen, nur etwas kürzer, tragen auch die Soldaten und Schutzleute. (...)

Auf der Akademie malt man fast ohne Farbe. Das A und das O sind die Valeurs, das andere ist alles Nebensache. Jetzt merke ich, wieviel ich da noch lernen muß. Ich dachte, die Valeurs wären meine gute Seite, aber ich bin furchtbar ausgescholten worden. Zwei Wochen lang wird an einem halblebensgroßen Akt gemalt, das heißt Licht und Schatten in den rechten Valeurs hingesetzt. Malen darf man das eigentlich nicht nennen. Aber das Formgefühl wird dabei verfeinert.

Paula Modersohn-Becker (1900)

Closerie des Lilas · Kleine Räusche, großer Wahn

17. Mai und folgende Tage. – Der Absinth um sechs Uhr auf der Terrasse der Brasserie des Lilas, hinter dem Marschall Ney, ist mein einziges Laster, meine letzte Freude geworden. Wenn die Arbeit des Tages beendet ist, wenn Seele und Körper erschöpft sind, erhole ich mich am Busen des grünen Getränks, mit einer Zigarette, dem Temps und den Débats.

Wie lieblich ist das Leben, wenn der Nebel eines gelinden Rausches seinen Schleier über das Elend des Daseins zieht.

Wahrscheinlich neiden mir die Mächte diese Stunde eingebildeter Seligkeit zwischen sechs und sieben Uhr (...)

Am 17. Mai also ist mein Platz, den ich seit zwei Jahren einnehme, besetzt; und alle andern ebenfalls. Ich muß in ein anderes Café gehen, was mich mehr betrübt, als ich sagen kann.

18. Mai. – Meine schöne Ecke in den Lilas ist frei; ich bin zufrieden, selbst glücklich, unter meiner Kastanie hinter dem Marschall Ney. Der Absinth ist da, richtig mit Wasser gemischt, die Zigarette ist angesteckt, der Temps entfaltet...

Da geht ein Betrunkener vorbei, dessen widriges und häßliches Aussehen mich quält, da er mich mit einem tückischen und verächtlichen Blick ausforscht. Das Gesicht ist weinrot, die Nase preußischblau, die Augen boshaft. Ich will meinen Absinth kosten, glücklich, daß ich nicht so aussehe wie dieser Trinker ... aber, ich weiß noch heute nicht wie, mein Glas ist umgekehrt und leer. Da ich wenig Geld habe, kann ich keinen andern bestellen; ich zahle, stehe auf und verlasse das Café, überzeugt, daß der böse Geist mich behext hat.

19. Mai. – Ich wage es nicht ins Café zu gehen.

20. Mai. – Wie ich das Café umschleiche, finde ich meine Ecke frei. Man muß gegen den bösen Geist kämpfen, und ich nehme den Kampf auf. Der Absinth ist bereitet, die Zigarette hat Zug, der Temps berichtet große Neuigkeiten. In diesem Augenblick – glaube mir, Leser, es ist wahr – bricht im Hause des Cafés, über meinem Kopf, ein Schornsteinbrand aus. Allgemeine Panik. Ich bleibe sitzen, aber ein Wille, der stärker ist als ich, läßt eine Wolke Ruß fallen und lenkt sie so gut, daß zwei Flocken sich in mein Glas legen. (...)

1. Juni. – Nach einer langen Enthaltsamkeit werde ich von neuem durch den Wunsch erfaßt, mich unter der Kastanie zu trösten. Mein Tisch ist besetzt, und ich nehme einen andern, der allein steht und ruhig ist. Man muß gegen den bösen Geist kämpfen... Da kommt eine Familie Kleinbürger und setzt sich an den Nebentisch; die Mitglieder dieser Familie sind

nicht zu zählen, und immer neue Verstärkungen langen an. Frauen stoßen an meinen Stuhl, Kinder verrichten ihre kleinen Geschäfte vor meinen Augen, junge Leute nehmen mir die Streichhölzchen, ohne um Entschuldigung zu bitten. Umringt von dieser lärmenden, unverschämten Menge, will ich doch nicht vom Platze weichen. Da folgt ein Auftritt, der ohne Zweifel durch geschickte und unsichtbare Hände in Szene gesetzt ist, denn er gelang zu gut, als daß ich ihn einer Intrige dieser Leute zuschreiben könnte, die mich gar nicht kennen.

Ein junger Mann legt mit einer Gebärde, die ich nicht begreife, einen Sou auf meinen Tisch. Fremd und allein unter so vielen Leuten, wage ich nicht mich zu sträuben. Aber von Zorn geblendet, suche ich mir klar zu machen, was sich zugetragen hat.

– Er gibt mir einen Sou wie einem Bettler. Bettler! das ist der Dolch, den ich mir in die Brust stoße. Bettler! ja, denn du verdienst nichts und du...

Der Kellner kommt und bietet mir einen bequemeren Platz an. Den Sou lasse ich auf dem Tisch liegen. Der Kellner bringt ihn mir nach – welche Beschimpfung! – und sagt mir höflich, der junge Mann habe ihn unter meinem Tisch gefunden und glaube, er gehöre mir.

Ich schäme mich und um meinen Zorn zu dämpfen, bestelle ich einen zweiten Absinth.

Der Absinth ist serviert, und alles ist gut, als ein ekelhafter Geruch nach Schwefelammonium mich erstickt.

Was war das wieder? Etwas ganz Natürliches, durchaus kein Wunder, nicht die Spur einer bösen Absicht ... die Öffnung einer Kloake klafft am Rande des Trottoirs, wo mein Stuhl steht.

Jetzt erst fange ich an zu begreifen, daß gute Geister mich von einem Laster befreien wollen, das mich ins Irrenhaus bringen kann! Gesegnet sei die Vorsehung, daß sie mich gerettet hat!

August Strindberg (1896)

Théâtre Montparnasse · Am Beginn der Moderne

Viele Leute beschäftigen sich mit den Darstellern des Théâtre-Libre. Sie können nicht glauben, daß sich unsere Truppe nahezu ausschließlich aus einfachen Theaterliebhabern zusammensetzt, die am Tage ihrem Beruf nachgehen. Zum Beispiel ist das bei der *Macht der Finsternis* so! Cernay, der den Pjotr spielt, handelt mit Stöcken, Pinsard ist Architekt und hat sogar ein sehr gesuchtes Atelier, Tinbot arbeitet bei Firmin-Didot, Fräulein Barny ist Näherin, die junge Darstellerin der Marina arbeitet auf dem Telegrafenamt, und unter den andern sind noch ein Weinhändler und ein Beamter vom Finanzamt. (...).

Ich fühle genau, daß der Erfolg nach dieser ersten Spielzeit auf dem Montparnasse mich zu einer schweren Entscheidung zwingt. Henry Fouquier hatte recht und unrecht zugleich, als er uns voraussagte, daß das große Publikum nicht über die Brücken kommen würde. Unrecht, weil auch bei unwirtschaftlichstem Wetter unsere Säle von der Pariser Kunstelite voll waren. Aber er hatte ebensosehr recht, weil ich selbst deutlich merke, daß ein zweiter Winter hier eine gefährliche Ermüdung herbeiführen würde. Es wird also nötig, sich in der Stadt anzusiedeln, doch ist das kaum möglich. Kein Direktor würde mir seinen Saal für den Abend vermieten, und am Vormittag zu spielen, wie man mir vorschlägt, wäre eine Torheit. Kurzum, wenn auch die Abonnements anfangs spärlich eingegangen sind, so wurden sie nach *Macht der Finsternis* doch zahlreicher, und wenn es möglich wäre, unsere Vorstellungen der nächsten Saison inmitten von Paris anzukündigen, so würde das großes Aufsehen erregen und sofort auch wirkliche Hilfsquellen erschließen. Diese müssen wir aber finden, denn ich habe wahrhaftig das Unmögliche möglich gemacht, um die Spielzeit zu Ende zu bringen, und verspüre keinen Mut, wieder von vorn anzufangen.

André Antoine (1888)

Eine Hure aus der Rue de la Gaîté

Blanche war siebzehn (...) ohne Hut, mit den Händen in den Schürzentaschen, schlurfte sie mit herausgestrecktem Leib die Straße entlang.

Als Kind hatte sie ihrer Prinzipalin hundert Sous gestohlen; es kam der Tag, an dem sie ihre Jungfernschaft in einer Absteige einem Zuhälter hinterließ, und dann die Zeit, in der alles in ihr, körperliche wie geistige Anlagen, dem Beruf entgegendrängte, den sie nun, nachdem sie ihn aus freien Stücken erwählt hatte, selbstsicher ausübte. Habitus und Sprache einer Prostituierten schienen wie für sie geschaffen. Sie war dafür begabt wie Musset fürs Dichten und nutzte von Jugend an ihre Begabung wie er die seine. Sie kümmerten weder ihre Syphilis – die Krankheit galt ihr gewissermaßen als Berufsrisiko, da gab es nichts zu ändern oder gar zu lamentieren – noch ihr verlauster Kopf. Sie hatte einfach kein Bedürfnis nach Reinlichkeit, und so umgaben sie ihre Röcke mit einem Dunst von Laster und Unrat, der die Männer herbeilockte. Sie lebte wie sie lebte, war fröhlich und gedankenlos, wußte nichts von Sitte, nichts von Ehre. Mit den Taschen voller Geld fühlte sie sich glücklich und am Ziel ihrer Wünsche, was nicht verwundern sollte: Geld ist nun einmal ein Ziel auf Erden.

Unter den Zuhältern der Rue de la Gaîté suchte sie sich einen Mann nach ihrem Herzen, einem Herzen, das die Unabhängigkeit liebte und ewig wandelbar war wie das Leben. Sie zog ihn an sich und stieß ihn, seiner überdrüssig, wieder ab, um den nächsten zu nehmen, ganz wie es ihr die Begierde eingab. So war sie sich selbst Herrin und Geliebte, nichts und niemandem untertan, und brauchte keinen anderen Schutz als ihr großes Messer, das sie ständig bei sich trug. Sie betastete es mit dem sicheren Gefühl eines furchtlosen Wanderers, der seine Waffen kennt, weil er weiß, daß es ihm nie an Mut gebrechen wird.

Charles-Louis Philippe (1901)

Der Teufel erscheint im Café Rotonde

Die Tür ging auf, und herein trat ein recht gewöhnlicher Herr in steifem Hut und grauem Gummimantel. Die «Rotonde» wurde ausschließlich von Ausländern, Malern und gewöhnlichen Vagabunden, lauter Menschen von polizeiwidrigem Aussehen, besucht. Darum erregten weder der Indianer mit Hühnerfedern auf dem Kopf, noch mein Freund, der Trommler aus der Music-Hall mit seinem sandfarbenen Zylinder, noch das kleine Modell, eine Mulattin in grellem Männerkäppi, irgendwelche besondere Aufmerksamkeit bei den Besuchern. Aber der Herr im steifen Hut war ein solches Wunder, daß die ganze «Rotonde» zusammenfuhr, für einen Augenblick verstummte und dann in ein Geflüster des Erstaunens und der Unruhe ausbrach. Nur ich allein hatte sofort alles erfaßt. Und in der Tat: man brauchte nur den Gast aufmerksamer ins Auge zu fassen, um sofort die eindeutige Bestimmung des rätselhaften steifen Hutes und des grauen Mantels zu begreifen. Über den Schläfen traten unter den Locken deutlich steile Hörnchen hervor, und der Mantel bemühte sich vergebens, den spitzen, kriegerisch erhobenen Schweif zu verdecken. (...)

Ich erwartete eine schnelle Erledigung, Hohn und vielleicht auch die traditionellen Krallen, vielleicht auch ganz einfach eine Aufforderung, ihm zum Taxameter zu folgen. Der Peiniger zeigte aber eine erstaunliche Haltung. Er setzte sich an das Nebentischchen und entfaltete, ohne mich anzusehen, die Abendzeitung. Endlich wandte er sich zu mir um und öffnete den Mund. Ich erhob mich. Dann folgte aber etwas ganz Unerklärliches. Er rief mit gar nicht lauter, sogar träger Stimme: «Garçon, un bock», und nach einer Minute schäumte vor ihm ein schlankes Glas. Der Teufel trinkt Bier!

Ilja Ehrenburg (1922)

Bei Clichy fängt es immer an

«Ich will dir nicht meine Geschichte allein erzählen», sagte sie, «sondern die der fünftausend Suzys von Montmartre. Sie hat fünf Etappen. Kennst du die fünf Untergrundbahnstationen dieses Boulevards? Sie heißen Clichy, Blanche, Pigalle, Anvers, Barbès. Bei Clichy fängt es immer an. Da ist Suzy fünfzehn. Sie ist am Sonntag nachmittag in der altmodischen klapprigen Elektrischen aus irgendeinem Vorort hereingefahren und vor dem ‹größten Kino der Welt›, dem Gaumont-Palace, ausgestiegen. Zum erstenmal in ihrem Leben sieht sie New-York, das Lächeln des Douglas und wie der Zucker gewonnen wird. Zum erstenmal in ihrem Leben sitzt neben ihr ein junger Herr mit einer orangenen Krawatte und einer graugestreiften Hose und bietet ihr in der Pause ein Zitronenbonbon an. Zum erstenmal in ihrem Leben trinkt sie nachher mit ihm im Wepler einen bitter beizenden Cinzano, bei dem sich ihr ganzes Gesichtchen verzieht. Zum erstenmal in ihrem Leben darf sie Agneau vert pré und Rahmerdbeeren bestellen. Zum erstenmal in ihrem Leben sieht sie im «Européen» den Chansonnier Georgius, der einen wunderbaren Frack anhat, und drei Japaner, die sich lachend Säbel in die Gedärme stoßen. Zum erstenmal in ihrem Leben tritt sie ins Paradis-Hotel, wo von der Türe ab ein weicher roter Teppich läuft. Zum erstenmal in ihrem Leben erfährt sie, wie Mahagoni aussieht, aus dem der hohe Schrank und das königliche Bett gezimmert sind. Und für ihr ganzes Leben lang wird sie verdammt sein, in diesem Paradies zu wohnen. Denn um vier Uhr früh fahren keine Elektrischen mehr nach Hause. Um vier Uhr früh würde sie der verständnislose, böse Vater prügeln. Um vier Uhr früh entscheiden sich die Schicksale aller Suzys. Sie bleibt in diesem göttlichen Hotel, in diesem kupferverbrämten Mahagonibett. Sie bleibt. Marcel zahlt die Miete für acht Tage voraus. Sie bleibt aber nicht eine Woche da, sondern ein Jahr, und es ist immer dasselbe: acht Tage werden vorausbezahlt, aber nicht immer von Marcel, sondern auch von Gaston, von André, von José und von Paul.»

Ivan Goll (1927)

Place Clichy

Ganz am Ende steht die Statue des Marschalls Moncey. Er verteidigt noch immer seit 1816 die Place Clichy gegen Erinnerung und Vergessen, gegen gar nichts, mit einer nicht sehr teuern Perlenkrone. Mit hundertzwölf Jahren Verspätung komme ich an, im schnellen Marsch in der fast leeren Avenue. Keine Russen mehr, keine Schlachten, keine Kosaken, keine Soldaten, nichts ist mehr auf dem Platz einzunehmen als der Sockelrand unterhalb der Krone. Und das Feuer eines kleinen Straßenöfchens mit drei Zähneklappernden herum, die im stinkenden Rauch schielen. Es ist nicht sehr gemütlich.

Louis-Ferdinand Céline (1932)

Ein Ball im Moulin Rouge

Die großen Lichter werden ausgelöscht. Man tanzt im Dämmer. Dann setzt die Musik aus, die Lichter leuchten wieder auf. Diener räumen die letzten Paare vom Tanzboden, es kommt das Ballett. Auch für diesen Fünfuhrball, bei dem der Eintritt frei ist, spendiert die Direktion des bemerkenswerten Unternehmens eine Balletteinlage. Die Balletteusen scheinen vorwiegend Anfängerinnen zu sein, die für den Abend oder für später üben. Heut sind sie in ergötzlichem Gegensatz zu dem warmen Frühlingstag draußen mit Russenkitteln und Russenstiefeln kostümiert und rhythmisieren zunächst die Bewegungen, mit denen Berliner Droschkenkutscher sich ehdem erwärmten, was vermutlich nordischen Winter andeuten soll. Dann kommen ihnen andre als bunte Bräute gekleidet zu Hilfe, und es gibt die bekannten Hüftstütz- und Kniebeugedialoge. Die ablösenden Gazeröckchen stehen nach kurzem Chortanz als ausruhende Gruppe um Solisten. Beruf des Vaters, Gewohnheiten der Mutter kommen nun, da sie nicht «dran» sind, in Mienen, Gebärden und Körperteilen verstohlen zum Vorschein. In meiner Nähe hat ein kleines Geschöpf vor einem Spiegel Mühe mit seinem Hut. Der hat, wie es sich zur Zeit gehört, viel Band und wenig Rand. Die Nadel, die vorn hinein soll, gehorcht offenbar nicht recht. Die Arbeitende sieht streng und mit sich selbst unzufrieden drein. Wieviel leichter hatte es da – vor fünfzehn Jahren – jene kleine Gaby, die mir bei diesem Anblick einfällt. Die hatte statt Hut nur ein Kopftuch, das sie beim dritten Tanz abband, und da war es ein richtiges buntes Bauernschnupftuch. Elegante Stoffschuhe hatte Gaby und Trauernägel. Sie liebte jede Art heftiger Bewegung, Skatingrink und die Attraktionen der Magic City: Wasserrutschbahn, Scheibenkreisen, Wackeltreppesteigen. Sie ist, wie ich erfahren habe, übrigens nicht «zugrunde gegangen». Der im Bortenrock und mit Augensäckchen, der sie von unserm Tisch wegholte, hat ihr eine kleine Papeterie gekauft, wo man neben Schreibpapier und Ansichtskarten auch Badepuppen, Puder und Parfüm bekommt. Man müßte die inzwischen würdig gewordene Dame aufsuchen und mit ihr von alten Zeiten reden.

Franz Hessel (1929)

Pigalle · Ein Foxtrott

Pigalle, Pigalle, das ist die große Mausefalle mitten in Paris!
Pigalle, Pigalle, der Speck in dieser Mausefalle schmeckt so
zuckersüß.
  Da sieht man Türken, Perser, Inder und Chinesen!
  Wer auf der Welt was auf sich hält, ist dagewesen!
Pigalle, Pigalle, so heißt die große Mausefalle mitten in Paris!
  Olala! Ich bin da,   in der herrlichen Stadt an der Seine!
  O, ich finde Paris ja so schön!
  Doch heut' nacht hab' ich was Tolles gesehn!
Pigalle, Pigalle, das ist...
  Da sieht man Dänen, Deutsche, Schweizer und auch
Schweden,
  die dann ein Leben lang von dieser Reise reden!
Pigalle, Pigalle, so heißt...
  Olala! Ich war da! Gerne denk' ich zurück an die Zeit!
  Bin zu jeder Beratung bereit!
  Wer was wissen will, dem sag ich Bescheid!
Pigalle, Pigalle, das ist...
  Da sieht man Menschen aller Nationalitäten!
  Es rollen Franken, Dollars, D-Mark und Peseten!
Pigalle, Pigalle, so heißt die große Mausefalle mitten in Paris!

Heinz Gietz und Hans Bradtke (1961)

Sehnsucht nach dem anderen

Einen Augenblick lang stellte Saint-Loup sich eine Existenz
in der Gegend der Place Pigalle mit unbekannten Freunden
und zweifelhaften Abenteuern vor, doch auch Nachmittage
voll harmloser Vergnügen, Ausflüge oder Lustpartien in
jenem Paris jenseits vom Boulevard de Clichy, auf dessen
Straßen ihm nicht die gleiche Sonne zu liegen schien wie die
freundliche Tageshelle, in welcher er selbst sich mit seiner

Freundin erging, sondern eine andere, denn die Liebe und
der Schmerz, der eins mit ihr ist, haben wie der Rausch
die Macht, die Dinge für uns stärker zu differenzieren. Was
ihm vorschwebte, war ein beinahe unbekanntes Paris inmitten von Paris (...).

Marcel Proust (1920)

Le Chat Noir

La lune était sereine,
Quand sur le boulevard
Je vis poindre Sosthène
Qui me dit: Cher Oscar!
D'où viens-tu, vieille branche?
Moi, je lui répondis:
C'est aujourd'hui dimanche,
Et c'est demain lundi...

Je cherche fortune,
Autour du Chat Noir,
Au clair de la lune,
A Montmartre!
Je cherche fortune,
Autour du Chat Noir,
Au clair de la lune,
A Montmartre, le soir.

La lune était moins claire,
Lorsque je rencontrai
Mademoiselle Claire
A qui je murmurai:
Comment vas-tu, la belle?
Et vous? Très bien merci.
A propos, me dit-elle,
Que cherchez-vous ici?

Je cherche fortune,
Autour du Chat Noir
(...)

La lune était plus sombre,
En haut les chats bâillaient,
Quand j'aperçus dans l'ombre,
Deux grands yeux qui brillaient,
Une voix de rogomme
Me cria: Nom d'un chien!
Je vous y prends, jeune homme,
Que faites vous? Moi... rien...

Je cherche fortune,
Autour du Chat Noir
(...)

La lune était obscure,
Quand on me transborda
Dans une préfecture,
Où l'on me demanda:
Etes-vous journaliste,
Peintre, sculpteur, rentier,   Je cherche fortune,
Poète ou pianiste?...   Autour du Chat Noir
Quel est votre métier?   (...)

Der Mond schien hell, da taucht Sosthène auf dem Boulevard vor mir auf und sagt: Na Oskar! wo kommst du denn her, altes Haus? Und ich antworte: Heute ist Sonntag, morgen schon Montag... Ich such mein Glück ums Chat Noir herum, im Mondschein in Montmartre; ich such mein Glück ums Chat Noir herum, im Mondschein in Montmartre am Abend.

Der Mond schien nicht mehr so hell, da treffe ich Fräulein Claire und flüstere ihr zu: Wie geht's dir denn, du Süße? – Und Ihnen? – Danke, gut. Da fragt sie mich: Was treiben Sie eigentlich hier? – Ich such mein Glück ums Chat Noir herum (...)

Der Mond stand ziemlich finster, und oben gähnten die Katzen, da sehe ich in der Dunkelheit zwei große Augen funkeln, und eine Schnapsstimme ruft mir zu: Hundsfötterei! hab ich Sie erwischt, junger Mann, was machen Sie hier? – Ich ... gar nichts... Ich such mein Glück ums Chat Noir herum (...)

Der Mond stand schwarz, da werde ich auf die Wache geschleppt und soll Auskunft geben: Sind Sie Journalist, Maler, Bildhauer, Rentier, Dichter, Pianist?... Was sind Sie von Beruf? – Ich such mein Glück ums Chat Noir herum (...)

Aristide Bruant (1884)

Rue Lepic · Beginn des Aufstiegs

Auf den Montmartre muß man vormittags gehn. Um auf dem kleinbürgerlichen Markt der Rue Lepic den bunten Stand- und Wanderwaren und denen, die da einkaufen, zu begegnen. Der Negerin mit Kartoffeln und Bananen im Netz. Dem Maler in veralteter Tracht, Samtjacke, Schmetterlingskrawatte, Flatterhaar. Er trägt das lange Brot, das er vom Bäcker geholt hat, wie eine Lanze eingelegt. Da trotten in fast denselben rosa Pantoffeln die ältliche Hausmeisterin und das zierliche Tanzmädchen, Wollstrumpf und Seidenstrumpf. Da ist all das exotische und halbexotische Volk, das abends einen Vergnügungsberuf ausübt. Man ist wie hinter den Kulissen des Abends. Weiter bergauf kommt – zu dieser Zeit ganz stille Dorfstraße – die Rue Tholozé. Schüchterne Hotels, solche, die nur meublé, und solche, die Loui's und Stella heißen. Graue Gardinen mit Katzen davor, die würdig sind wie die römischen. Und hoch oben eine alte Veste; das Fort (Moulin) de la Galette mit seiner Steinbalustrade, auf der statt Kanonen steinerne Vasen mit Blattpflanzen stehn. Wie an alter Festungsmauer geht man weiter an dem wallhaften Unterbau der oberen Straßen hin bis an die etwas leere Höhe, aus der sich eine modernste Avenue bildet, ein Raum für Versuchsbauten. Da bleib ich nicht, bin geborgener in Durchgang und Torbogen der Rue des Abbesses.

Déjeuner in einer Crémerie. Am Nebentisch eine Runde reiferer Frauen, die schläfrig essen und plaudern. Nur manchmal gluckst ein Lachen, gellt ein kleines Keifen auf. Das sind vielleicht die würdigen Matronen, die seit Urzeiten im Tabarin und Moulin Rouge mit Röckeheben und Wäschezeigen die alte Quadrille aufführen, einen durch Zeitlupe gesehenen Cancan.

Franz Hessel (1929)

Die Mühlen

Ich denke viel an Tübingen, an Euch und die Unsrigen und
sodann auch an die freie Tübinger Natur. Man trifft hier wohl
schöne Gärten und Spaziergänge, aber alles ist so ausgetreten
und bestäubt. Überhaupt ist die Vegetation in dem Kalk-
boden nicht sehr üppig, und man sieht nirgends ein volles,
frisches Gras wie auf der Schmalwiese und dem Schwanzer.
Die Aussicht vom Montmartre hat jedoch wirklich etwas
Erhebendes, die ungeheure Stadt auf einmal und in solcher
Nähe zu übersehen. Sonderbar ist es, daß Paris rings mit
Windmühlen umgeben ist. Bei den Windmühlen auf dem
Montmartre ist ein Restaurateur. Man sitzt hier im Freien,
hat die Ansicht der Stadt und guten Wein, der wohlfeil ist,
weil diese Vorstadt schon außerhalb der Barrieren liegt und
deshalb der Einfuhrzoll wegfällt.

Ludwig Uhland (1810)

Bateau-Lavoir · Besuch bei Picasso

Ich machte mich also eines Tages auf den Weg zu Picasso –
Rue Ravignan Nr. 13. Zum erstenmal stieg ich die Treppen
zur Place Ravignan hinauf, die ich später noch so oft betrat,
um die Maler im ‹Bateau-Lavoir› zu besuchen. Sie kennen
dieses seltsame Gebäude aus Holz und Glas, das nach den
Schiffen benannt ist, die damals noch auf der Seine verankert
waren und auf denen die Frauen ihre Wäsche wuschen. Da
es in Nr. 13 keine Hausmeisterin gab, mußte ich bei der
Concierge im Nebenhaus nach Picassos Wohnung fragen.
Sie sagte mir, er wohne ‹unten›, im ersten Stock. Das Haus
‹Bateau-Lavoir› klebt am Abhang des Montmartre, und
deshalb ist sein Eingang im obersten Stock. Von dort aus
steigt man in die anderen Stockwerke hinunter. Schließlich
stand ich vor Picassos Tür. Sie war über und über mit den

Kritzeleien seiner Freunde bedeckt, die ihm hier Nachricht hinterließen: «Manolo ist bei Azon», «Tototte ist dagewesen», « Derain kommt heute nachmittag»...

Ich klopfte und ein junger Mann mit nackten Beinen und offenem Hemd öffnete die Tür, nahm mich bei der Hand und führte mich herein. (...) Man macht sich keine Vorstellung von der Ärmlichkeit, dem kläglichen Elend jener Ateliers in der Rue Ravignan. Nur das Atelier von Juan Gris war vielleicht noch entsetzlicher als das Picassos. Die Papiertapete hing in Fetzen von den Bretterwänden. Auf allen Zeichnungen, den aufgerollten Leinwänden und auf dem durchgelegenen Diwan lag dicker Staub. Neben dem Ofen erhob sich wie erstarrte Lava ein Berg Asche. Es war gräßlich. Hier lebte Picasso mit der schönen Fernande und seinem großen Hund Fricka. Hier stand auch das riesige Bild, von dem mir Uhde erzählt hatte: *Les Demoiselles d'Avignon* – der Ausgangspunkt des Kubismus. Sie müssen sich den unglaublichen Mut eines Mannes wie Picasso vorstellen, der damals in erschreckender künstlerischer Einsamkeit kämpfte, denn keiner seiner Freunde war ihm gefolgt. Das Bild, das er gemalt hatte, erschien allen irrsinnig und monströs. Braque, der Picasso durch Apollinaire kennengelernt hatte, sagte, es käme ihm vor, wie wenn jemand Petroleum getrunken hätte, um Feuer speien zu können. Und Derain bemerkte zu mir, Picasso werde sich bestimmt eines Tages hinter seinem großen Bild aufhängen – so aussichtslos erschien dieses Unternehmen. Das Bild ist, so wie wir es heute sehen, genau in dem gleichen Zustand wie damals. Picasso hielt es zwar für unvollendet, ließ es schließlich aber so, wie es war, mit den beiden uneinheitlichen Seiten. Die linke, fast monochrome Hälfte erinnert noch an die Figuren der Rosa Periode; diese sind allerdings – wie man damals sagte – mit Axtschlägen zurechtgehauen und viel stärker modelliert, während die andere, sehr farbige Seite den eigentlichen Ausgangspunkt der neuen Kunstrichtung darstellt.

Daniel-Henry Kahnweiler (1961)

Place du Tertre · Der Laus-Mensch

Es sei, so beispielshalber, ein ziemlich abgerissener Mensch ohne Identitätspapiere genommen, der im Sommer 1941 die von den Deutschen besetzte Hauptstadt kennenlernte. Sie hatte nichts von einer ville lumière, denn strenge Verdunkelungsvorschriften standen in Geltung. Ein solcher Kerl wird trachten unterzutauchen, sich klein zu machen wie eine Laus, daß niemand ihn sehe, kein französischer Vichy-Polizist sich ihm nähere mit der erschreckenden Forderung «Carte d'identité», noch gar ein aus gottweißwelchen Gründen mit einem sichelförmigen Schild vor der Brust behängter deutscher Feldgendarm, der da ganz einfach sagen würde: Halt! Der Laus-Mensch, verkrochen in einem Hurenhotel (Hôtel Chevalier de la Barre, Rue du Chevalier de la Barre, Montmartre), woselbst man Unterschlupf finden kann im Schlüpfrigen, wird sich nicht weit hinunter wagen von den Höhen des Märtyrerbergs. Seine ganze Aufmerksamkeit wird sich auf die Place du Tertre konzentrieren, wo Zigarettenkippen herumliegen, da die Herrenmenschen Rauchzeug in Fülle haben und großzügig sind im Wegwerfen, so freudig stimmt sie die Lustbarkeit da droben, so wohl tut ihnen des niedergeworfenen Feindes Servilität im Türenöffnen, in Umarmungen, die billig zu stehen kommen, im Anbieten hingeschluderter Aquarelle, die alle von Utrillos Gnaden leben. Der Mensch ohne Namen wird sich nur dort herumtreiben, mit Vorsicht selbstverständlich, denn der französische Staat, der den Krieg verlor, will den neuen Herren zeigen, daß er stark ist: gegen sein Volk. Und kraftvoller noch gegen das Ausländerpack, das im Pelze dieses Volkes sich kriechend seinen Platz im Schatten sucht.

Jean Améry (um 1975)

273

Märtyrerberg · Die Legende

Des anderen Tages ward Dionysius nackend auf einen eisernen Rost gebreitet, darunter ein groß Feuer entzündet war; da sang er dem Herrn Lob und sprach «Feurig ist dein Wort Herr, und dein Knecht hat es lieb» (Ps. 118, 140). Dann nahm man ihn aus dem Feuer und warf ihn wilden Tieren vor, die man durch langes Fasten hatte wütig gemacht. Aber da sie sich mit Ungestüm wollten auf ihn stürzen, machte er das Zeichen des Kreuzes wider sie, da waren sie alsbald zahm und still. Darnach ward er in einen Ofen geworfen, aber das Feuer verlosch und er blieb unversehrt. Er ward an ein Kreuz geschlagen, da hing er lange in großer Pein; dann ward er wieder herab genommen und mit seinen Gesellen und mit viel anderen Christen ins Gefängnis gelegt. Da stund er und las den Christen Messe und spendete dem Volk das Abendmahl: siehe da erschien ihm Jesus der Herr mit einem unermeßlichen Licht, nahm ein Brot und sprach zu ihm «Nimm hin, mein Geliebter, denn dein größter Lohn ist bei mir». Darnach wurden die Heiligen wieder vor den Richter gestellt, und in neue Pein gegeben; hiernach schlug man den dreien neben der Bildsäule des Mercurius, dieweil sie die Dreieinigkeit bekannten, mit Beilen ihre Häupter ab. Da stund Sanct Dionysii Leib alsbald auf, nahm sein Haupt zwischen seine Hände, und trug es, von einem Engel geführt und von himmlischem Lichte umgeben, zwei Meilen weit, von dem Ort, welcher Mons martirum genannt ist, bis zu der Stätte, da er noch rastet nach seiner Wahl und Gottes Fürsicht. Da ward so süßer Gesang von Engeln vernommen, daß viele, die es vernahmen, gläubig wurden.

Jacobus de Voragine (um 1270)

Märtyrerberg · II

Varlin sollte leider nicht entkommen. Am Sonntag den 28. Mai erkannte ihn ein Pfaffe in der Rue Lafayette und bat einen Offizier, ihn zu verhaften. Der Lieutenant Sicre packte Varlin und ließ ihm die Hände auf den Rücken binden. Er führte ihn selbst durch die zusammengeströmte Menge auf den Gipfel des Hügels, wo sich der General Laveaucoupet befand. Durch die steilen Straßen des Montmartre führte man Varlin eine ganze Stunde lang, die Hände auf den Rücken gebunden, unter einer Menge von Mißhandlungen und Beschimpfungen. Sein junges Haupt mit der Denkerstirn, das nur von brüderlichen Gedanken erfüllt gewesen, glich, von den Säbeln ganz zerhackt, bald nur noch einem blutigen Fleischklumpen; das Auge hing aus der Höhle heraus. Als er beim Generalstab, Rue des Rosiers, ankam, konnte er nicht mehr gehen; man mußte ihn tragen. Man setzte ihn nieder, um ihn zu erschießen. Die Elenden mißhandelten selbst seinen Leichnam noch mit Kolbenschlägen.

Der «Berg der Märtyrer» hat keine Glorreicheren aufzuweisen. Möge auch sein Andenken in dem großen Herzen der Arbeiterklasse bewahrt sein! Varlins ganzes Leben ist ein leuchtendes Beispiel: durch seine Willenskraft hatte er sich selbst gebildet; die kargen Abendstunden, die ihm die Werkstatt übrig ließ, verwandte er auf das Studium; er lernte nicht, um sich wie Andere in die Bourgeoisie zu drängen, sondern um das Volk zu unterrichten und zu befreien. Er war die Seele der Arbeiterassoziationen am Ende des Kaisertums. (...) Am 18. März Einer der Ersten, während der ganzen Kommune immer an der Arbeit, hielt er auch bis zuletzt auf den Barrikaden aus. Dieser Tote gehört ganz und gar den Arbeitern an. Varlin und Delescluze würde diese Geschichte gewidmet sein, wenn auf dem Titelblatt für etwas Anderes Raum wäre als für das große Paris.

Prosper-Olivier Lissagaray (1876)

Die Nacht

Es kommt die Nacht, die Nacht der Boulevards, wo der Himmel so rot ist wie Höllenfeuer und sich von Clichy bis Barbès ein Netzwerk offener Gräber erstreckt. Weiche Pariser Nacht, wie eine Leiter aus zahnlosen Kinnbacken, durch deren Sprossen die bösen Geister grinsen. Am Fuß des Hügels gurgeln die Pissoirs, deren Öffnungen mit aufgeweichten Brotresten bestreut sind. Gerade in der Nacht sticht Sacré Cœur in seiner stinkenden Lieblichkeit hervor. Dann setzt sich das schwere Weiß ihrer Haut und ihr feuchter Steinatem wie ein Schröpfkopf aufs Blut. Die Nacht, in der Paris sein heißes, fiebriges Blut wegpißt. Die Zeit rollt über die Xylophone, der Mond ist aufgebläht wie ein Gong, der Geist ausgepreßt. Die Nacht kommt wie ein umgekehrter Spucknapf, und die feinen Blüten des Geistes, die Goldnarzissen und der Silbermohn, werden zu Speichel zerkaut. Auf der Höhe von Montmartre unter einem himmelblauen Zeltdach beißen die großen steinernen Pferde geräuschlos auf die Zügelstange. Das Stampfen ihrer Hufe bringt die Erde nördlich in Spitzbergen und südlich in Tasmanien zum Zittern. Der Globus dreht sich um die weiche Welle der Boulevards. Schneller, noch schneller! Immer schneller, während hinter dem Randstein die Musiker die Instrumente stimmen. Ich höre wieder die ersten Takte des Tanzes, des dämonischen Tanzes mit Gift und Schrapnellen, das Tanzen fremder Herzschläge, denn jedes Herz steht in Flammen und schreit in die Nacht hinaus.

Henry Miller (1934)

ZWISCHEN JEAN JAURES
UND PERE LACHAISE

Exkurs über die place du Maroc

Nicht nur die Stadt und das Interieur, die Stadt und das Freie vermögen sich zu verschränken; solche Verschränkungen können viel konkreter stattfinden. Es gibt die place du Maroc in Belleville: dieser trostlose Steinhaufen mit seinen Mietskasernen wurde mir, als ich an einem Sonntagnachmittag auf ihn stieß, nicht nur marokkanische Wüste sondern zudem und zugleich noch Monument des Kolonialimperialismus; es verschränkte sich in ihm die topographische Vision mit der allegorischen Bedeutung, und dabei verlor er nicht seinen Ort im Herzen von Belleville. Eine solche Anschauung zu erwecken ist aber für gewöhnlich den Rauschmitteln vorbehalten. Und in der Tat sind Straßennamen in solchen Fällen wie berauschende Substanzen, die unser Wahrnehmen sphärenreicher und vielschichtiger machen.

Walter Benjamin (um 1935)

Fahrt zum Parc des Buttes-Chaumont

So im Müßiggang begannen wir zu denken, daß es in Paris, im Süden des neunzehnten Bezirks vielleicht ein Laboratorium gäbe, das mit Hilfe der Nacht unserer so schrankenlosen Erfindung entsprach. Das Taxi, das uns samt der Maschinerie unserer Träume fuhr, hatte auf gerader Strecke die endlose

Rue La Fayette, den neunten und zehnten Bezirk in Richtung Südwest-Nordost durchquert und erreichte nun den neunzehnten genau an jener Stelle, die, bevor sie nach Jean Jaurès benannt wurde, Allemagne hieß, wo in einem nach Südosten hin offenen Winkel von ungefähr hundertfünfzig Grad der Kanal Saint-Martin und der Kanal von Ourcq zusammenkommen, am Ende des Binnenhafens von La Villette, am Fuße der großen Zollgebäude und an der Biegung der äußeren Boulevards und der Metrostation, die höhnischerweise die beiden Extreme Nation und Dauphine vereinigt, vor der Handelsgesellschaft der Petites Voitures, dem Café Rotonde und dem Café Mandoline, ganz in der Nähe der Rue Louis-Blanc, wo *Le Libertaire* seinen Sitz hat, nördlich der Domäne der Syphilis und südlich der Beerdigungsinstitute, zwischen den Lagerhäusern von La Villette und den Betriebswerkstätten der Nordbahn. Dann, direkt nach Südwesten stechend, schlug das Taxi die von Bäumen gesäumte Avenue Secrétan ein, die hinter dem Kino und dem Hauptsitz der Omnibusgesellschaft durch einen Bezirk mit Schulen und Heilanstalten führt, Triumph staatlicher Organisation. Dieser Bezirk war um diese Stunde ausgestorben und ganz dem Raum überantwortet, einer weiten Landschaft von Nutzbauten, wo der Stein prahlerisch wirkte neben den Gips- und Backsteinmauern der Baracken, die, unterschiedlich hoch, an mehrere philanthropische Ideen der Nachbarschaft grenzten. Die kleine rote Punktierung, die in Höhe der Rue de Meaux die Grenze zwischen dem Viertel La Villette und Combat bezeichnet, sahen wir nicht. Schon ließen wir die Metrostation Bolivar hinter uns, wo schneckenförmig die Rue Bolivar, die eine Viehweide mit Neubauten begrenzt, endet. Nun steigt die Rue Secrétan an, die zum großen Pflastersteindepot unweit der Gewerbeschule Jacquard führt. Je näher wir dem Park kommen, wo das Unbewußte der Stadt nistet, desto bedrohlichere Formen nehmen die großen Faktoren des städtischen Lebens an, erheben sich über dem Ödland und seinen Lumpensammler- und Schrebergärtnerhütten mit der stereotypen Majestät und der erstarrten Geste von Statuen. Es wäre zu dieser Stunde und bei der Geschwindigkeit des Wagens schwierig gewesen, die abnorme Anzahl von Optikern festzustellen, die man in der Rue Secrétan zwischen der Rue Bolivar bis zur Rue Manin findet, wo das Taxi schließlich vor dem Chalet Edouard, Hochzeiten und Bankette, das mit seinem gezackten Holzfries den Schwarzwälder Stil mit dem von Bas-Meudon verbindet, hielt.

Louis Aragon (1926)

Montfaucon · Die Pferde der schönen Tänzerin

Wenn ich dich so fahren seh,
Tut es mir im Herzen weh!
Ach, es wird dich dieser Wagen
Nach dem Hospitale tragen,
Wo der grausenhafte Tod
Endlich endigt deine Not,
Und der Carabin mit schmierig
Plumper Hand und lernbegierig
Deinen schönen Leib zerfetzt,
Anatomisch ihn zersetzt –
Deine Rosse trifft nicht minder
Einst zu Montfaucon der Schinder.

Heinrich Heine (1851)

Ausflug zur Butte Rouge

Erster Mai. Mit der Métro zum Frühlingslicht auftauchend und wieder in Mauerstaub einsinkend, bin ich über Italie und Nation bis zu der Station vor der Wiese Saint-Gervais gefahren und dann in einer Gruppe mit der Fahne ‹Les littérateurs prolétariens contre les intellectuels bourgeois› zur

Butte Rouge gezogen. Wenn man diese weite, in grünen Bodenwellen sanft ansteigende Vorstadtwiese in der Sonne sieht, berührt es seltsam, daß sie der Rote Hügel genannt wird. Sie hat eher etwas blaß Paradiesisches. Und die gewaltige Menschenmenge, die in Familiengruppen mit spielenden Kindern auf ihr lagert, in langen Zügen, singend um rote Fahnen geschart, sich ihr nähert und langsam zu den Rednerbühnen hinansteigt, ist von Sonntagsglück umgeben. Um zu begreifen, daß dies die fanatischen Ankläger der Gesellschaft sind, muß man die Gesichter ganz nah bei den Tribünen, die Gebärden der Redner sehn und ihre Worte hören. Ergreifend ist es dann wohl, wenn solch ein Sprecher, Delegierter einer Gewerkschaft, Mann aus dem Volke, mit gerecktem Arm über die Höhen zeigt und von der reichen Stadt hinterm Hügel und den elenden Vorstädten rings um die Pracht beredt und drastisch zu denen spricht, die alltäglich aus diesen Vorstädten zur Arbeit gehn und heut hierhergekommen sind. Aber seine hingerissenen Zuhörer werden, glaub ich, nicht hingehn und die reiche Stadt strafen. Sie genießen athenisch seine Beredsamkeit. Es sind Kinder des alten Europa mit viel Jahrhunderten Vernunft und Phantasie im Blut. (...)

Es wird auch gescherzt, Spottverse hört man, Späße werden gemacht über den Aeroplan da oben, das Flugzeug der Präfektur, die aus den Lüften die revolutionäre Menge überwacht. In dem überfüllten Wagen des Métro haben die mitfahrenden Polizisten gelächelt zu den Hoch- und Niederrufen. Eigentlich hätten sie ruhig die Lieder mitsingen können, die da gesungen wurden. Als man auf einer Umsteigestation längere Zeit auf den nächsten Zug warten mußte, machten ein paar vorlaute Burschen über den Beamten, der auf dem gegenüberliegenden Perron in der Stationszelle telephonierte, ihre Bemerkungen, weil er heut nicht streike. Er kam heraus und rief herüber: «Ihr müßt nicht schimpfen. Für euch arbeiten wir heut, damit ihr auf eure Wiese kommt!» Er hatte einen Maiglöckchenstrauß im

Knopfloch. Und solcher glückbringender Sträuße waren überall viel zu sehn neben den roten Eglantinen der Revolution. Diese roten Heckenrosen, die einem von freundlichen Mädchen angesteckt wurden, welche «Merci, camarade» sagten für die Sous, die man in ihre Sammelbüchse warf, diese Rosen waren aus Papier. Die Maiglöckchen waren richtige Blumen. Und es war, als siege das Maiglöckchen der vorweggenommenen Glückseligkeit, das Paradiesblümchen des ersten Frühlingssonntages – noch einmal oder schon wieder – über die blutrote Rose.

Das wäre ja schon beinah ein Feuilleton, was ich da aufgeschrieben habe. Aber im Überlesen kommts mir fast frivol vor, daß ich einfach aus dem Augenblickseindruck urteile. So sind die, zu denen ich gehöre. Dürfen wir urteilen über Menschen, die eine Sache, eine Fahne haben? Ist unsere Unbefangenheit, die vor einem Dutzend Jahren noch Recht und Freiheit war, jetzt nicht Schuld und Leere? Es hilft nichts, ich komme nicht davon los, daß das Maiglöckchen eine richtige Blume und die Eglantine aus Papier war.

Franz Hessel (1929)

Montfaucon · Ballade der Gehenkten

Freres humains qui après nous vivez,
N'ayez les cœurs contre nous endurcis,
Car, se pitié de nous pauvres avez,
Dieu en aura plus tôt de vous mercis.
Vous nous voyez ci attachés cinq, six:
Quant de la chair que trop avons nourrie,
Elle est pieça devoree et pourrie,
Et nous, les os, devenons cendre et poudre.
De notre mal personne ne s'en rie;
Mais priez Dieu que tous nous veuille absoudre!

Ihr Menschenbrüder, die ihr nach uns lebt,
Verhärtet nicht euer Herz gegen uns.
Denn wenn ihr Mitleid mit uns Armen habt,
Wird Gott euch desto eher gnädig sein.
Ihr seht uns hier gehenkt, zu fünft, zu sechst:
All das Fleisch, das wir zuviel genossen,
Ist seit langem verzehrt und verwest,
Und wir, Gebein, werden zu Asche und Staub.
Über unser Leid soll keiner spotten;
Bittet vielmehr Gott, er möge uns allen die Sünden vergeben.

François Villon (um 1460)

Monjol

Und wenn die Nacht ganz ins Phantastische hinüberdämmert, weilst du schon fern von Paris, fern dieser Zeit, und ersteigst den Hügel der Monjole. Das ist nicht Mittelalter, nicht Europa, das ist nur Allegorie. Einst vielleicht eine Zyklopenfestung. Die meterdicken Mauern verpilzt, verseucht, von Regen, von Tränen und Urin aufgeweicht. Der Viertelmond legt grünliche Tücher über kleine Hütten. Türen, Türen, Türen. In diesen Türen sitzen die ewigen Gestalten des Schreckens, Lemuren, Sphinxe, Parzen, alte, alte Weiber, dicke, sechzigjährige, schwammige, halb erblindete, mit Aussatz geschlagene Weiber. Ein geflicktes Kattungewand, aus dem eine herunterkollernde Brust, ein rotangelaufenes Bein herausfällt. Nicht Mund, nicht Wangen, nicht Augen. Die Galerie des dösenden Fleisches.

Sie hocken wie schwarze Felsen am Weg.

Zuweilen zeigt sich unten ein Trupp von Männern. Sie wagen sich nicht allein hinauf. Aber da ist ein Hügel: vielleicht könnte da oben Flieder blühen? Die Sehnsucht ist so groß unter dem warmen Himmel!

Die Weiber bewegen sich nicht vom Stuhl. Sie sind hoffnungslos. Eine Tür ist da, und das Weib darin, umstrahlt von Petroleumschein. Ein Bett. Ein plattes Bett. Eine Planke mit einer Decke darüber. (...) Zum Schlafen wie die Tiere? Schlafen ist Luxus. Zur Liebe muß so eine sechzigjährige Venusdienerin ihr Bett besitzen. An der Wand klebt ein großes Plakat: ein rosa Radfahrer schwenkt über Anemonenwiesen seine Mütze in den goldenen Sonnenhimmel. Es ist ein Plakat, das eine findige Fahrräderfirma an sämtliche Insassinnen dieses Hügels hat verteilen lassen. (...)

Die Männer steigen langsam hinauf. Dort oben soll Flieder blühen. Hügel und Wolken. Ein sinnloses Lied schwebt leise und hoffnungslos von Tür zu Tür: auch das Lied ist diesen Lippen Gewohnheit geworden, wie die Liebe den Schenkeln. Erdergebene Weiber, sie raffen sich nicht mehr auf, sie suchen nicht mehr zu wirken. Sie sind da, und Gott gab ihnen zwei Schenkel, um sie auf- und zuzumachen, wie die Nachtfalter ihre Flügel. Elend des Elends, nicht einmal Laster, nicht einmal vergrößernder Tod. Fleisch, billiger als Pferdefleisch.

Liegt dieser Hügel in Madagaskar, in Alexandria, in Port-Said, in Djibouti oder in East Ham? Ich kenne die Häfen der menschlichen Verdammnis. Die diamantenen Dreadnoughts fahren übermütig vorbei. Aber hart am Boulevard de la Villette steht dieser Olymp der Kultur, und gegenüber winkt, nicht einen Kilometer entfernt, das Pantheon Europas, in dem die Genies der Wahrheit und der Freiheit ruhen.

Ivan Goll (1927)

Canal Saint-Martin · Hôtel du Nord, Kauf und Abbruch

Lecouvreur folgt Goutay auf den Boden, der als Rumpelkammer dient. Die beiden prüfen das Gebälk und klettern aufs Dach, von wo man den Blick auf den Quai de Jemmapes, den Quai de Valmy und die zierliche Fußgängerbrücke hat, die beide Ufer miteinander verbindet. Mit Sand beladene Wagen folgen dem Laufe der steilen Böschung. Auf dem trägen Wasser des Kanals gleiten Kähne, langsam, schwerfällig und breitrückig wie trächtiges Vieh.

Lecouvreur, der sonst nicht empfänglich für derartige Eindrücke ist, schreit bewundernd auf:

«Das nenne ich eine Aussicht! Die Lage ist verdammt hübsch...» (...)

Er steht neben einem Schornstein und denkt nach. Eine tiefe Falte furcht seine Stirn und gibt seinem Gesicht, mit den kleinen, neugierigen Augen, Bedeutung. Es ist ein dunstiger Abend. Über dem Faubourg du Temple hängen schwere Wolken am Himmel. Der Lärm von Paris, der aus Straßen und Gassen aufsteigt, wirkt wie überredendes Raunen. Plötzlich ist Lecouvreur entschlossen: er muß das Hotel kaufen, um jeden Preis.

Das Nordhotel wird einem Abbruchsunternehmer übergeben. Arbeiter kommen und reißen Kupferdrähte und Bleirohre von den Wänden, heben Türen und Fenster aus, zerlegen den ganzen Bau in kleine Stücke und stapeln das so gewonnene Material in Latouches Hof auf.

Louise sieht ihrem Zerstörungswerke zu und seufzt.

«Nehmen Sie sichs nicht zu Herzen», ruft ihr ein gutmütiger Arbeiter zu. «Die Bude ist schon sehr alt.» (...)

Eines Morgens sagt ihr der Unternehmer, es empfehle sich nicht, länger im Hause zu bleiben. Die Arbeiter nähmen jetzt das Mauerwerk in Angriff. Ganz fügsam geht sie über die Straße und setzt sich an der Schleusenwache auf eine Bank, von der aus sie das Hotel sehen kann.

Es ist eine Art Fachwerkbau, gegossene Steinplatten, eingefügt in altes Gebälk. Die Arbeiter brechen pfeifend Stücke aus der Mauer, die, krachend und Staub aufwirbelnd, unten zerschellen. Gipsbrocken fallen in den Hof. Zwei Karren, die Latouche dort hat stehenlassen, sehen bald aus wie beschneit.

Treppen und Gänge öffnen ihren schwarzen Schlund. «Jetzt sind sie in Nummer 28» (...)

Plötzlich, mit einem Schlage, wankt der erste Stock, neigt sich auf die Seite und stürzt mit Getöse zusammen. Louise schreit auf und springt davon. Eine Staubwolke blendet sie, sie taumelt über einen Berg von Schutt und bemüht sich, in der Ruine die Stelle wiederzufinden, an der sich einst ihr Zimmer befand.

«Da können Sie einen Begriff bekommen, wie es im Kriege aussieht», sagt ihr der Abbruchsunternehmer. «Aber nun müssen Sie wirklich verschwinden, damit man endlich zum Ziele kommt.»

Er jagt sie davon wie einen Eindringling. Und sie geht, ohne auch nur mit einem einzigen Worte zu protestieren.

Eugène Dabit (1929)

Die Fluren von Ménilmontant

Am 24. Oktober 1776, einem Donnerstag, ging ich nach dem Essen die Wälle entlang und dann durch die Rue du Chemin-Vert nach Ménilmontant hinauf. Oben auf der Anhöhe folgte ich über Weinberge und Wiesen den Fußpfaden quer durch die anmutige Landschaft, die zwischen beiden Dörfern liegt, bis nach Charonne, von wo ich, nun auf anderem, längerem Wege, über die nämlichen Pfade zurückkehrte. Ich genoß dies Durch-die-Wiesen-Schweifen mit eben dem teilnehmenden Vergnügen, welches schöne Gegenden mir seit je zu verschaffen gewußt haben. Hin und wieder hielt ich inne, um im Grase einzelne Pflanzen auszumachen und zu bestimmen. Und ich entdeckte auch zwei, die ich sonst in der Umgebung von Paris eher selten vorgefunden, während sie mir hier in großer Fülle begegneten, nämlich die Komposite *picris hieracioides* und *bupleurum falcatum* aus der Familie der Doldengewächse. Ich freute mich dieser

Entdeckung, und sie bereitete mir noch lange danach Vergnügen, bis ich dann auf eine namentlich in solch höhern Lagen noch seltenere Pflanze, *cerastium aquaticum*, stieß, die ich trotz des Unfalls, den ich an jenem Tag erleiden sollte, später in dem Buche, das ich bei mir trug, wiedergefunden habe; jetzt liegt sie in meinem Herbarium.

Nachdem ich einige weitere, mir weniger neue und noch blühende Pflanzen in Augenschein genommen, deren Gestalt und sichere botanische Einordnung mich gleichwohl unfehlbar ergötzten, ließ ich nach und nach von diesen mikroskopischen Belustigungen, um mich zu guter Letzt dem Eindruck des Ganzen hinzugeben. Es war dies ohnehin ebenso angenehm, darüberhinaus aber auf eine besondere Art ergreifend. Einige Tage zuvor nämlich war die Weinlese zu Ende gebracht worden, die Spaziergänger aus der Stadt hatten sich zurückgezogen, und auch die Bauern verließen für die Zeit bis zu den Winterarbeiten die Felder. Zwar grünte die Flur noch und lud zum Verweilen, doch Teile standen schon entlaubt, beinahe verödet, so daß sie überall ein Bild der Einsamkeit und des nahenden Winters bot. Der Anblick weckte in meiner Seele süßeste Schwermut, denn alles paßte so sehr zu meinem Alter und meinem Geschick, ich mußte es einfach auf mich beziehen (...)

So stand ich da, allein und verlassen, und fühlte die Kälte des ersten Frostes herannahen. Meine versiegende Einbildungskraft vermochte es nicht mehr, mir Wesen nach meinem Herzen zu bilden, die meine Einsamkeit geteilt hätten. Was tat ich hienieden? sprach ich zu mir und seufzte. Zum Leben ward ich geboren und ich sterbe, ohne gelebt zu haben. Immerhin geschah es nicht durch meine Schuld (...) Rührung überkam mich ob solcher Gedanken, und ich sann den Bewegungen meiner Seele nach, durchlief all ihre Stationen seit meiner Jugend, das reife Alter hindurch bis zu meinem Ausschluß aus der menschlichen Gesellschaft und seitdem, und dann die lange Zeit meiner Abgeschiedenheit, in der ich meine Tage auch werde beschließen müssen.

Nicht ohne Wohlgefallen verweilte ich auf diesen Wegen, war wieder bei all den Neigungen meines Herzens, bei seinen zärtlichen, ach so blinden Bindungen, bei den eher tröstlichen als traurigen Vorstellungen, die meinen Geist in den letzten Jahren genährt, und ich übte mich förmlich in der Kunst ihrer Vergegenwärtigung, damit das Vergnügen der Darstellung hinter jenem, das ich verspürt, als ich mich ihnen hingegeben, nicht allzu weit zurückstehe. Inmitten dieser friedlichen Betrachtungen brachte ich den ganzen Nachmittag zu, und so begab ich mich, mit meinem Tagwerk vollauf zufrieden, auf den Heimweg (...).

Jean-Jacques Rousseau (1776)

Auf dem Père-Lachaise

Ich bin zweimal auf dem Père la Chaise gewesen und habe Börnes Grab gezeichnet. Da sah ich denn auch das Denkmal Abelards und Heloisens; es ist ein stattlicher, ungotischer Giebelbau auf Säulen und Spitzbogen, etwa um 1250 errichtet, aber bei der Translocation wohl über die Hälfte restauriert. In der Mitte auf hohem Postament ruht der Sarkophag mit sehr verstümmelten Reliefs und den liegenden Statuen der beiden, im einfachen, strengen Stil der damaligen Zeit; lange, schönfaltige Gewänder; geistreiche, obwohl nur flüchtig gearbeitete Züge. Ringsum ein hölzernes Geländer, und innerhalb desselben schlechter, zerwühlter Rasen rings um das Monument. Ich habe nur geringe Wiesenblümchen gefunden, die du seiner Zeit erhalten sollst; vor der Hand hier einige Kornrosenblätter, vom Hauptende des Monumentes. – Die Statuen werden von Zeit zu Zeit durch schöne Hände mit Immortellen bekränzt.

Jacob Burckhardt (1843)

Der Rauch von Moréas

Dann plötzlich – der Rauch! Der Rauch von Moréas! Da der Apparat mit Gas betrieben wird und diese leichten, gelbroten, schwärzlich ineinanderquellenden Dünste wie fließendes Wasser dahineilen, schweben wohl alle Teilchen von ihm durch die Luft, treiben auf die Bäume zu, senken sich nieder, entschwinden mir. Dichte hinzu was Du magst, in Wahrheit aber war der Eindruck, den ich hatte, furchtbar und nichtig zugleich.

Denn der Leichnam, der verwest, ist etwas Einzigartiges. Er ist ein Ding unter Dingen, wie Moréas sagen würde! Er gleicht nur sich selber. Und dieser Rauch dort, er ist bloß der nicht unterscheidbare Bruder aller Rauche von Paris.

Ich schaue mich um. Und ich bemerke oder glaube zu bemerken, daß *niemand* nach oben blickt. Einige *rauchen*. Niemand ist da, der diesen so gewöhnlichen, so außergewöhnlichen Rauch betrachtet. *Ad libitum.* Ich mache Bourges darauf aufmerksam, der ihn daraufhin sieht; und er sagt mir seinen Widerwillen gegen die Verbrennung: «Man weiß nicht, ob nicht doch ein dumpfer Schmerz bleibt ... usw.»

Ich hingegen, ganz töricht, denke, daß es so endet wie eine Zigarre; und ich sehe Moréas wieder, wie er seine abscheuliche ständige Havanna anzündet.

Und dann erscheint mir dieser Ofen mit seinen Zwillingsschornsteinen als ein häßliches Schiff, das Dichter auf dem Roste brät. Und ich habe mich in die Métro geflüchtet (...)

Übrigens hat sich der Rauch zerteilt: der Papst ist gewählt!

Ich beklage Moréas, den ich spät kennenlernte und glücklicherweise zu der Zeit, da er ganz charmant geworden war. Wir sind uns einige Stunden lang sehr nahe gekommen, beim Kaffee. Und nun sich vorzustellen, daß ich ihn gestern, Samstag, in einem sanften Nordostwind dahinschweben sah, das ist absurd.

Paul Valéry (1910)

Ein Zylinder

Das sonderbarste Denkmal auf dem Père Lachaise hat der Journalist Victor Noir, der im Jahre 1870 vom Prinzen Pierre Napoleon, bei dem er als Kartellträger erschienen war, niedergeschossen wurde. Wie die Sache weiterging, und ob sie für den Prinzen Folgen gehabt hat, weiß ich nicht. Der arme Journalist liegt in Bronze auf seinem Grab, genau so wie er damals, von der meuchlerischen Kugel getroffen, hingesunken lag. Die Figur, lebens- oder eigentlich todesgroß, ist mit grotesk-naturalistischer Treue nachgebildet, die sich bis auf den Gummizug in den Stiefeletten, auf die Passepoils der Glacéhandschuhe, auf den herausstehenden Latz des geöffneten Hemdes erstreckt. Der absonderlichste Teil des Monuments aber ist der Zylinderhut, der, wie eben den Fingern entglitten, ganz allein, halb seitlich, mit der Höhlung nach oben, zu Füßen der Figur liegt. Oh, daß dieser bronzene Mann einmal, wie der steinerne Gouverneur Don Juan, dem Mörderprinzen als Gast erschienen wäre, seinen bronzenen Zylinderhut in der Hand! Unheimlicher und gespenstischer als Gerippe und Totenschädel ist so ein isolierter Hut aus Erz, ein Zylinder für die Ewigkeit, den kein Wind fortrollt und kein Regen beschädigt. Umgeistert von höchst eindrucksvoller Absurdität liegt er da, ein Stück unvergänglicher Vergänglichkeit, ein Zauberhut, aus dessen Höhlung alle Lächerlichkeit Lebens und Sterbens heraufsteigt.

Alfred Polgar (1924)

Der Star

...Und was ist's denn mit der Bastille! Das Schreckliche
steckt im Worte... Man mache es so schlimm als man kann,
sagte ich zu mir selbst, die Bastille ist bloß ein anderes Wort
für Tower... und ein Tower ist bloß ein anderes Wort für ein
Haus, aus dem man nicht herauskommen kann... Die armen
Podagristen müssen sich das im Jahre wohl zweimal gefallen
lassen... Aber mit neun Livres des Tags und Feder, Tinte
und Papier und Geduld kann man in einem Hause ganz gut
leben, wenn man gleich nicht hinausgehen darf... Zum
wenigsten auf einen Monat oder sechs Wochen; am Ende
dieser Zeit, wenn er niemandem etwas zuleide getan, kommt
seine Unschuld an den Tag, und er kommt besser und weiser
heraus, als er hineingekommen ist.

Als ich darüber mit mir ins reine gekommen, hatte ich,
ich weiß nicht was, im Hofe zu verrichten; und ich erinnere
mich, daß ich mit nicht geringem Triumphe über meine
witzigen Schlüsse die Treppen hinunterging. Zum Henker
mit dem dunkelfarbigen Pinsel! sagte ich keck und kühn;
denn ich beneide sein Vermögen nicht, alle Übel des Lebens
mit so harten und schwarzen Farben zu malen: die Seele sitzt
erschrocken vor den Gegenständen, die sie selbst groß und
schrecklich gebildet hat; man darf sie nur auf ihre wahre
Größe und Farben herunterbringen, so sieht die Seele darüber hinweg... Wahr ist's, sagte ich, indem ich den Satz
näher bestimmen wollte, die Bastille ist kein verächtliches

Übel... Man nehme ihr aber ihre Türme ... man fülle den Graben ... entriegle die Pforten ... man nenne es bloß Hausarrest, den man wegen einer tyrannischen Unpäßlichkeit, nicht aber eines tyrannischen Mannes wegen aushält; ...so ist das Übel verschwunden, und die andere Hälfte erträgt man ohne Murren.

Ich ward in meinem, allen Leiden hohnsprechenden Soliloquio durch eine Stimme unterbrochen, die mir von einem Kinde zu kommen schien, welches klagte, daß es nicht herauskommen könnte... Ich sah die Galerie auf und nieder, und da ich weder Mann, Weib noch Kind ansichtig ward, so ging ich hinunter, ohne mich weiter darum zu bekümmern.

Als ich wieder zurück über die Galerie kam, hörte ich die nämlichen Worte zweimal wiederholen, und als ich aufsah, ward ich einen Star in einem kleinen Käfig gewahr... «Ich kann nich' raus ... ich kann nich' raus», sagte der Star.

Ich stand da und sah den Vogel an: und so oft jemand vorbeiging, lief er mit ausgebreiteten Flügeln nach der Seite des Käfigs, wo man vorbeiging, und wiederholte dieselben Klagen über seine Gefangenschaft... «Ich kann nich' raus», sagte der Star. Gott helfe dir! sagte ich, ich will dich aber herauslassen, es koste, was es wolle: damit ging ich um den Käfig herum, um die Türe zu suchen; die war aber so fest und dicht mit Draht verwickelt, daß man sie nicht aufmachen konnte, ohne den ganzen Käfig zu zerbrechen... Ich legte beide Hände ans Werk.

Der Vogel flog nach dem Platze, wo ich seine Freiheit zu bewirken suchte, und indem er den Kopf durch das Geflecht steckte, drückte er mit der Brust dagegen, als ob er ungeduldig wäre... Ich fürchte, armes Ding! sagte ich, daß ich dich nicht werde befreien können... «Nein», sagte der Star, «ich kann nich' raus, ...ich kann nich' raus.»

Ich versichere, daß niemals mein Gefühl mitleidsvoller erregt worden ist, noch daß ich mich einer Begebenheit in meinem Leben erinnere, bei welcher meine zerstreuten Geister, die meine Vernunft zum besten gehabt hatten, so plötzlich zurückgerufen worden wären. So mechanisch die Töne waren, so wurden sie gleichwohl so natürlich hervorgebracht, daß sie in einem Augenblick mein systematisches Schlußgebäude über die Bastille zu Boden warfen. Ich ging schwermütig die Treppe hinauf und nahm jedes Wort zurück, das ich im Heruntergehen gesagt hatte. (...)

Der Vogel in seinem Käfig verfolgte mich bis in mein Zimmer; ich setzte mich an meinen Tisch, stützte meinen Kopf mit der Hand und begann, mir das Elend der Gefangenschaft vorzustellen.

Laurence Sterne (1768)

Die Trichter aus der Bastille

Die Trichter aus der Bastille werden heute noch im Militärgefängnis von Reuilly in Paris benutzt
Das sind Steinguttöpfe in Trichterform umgestülpt und etwa ein Meter fünfunddreißig hoch
Sie sind mitten im Gefängnis aufgestellt mit dem ausgebauchten Teil nach unten das kleinere Ende das engste Stück nach oben
Auf dieser Art Trompetenmundstück also das das viel zu hoch angebracht ist soll der zu Gefängnis verurteilte Soldat nun versuchen sein Geschäft zu erledigen
Ohne was dran vorbei zu machen sonst brummen sie ihm dieselbe Gefängnisstrafe noch einmal auf
Die umgekehrte Tantalusqual
Anfang des Krieges kannte ich Männer die deswegen einen Tag um den andern monatelang im Gefängnis waren bis sie wegen Meuterei vors Kriegsgericht kamen
Man erzählt sich daß diese Trichter die alten Trichter aus der alten Bastille sind

Blaise Cendrars (1924)

Über Revolutionen

Die Widersacher der Revolution haben sich oft über das Pariser Volk lustig gemacht, das so dumm gewesen, die Bastille zu zerstören, die doch seine Freiheit nie bedrohte, da es nur ein Gefängnis für die höheren Stände war, und die Conciergerie, das Gefängnis für die niederen Klassen, stehen zu lassen. Es ist wahr, ein edles Gemüt muß sich mit Ekel und Abscheu gegen das Lumpengesindel erfüllen, das seinen Vorteil vernachlässigt und sich dumm mit den Seifenblasen Gerechtigkeit und Freiheit ergötzt. Aber die schönen Geister des bastillefähigen Standes sollten doch mit jener einfältigen Uneigennützigkeit des Volkes, die ganz zu ihrem Vorteile war, etwas Nachsicht haben und bedenken, daß, wenn das Volk einmal anfinge klug zu werden, es mit ihrem bastillefähigen Verstande ein Ende hätte.

Die ganze franz. Revolution wurde nur für die Freiheit der Hauptstadt gekämpft. Das Land war die Bedientenstube, das Volk die Dienerschaft, die sich mit dem Abhube des herrschaftlichen Tisches begnügen mußte. Frankreich wird nie frei werden, so wenig mit einer republikanischen als mit einer monarchischen Regierungsform, solange Paris die Macht behält, seinen despotischen Einfluß zu üben. Aber ein Juli-Tag wird kommen, wo alle Franzosen einsehen werden, daß Paris die Bastille Frankreichs ist, und das wird ein heißer Tag sein.

Ludwig Börne (um 1835)

Faubourg Saint-Antoine

Vom prunkvollen Versailles mit seinen Schlössern, seinen Statuen, seinen Gärten und Springbrunnen fuhren wir zurück nach Paris und suchten sein Gegenstück auf – den Faubourg

St. Antoine. Kleine, enge Straßen; schmutzige Kinder, die sie versperrten; schmierige, schlampige Frauen, die die Kinder einfingen und verprügelten; dreckige Höhlen in den Erdgeschossen, mit Lumpenhandlungen darin (das blühendste Geschäft im Faubourg ist das der Lumpensammler); weitere dreckige Höhlen, in denen ganze Garnituren von Kleidung aus zweiter und dritter Hand zu Preisen verkauft werden, die jeden Inhaber ruinieren würden, der sein Lager nicht zusammengestohlen hätte; noch andere dreckige Höhlen, wo man Krämerwaren pfennigweise verkaufte – fünf Dollar würden ausreichen, das Unternehmen aufzukaufen samt Kundschaft und allem. In diesen kleinen, krummen Straßen bringt man für sieben Dollar einen Mann um und wirft die Leiche in die Seine. Und in einigen anderen dieser Straßen – in den meisten, sollte ich sagen – wohnen Dirnen.

In diesem ganzen Faubourg St. Antoine gehen Elend, Armut, Laster und Verbrechen Hand in Hand, und die Zeugnisse dafür starren einem von allen Seiten ins Gesicht. Hier leben die Menschen, welche die Revolution beginnen. Wann immer es etwas dieser Art zu tun gibt – sie sind dazu bereit. Sie haben so viel echte Freude am Bau einer Barrikade, wie daran, eine Kehle zu durchschneiden oder einen Freund in die Seine zu stoßen. Das sind diese wild aussehenden Banditen, die gelegentlich die glänzenden Säle der Tuilerien stürmen und nach Versailles hineinströmen, wenn ein König zur Rechenschaft gezogen werden soll.

Mark Twain (1869)

Rue de Lappe · Apachen und Touristen

Die Rue de Lappe war damals schon zu einem Anziehungspunkt für Fremde geworden, die sich die Pariser Verbrecherwelt oder was sie darunter verstanden, aus der Nähe ansehen wollten. Starke Polizeiposten hielten den Eingang zu der düsteren alten Straße besetzt, die freilich nachts vom Schein der kleinen Tanzlokale und Kneipen hell erleuchtet war. Fast jedes Haus war ein solches Lokal, aus der offenstehenden Tür drang das Gedudel der Ziehharmonika und das Geschrei der Tanzenden, der Männer im quergestreiften Trikothemd und der Frauen, die im bloßen Haar gern eine Blume trugen. Auf dem Pflaster der schmalen Straße drängten sich die Menschen, schwere Männer in der Arbeitsschürze, weißgepuderte Jünglinge und grellgekleidete Frauen mit schlecht gefärbtem Haar. Dazwischen bewegten sich ängstlich und erregt die Fremden, amerikanische Touristen, die sich bemühten, tapfer dreinzublicken, skandinavische Backfische, die sich kichernd an ihren Begleiter klammerten, deutsche Maler, die laut versicherten, Bescheid zu wissen, und fremde Frauen, manche von ihnen sogar im Abendkleid mit dem Pelz darüber und Schmuck um den Hals, dessen Kostbarkeit, wie sie glaubten, die Gefahr ihres Streifzuges durch die Unterwelt noch vergrößerte. Ab und zu ertönte die Polizeipfeife, Leute stürzten davon und verschwanden in den Häusern, ein Mann wurde auf Waffen abgetastet, während die Mädchen in furchtbare Schimpfworte ausbrachen.

Wieweit solche Vorgänge echt waren oder im Einvernehmen mit den Wirten veranstaltet wurden, um die Echtheit des Schauspiels zu erhärten, war schwer zu sagen. Tatsächlich war die Rue de Lappe nach wie vor «ein schlechter Ort», dem die Strolche, Banditen und armen Freudenmädchen die Treue hielten. Aber es kam so gut wie niemals vor, daß ein Fremder ernsthaft belästigt wurde. Nicht nur, daß die Wirte, denen an dieser neugierigen Kundschaft viel lag, für Sicherheit sorgten, auch die Mitglieder der Unterwelt nahmen von den Zuschauern keine Notiz, sprachen nie mit ihnen und blickten durch sie hindurch, als ob sie aus Glas wären. Mit einem gewissen Selbstgefühl, das oft nicht ohne Würde war, gingen diese verdächtigen Gestalten ihrem Vergnügen nach.

Friedrich Sieburg (1950)

Gare de Lyon · Familie Perrichon

PERRICHON. Hier lang ... wir müssen zusammenbleiben, sonst verlaufen wir uns... Wo ist das Gepäck?... Ah, sehr gut! Wer hat die Regenschirme?

HENRIETTE. Ich hab sie.

PERRICHON. Und das Handgepäck, die Mäntel?

FRAU PERRICHON. Hier sind sie doch.

PERRICHON. Und mein Panama?... Er muß in der Droschke geblieben sein! *(will hinaus, bleibt stehen)* Ach nein! Ich hab ihn ja in der Hand... Gott ist mir heiß!

FRAU PERRICHON. Deine Schuld... du drängelst, du hetzt uns... Es macht mir keinen Spaß, so zu reisen.

PERRICHON. Anstrengend ist bloß der Aufbruch, die Abfahrt... Wenn wir uns erst mal installiert haben... Bleibt hier stehen, ich will die Karten kaufen... *(gibt Henriette seinen Hut)* Halte solange meinen Panama... *(geht zum Schalter)* Dreimal erster Klasse nach Lyon?

DER ANGESTELLTE. *(barsch)* Wir haben noch nicht auf! In 'ner Viertelstunde!

PERRICHON. Oh... Verzeihung, ich fahre nämlich zum ersten Mal mit der Bahn... *(wieder bei Frau und Tochter)* Wir sind zu früh.

FRAU PERRICHON. Da hast du's, ich hab ja gesagt, wir hätten noch Zeit... Du hast uns nicht mal fertig frühstücken lassen!

PERRICHON. Zu früh kann nie schaden ... man kann sich umsehen, lernt den Bahnhof kennen... *(zu Henriette)* Na mein Kleines, zufrieden? Jetzt sind wir auf großer Fahrt... Noch ein paar Minuten, und wir schwingen uns zu den Alpen, pfeilschnell wie Tells Geschoß ... *(zu seiner Frau)* Hast du das Fernglas mit?

FRAU PERRICHON. Aber ja doch.

HENRIETTE. Ich will dir keinen Vorwurf machen, Papa, aber du versprichst uns diese Reise seit mindestens zwei Jahren.

PERRICHON. Hör zu, Kind, ich mußte immerhin mein Geschäft verkaufen... Ein Geschäftsmann, weißt du, löst sich nicht so leicht von seinen Geschäften wie ein kleines Mädchen von ihrem Pensionat... Außerdem sollte deine Erziehung abgeschlossen sein für diese Krönung: Bald wird sich nun vor deinen Augen das große Schauspiel der Natur entrollen!

FRAU PERRICHON. Hört mal, soll das so weitergehen?

PERRICHON. Was, wohin?

FRAU PERRICHON. Wir sind in einem Bahnhof, und der Herr führt große Reden.

PERRICHON. Ich führe keine Reden ... ich führe mein Kind in höhere Sphären... *(zieht ein kleines Heft aus seiner Tasche)* Hier mein Kind; ich habe es für dich gekauft.

HENRIETTE. Wozu?

PERRICHON. Du schreibst auf der einen Seite die Ausgaben hinein, auf der anderen Eindrücke.

HENRIETTE. Was für Eindrücke?

PERRICHON. Reiseeindrücke, unsere Reiseeindrücke! Du schreibst, ich diktiere.

FRAU PERRICHON. Wie denn! Man wird jetzt auch noch Schriftsteller?

PERRICHON. Schriftsteller! Darum geht es nicht... Ein Mann von Welt freilich, will mir scheinen, kann sich durchaus seine Gedanken machen und sie niederschreiben.

FRAU PERRICHON. Wird sicher bedeutend.

PERRICHON. *(beiseite)* So ist sie eben, wenn sie ihren Kaffee nicht getrunken hat.

GEPÄCKTRÄGER. Bitte, hier ist Ihr Gepäck. Wollen Sie es aufgeben?

PERRICHON. Natürlich! Aber vorher muß ich es durchzählen ... weil, sicher ist sicher... Eins, zwei, drei, vier, fünf, sechs, meine Frau – sieben, meine Tochter – acht, ich – neun... Ich bin durch, wir sind neun.

(...) *(Etwas später:)*

(Perrichon und der Gepäckträger sind zurückgekommen)

PERRICHON. Alles erledigt, endlich hab ich meine Papiere beisammen.

FRAU PERRICHON. Na wunderbar.

GEPÄCKTRÄGER. *(bittet Perrichon um ein Trinkgeld)*

PERRICHON. Ja, ja... Warten Sie... *(berät sich mit Frau und Tochter)* Was soll ich geben, zehn Sous?

FRAU PERRICHON. Fünfzehn.

HENRIETTE. Zwanzig.

PERRICHON. Meint ihr... also gut, zwanzig... *(gibt sie ihm)* Hier, guter Mann.

GEPÄCKTRÄGER. Vielen Dank *(ab)*.

FRAU PERRICHON. Gehen wir?

PERRICHON. Einen Moment noch... Henriette, nimm dein Heft und schreib!

FRAU PERRICHON. Jetzt schon!

PERRICHON. *(diktiert)* Ausgaben: Droschke – zwei Franken, Eisenbahn – hundertzweiundsiebzig Franken und fünf Centimes, Gepäckträger – ein Franken.

HENRIETTE. Fertig.

PERRICHON. Halt, Eindruck!

FRAU PERRICHON. *(beiseite)* Er ist wirklich unausstehlich.

PERRICHON. *(diktiert)* So leb denn wohl, Frankreich, Du Herrin aller Länder!... *(bricht ab)* Oh, wo ist mein Panama? ... ich hab ihn wohl beim Gepäck gelassen *(will fort)*.

FRAU PERRICHON. Aber nein, hier ist er doch!

PERRICHON. Ach ja!... *(diktiert wieder)* So leb denn wohl, Frankreich... *(es bimmelt)*.

FRAU PERRICHON. Die Glocke! Wegen dir werden wir noch den Zug verpassen!

PERRICHON. Gehen wir, die Eindrücke erledigen wir später.

Eugène Labiche (1860)

Salpêtrière

Das Merkwürdigste indessen konnten wir trotz aller Mühen und Bitten nicht zu sehen bekommen, nämlich die Sammlung von kuriosen wahnwitzigen Weibern, die hier im Hintergebäude bewahrt werden, und eine andre derer, die in vielen Städten sich nach dem Namen der heiligen Magdalena nennt, für welche man hier leicht zur rechten Zeit und Stunde einige ansehnliche Kongregationen von Schwestern auf den Straßen zusammengreifen könnte; ich rede von jenen, die wegen ihrer Sünden hier bußfertig sind oder sein müssen. Auch dieser war hier sonst gleich neben den Tollen an, zu welchen auch von ihnen oft einige hingerieten, eine ganz stattliche Schwesternschaft, und wir waren neugierig, einmal die alten Heldinnen des Palais Royal und der Boulevards in dieser neuen Form beisammen zu sehen, und ihnen galt vorzüglich dieser Besuch. Man versicherte uns aber, die jetzige Sammlung sei äußerst uninteressant und bestehe nur noch aus einigen alten halbverfaulten und wenigen neuen, die nur zuletzt aus Mangel an Obdach und wegen der Bösartigkeit ihres Übels dieser Mördergrube hätten in den Rachen fallen müssen. «Die jetzige Regierung», sagte eine Alte, «ist nicht so hart und grausam als die alte und erlaubt der Jugend ihre Lust.» Vormals war dieses Spital und Lazarett die Hauptniederlage der verdorbenen weiblichen Ware von Paris, die jetzt Pestfreiheit hat.

Außer diesen beiden elendesten Klassen der Weiber, zwischen denen einem freien und züchtigen Gemüte die Wahl schwer werden möchte, ist die Salpêtrière ein Aufenthalt von alten und gebrechlichen Weibern, denen man Wohnung und Nahrung, in den Krankheiten Pflege und Arzenei und nach Kräften auch Arbeit gibt. Alles war hier bei weitem reinlicher und netter und schien besser eingerichtet und verteilt als in Bicêtre; aber dies war vielleicht nur zufällig, weil die Zahl der Stellen bei weitem nicht zur Hälfte besetzt war. Ich will damit nichts von einem Muster der Reinlichkeit und

Sauberkeit gesagt haben; was in dieser Hinsicht in Frankreich trefflich heißen kann, würde man in Florenz und Wien immer nur mittelmäßig nennen.

Ernst Moritz Arndt (1799)

Charcot

Als Lehrer war Charcot geradezu fesselnd, jeder seiner Vorträge ein kleines Kunstwerk an Aufbau und Gliederung, formvollendet und in einer Weise eindringlich, daß man den ganzen Tag über das gehörte Wort nicht aus seinem Ohr und das demonstrierte Objekt nicht aus dem Sinne bringen konnte. Er demonstrierte selten einen einzigen Kranken, meist eine Reihe oder Gegenstücke, die er miteinander verglich. Der Saal, in welchem er seine Vorlesungen hielt, war mit einem Bilde geschmückt, welches den «Bürger» Pinel darstellt, wie er den armen Irrsinnigen der Salpêtrière die Fesseln abnehmen läßt; die Salpêtrière, die während der Revolution so viel Schrecken gesehen, war doch auch die Stätte dieser humansten aller Umwälzungen gewesen. (...)

Ungefähr gleichzeitig mit der Errichtung der Klinik und dem Zurücktreten der pathologischen Anatomie vollzog sich eine Wandlung in Charcots wissenschaftlichen Neigungen, der wir die schönsten seiner Arbeiten danken. Er erklärte nun, die Lehre von den organischen Nervenkrankheiten sei vorderhand ziemlich abgeschlossen, und begann sein Interesse fast ausschließlich der Hysterie zuzuwenden, die so mit einem Schlage in den Brennpunkt der allgemeinen Aufmerksamkeit gelangte. Diese rätselhafteste aller Nervenkrankheiten, für deren Beurteilung die Ärzte noch keinen tauglichen Gesichtspunkt gefunden hatten, war gerade damals recht in Mißkredit geraten, der sich sowohl auf die Kranken als auf die Ärzte erstreckte, die sich mit der Neurose beschäftigten. Es hieß, bei der Hysterie ist alles möglich, und den Hysterischen wollte man nichts glauben. Die Arbeit Charcots gab dem Thema zunächst seine Würde wieder; man gewöhnte sich allmählich das höhnische Lächeln ab, auf das die Kranke damals sicher rechnen konnte; sie mußte nicht mehr eine Simulantin sein, da Charcot mit seiner vollen Autorität für die Echtheit und Objektivität der hysterischen Phänomene eintrat. Charcot hatte im kleinen die Tat der Befreiung wiederholt, wegen welcher das Bild Pinels den Hörsaal der Salpêtrière zierte.

Sigmund Freud (1893)

Jardin des Plantes · Papageien-Park

Unter türkischen Linden, die blühen, an Rasenrändern,
in leise von ihrem Heimweh geschaukelten Ständern
atmen die Ara und wissen von ihren Ländern,
die sich, auch wenn sie nicht hinsehn, nicht verändern.

Fremd im beschäftigten Grünen wie eine Parade,
zieren sie sich und fühlen sich selber zu schade,
und mit den kostbaren Schnäbeln aus Jaspis und Jade
kauen sie Graues, verschleudern es, finden es fade.

Unten klauben die duffen Tauben, was sie nicht mögen,
während sich oben die höhnischen Vögel verbeugen
zwischen den beiden fast leeren vergeudeten Trögen.

Aber dann wiegen sie wieder und schläfern und äugen,
spielen mit dunkelen Zungen, die gerne lögen,
zerstreut an den Fußfesselringen. Warten auf Zeugen.

Rainer Maria Rilke (1908)

Ein Museum der Natur

Die größte und herrlichste Erscheinung nächst der Kunstsammlung des Museums, welche sich hier dem Auge des forschenden Geistes darbietet! Das reiche Naturalienkabinet ist schön und deutlich geordnet, die Sammlung der lebendig wilden Tiere ist zwar weit entfernt von jedem Anspruch auf Vollständigkeit, enthält aber doch sehr viel Schönes. Dazu kommt die schöne Umgebung, der große Garten, die freie Aussicht. Alles das gibt der Anstalt etwas Hohes und wenigstens einige Tiere leben hier in ihrem Elemente, frei umgeben von dem, was sie bedürfen, unter ihren gewohnten Pflanzen auf ihre einheimische Weise. Man wird wenigstens zum Nachdenken eingeladen, wie etwa eine Natursammlung beschaffen sein müßte, um in ihrer Art dasselbe zu gewähren, was ein Museum der Kunst zu leisten vermag. Freilich fehlt noch gar viel, daß man die Bildungen der Natur schon so gut zu einem verständlichen und wohlgeordnetem Ganzen zusammen zu stellen wüßte, wie die kleineren Bildungen der Menschen. Es ist nur eine mäßige Forderung, daß die Bildung uns historisch dargestellt werden soll, nach den Hauptepochen eingeteilt, um ihr Entstehen zu begreifen. Wie viel fehlt aber noch dazu, daß dies in einem Museum der Natur geleistet wäre, wie in so manchen lehrreichen Suiten artistischer Sammlungen; und welche ungeheure Wirkung müßte es hervorbringen, wenn es geschähe! Vereinigte man alle Tiere, Pflanzen und Mineralien der älteren Erdperiode, welche die Naturforscher doch allmählich anfangen mit einiger historischen Gewißheit von der späteren modernen Natur und Erdbildung zu unterscheiden, zu einem zweckmäßigen Ganzen, daß es gleichsam nur ein lebendiges Monument jenes gigantischen Naturaltertums wäre; und dann wieder alle die verwickelteren und bunteren kleinlicher entworfenen, aber phantasiereicher ausgeführten Produkte der späteren modernen Natur zu einem Gemälde; wahrlich dann müßte doch wohl der Sinn den Menschen aufgehen, die nur nicht ganz stumpf wären, und sie müßten anfangen, die Erde zu begreifen! Doch bis dahin ist wohl noch lange, ehe solch ein königlicher Entwurf zu einem wahrhaften Kunstgarten der Natur ausgeführt werden könnte. Fürs erste ist der *Jardin des plantes* ein in seiner Art vielleicht einziger Versuch, voll der reichsten Schönheiten.

Friedrich Schlegel (1803)

Natur und Geschichte

(Ein alter Gärtner und seine Nichte treten auf)

DER ALTE GÄRTNER. Nicht so wild Kind, nicht gesprungen, – hier ging einst Buffon sehr ruhig und ordnete sein System.

DIE NICHTE. Onkel, Onkel, welch ein Morgen! Wie durchschimmert ihn die Frühlingssonne! Eintrinken möcht ich ihn!

DER ALTE GÄRTNER. Du Wilde, sieh nach den Bäumen – Haben Weide und Kastanie schon Knospen?

DIE NICHTE. Ja! alle, alle, und die Silberpappeln knospen dazu – O, ça ira, ça ira.

DER ALTE GÄRTNER. Nichte, das sag ich dir ernstlich, tu was du willst, aber singe mir keine politischen Lieder.

DIE NICHTE. Ça ira? politisch? Ich meinte, bald gehts los, und die Blumen brechen aus.

DER ALTE GÄRTNER. Wir können die Fenster von den Beeten nehmen – Ah, wie richten sich schon die Gräser auf. Hier Phalaris canariensis.

DIE NICHTE. Welch ein weitläuftiger Name für ein so kleines, zierliches Ding. – Man möchte die Gräschen ausreißen und küssen, so allerliebst stehen sie da. (...)

(Pierre und Damen der Halle)

PIERRE. Elise, meine Elise! – Und alle Lilien ausgerottet, mein Vater!

DER ALTE GÄRTNER. Warum?

PIERRE. Der König wird fortgejagt, – Napoleon kommt wieder.

DIE DAMEN DER HALLE. Die Lilien weg! Die Lilien weg!

DER ALTE GÄRTNER. Stille, stille – Vor dem Garten stehen Gensd'armes, die dieses hören möchten.

DIE DAMEN DER HALLE. Weg Gensd'armes und Lilien!

DER ALTE GÄRTNER. Meine Damen, verwechseln Sie nicht das Reich der Natur mit dem Reiche der Bourbons, nicht blühende Lilien mit gemalten.

DIE DAMEN DER HALLE. Gut gesagt!

DER ALTE GÄRTNER. Bedenken Sie, daß dort die Büste Linné's steht. Auch Büff –

EINE DAME DER HALLE. Linné, was war der?

EINE ANDERE. Ein herrlicher Mann, Madame. Erst Schusterjunge in Lyon, dann Fürst von Pommern, Schweden und den Heidschnucken, und immer dabei ein eifriger Republikaner und Beschützer des botanischen Gartens.

DIE DAMEN DER HALLE. Behalte deine Blumen, Gärtner. Hoch lebe der Fürst Linné!

(Die Damen der Halle ab)

DER ALTE GÄRTNER. Mir wirbelt der Kopf: – Linné ein Schusterjunge, dann Fürst, Republikaner, und das alles so sicher gesagt – Ich will sie eines Besseren belehren – Linné war –

PIERRE. Still! – Rufe sie nicht zurück. Ich selbst mußte sie wider Willen hieher führen. Gott weiß, was ihnen einmal vom Linné in den Ohren geklungen hat, und was klingt, glauben sie, und erzählen es noch schallender wieder. – – Elise schmollst du?

DIE NICHTE. Revolutionsmensch –

PIERRE. Das verstehst du nicht. – Geliebte –

DIE NICHTE. Und das «Geliebte» verstehst *du* nicht. – Ha, da die weißen Kirschblüten – sitzen sie nicht am Baume, wie junge Lämmer, die am grünen Berge klettern? – Wie schön!

PIERRE. In deinem Auge blitzen sie schöner. – Napoleon soll
  jetzt, wie man munkelt –
DIE NICHTE. Folge mir unter den Kirschbaum.

Christian Dietrich Grabbe (um 1830)

Labienus vor Lutetia

Während dies bei Caesar vorging (...) marschierte Labienus
mit vier Legionen nach Lutetia. Diese Stadt gehört den
Parisiern und liegt auf einer Insel in der Sequana. Auf die
Nachricht von seinem Anmarsch zog sich eine starke Macht
aus den benachbarten Staaten zusammen; das Oberkom-
mando wurde dem Aulerker Camulogenus übergeben, den
man wegen seiner außerordentlichen Kriegserfahrenheit des
eisgrauen Alters ungeachtet zu diesem Amt berief. Als dieser
nun festgestellt hatte, daß ein ausgedehnter Sumpf, der seinen
Abfluß in die Sequana hatte, weit und breit die ganze Gegend
sehr unwegsam machte, setzte er sich hier fest und traf
Anstalten, unserem Heer den Übergang streitig zu machen.
  Labienus versuchte anfänglich, Belagerungsdächer vor-
zuschieben, den Sumpf mit Flechtwerk und Erdschutt aus-
zufüllen und so einen festen Weg anzulegen; als er aber die
gar zu großen Schwierigkeiten bei diesem Unternehmen sah,
verließ er in aller Stille während der dritten Nachtwache das
Lager und marschierte auf demselben Weg, den er gekommen
war, nach Metiosedum (...) und bemächtigte sich ohne
Kampf dieser Stadt. Nachdem die Brücke, die der Feind an
den vorhergehenden Tagen zerstört hatte, wiederhergestellt
war, führte er das Heer hinüber und marschierte am Fluß
entlang gegen Lutetia. Als die Feinde dies von Flüchtlingen
aus Metiosedum erfuhren, ließen sie Lutetia niederbrennen
und die Brücken dieser Stadt abbrechen.

Gaius Iulius Caesar (um 50 v. Chr.)

Arènes de Lutèce

Von da wo wir sitzen über den Rängen
sehe ich uns von der Rue des Arènes her eintreten,
zögern, in die Luft schauen, dann mit bleiernen Schritten
auf uns zukommen über den dunklen Sand,
immer häßlicher, ebenso häßlich wie die anderen,
aber stumm. Ein kleiner grüner Hund
kommt von der Rue Monge hereingelaufen,
sie bleibt stehen, schaut ihm nach,
er durchquert die Arena, er verschwindet
hinterm Sockel des Gelehrten Gabriel de Mortillet.
Sie dreht sich um, ich bin weg, ich erklettere allein
die holzähnlichen Stufen, ich berühre mit der linken Hand
das holzähnliche Geländer, es ist aus Beton. Sie zögert,
geht einen Schritt auf den Ausgang Rue Monge zu, dann
    folgt sie mir.
Es überläuft mich ein Schauer ich bin's, der in mich
    zurückkehrt,
und mit anderen Augen betrachte ich jetzt
den Sand, die Wasserlachen unterm Staubregen,
ein kleines Mädchen, das einen Reifen hinter sich herzieht,
ein Paar, vielleicht Liebende, Hand in Hand,
die leeren Ränge, die hohen Häuser, den Himmel,
der uns zu spät leuchtet.
Ich dreh mich um, ich bin erstaunt,
da ihr trauriges Gesicht zu gewahren.

Samuel Beckett (1938)

PARIS CHANGE

Volk auf Abbruch

In den Straßen der zwanzig Städte, aus denen Paris besteht, blüht die Vegetation der kleinen Leute. Während die höhere Gesellschaft in den vier Wänden der Autos und Wohnungen verschwindet, wachsen sie überall aus den Häusern hervor: an der Porte Clichy, in der Bastille-Gegend, im Umkreis der flandrischen Kanäle des Nordostens, im Quartier Grenelle. Ihr Humus ist das Pflaster, die Öffentlichkeit ihr Zuhause. Mögen sie sich aus Arbeitern, Gewerbetreibenden, Schaffnern zusammensetzen, sie gehen in der Statistik nicht auf. Dieses Volk hat sich die Stadtlandschaft geschaffen, in der es dauern kann, ein unauflösliches Zellengewebe, das durch die Architekturperspektiven der Könige und des aufgeklärten Großbürgertums kaum verletzt worden ist. Die Kleinheit der Zellen entspricht der Kleinheit menschlicher Proportionen und Bedürfnisse. Paris ist eine Kleinstadt, wenn man darunter nicht den Sitz provinzieller Mittelmäßigkeit versteht. Inkalkulabel wie sein Straßennetz ist das Volk. Es lebt mit Dingen, die sich ihrer Verflüchtigung zu abstrakten Gegenständen erwehren. Es dünstet eine animalische Wärme aus und schimmert farbig. Auch in zweifelhaften Ballokalen ist die vermittelnde Geste zur Hand. Die Darbietungen der Vorstadttheater haben ein Ansehen; daß ein Kind im Zuschauerraum einmal weinen muß, wird hingenommen. Der Boden, aus dem die kleinen Leute kommen, ist gut gedüngt.

Aber das Volk ist kein Kirchenvolk und seine Kultur strebt

nicht himmelwärts. Unsere Romantiker könnten wenig Staat mit ihm machen. Diese kleinen Leute nämlich, die nicht anders auch in den Städten des Mittelmeers gedeihen, bauen sich nicht in die Höhe, sie bauen sich fortwährend ab. Ihre Entfaltung ist schon allein durch die Notdurft behindert, ihre Formen brechen plötzlich ab, ohne eine Oberfläche zu bilden, ihre Dinge stehen bunt nebeneinander. Die Natur, die sich in ihnen verkörpert, hebt sich selber auf. Ein Emporschießen, ein *Zerfall*. Er ist nicht gleichbedeutend mit dem Tod, sondern setzt lang vor dem Sterben ein. So als ob das Volk sich aus eigenen Stücken jeder Verfestigung entzöge, als ob ein unbekannter Zwang es davon abhielte, sich zu einem lesbaren Muster zusammenzusetzen. Die bürgerliche Gesellschaft trachtet nach Sicherungen über den Augenblick hinaus und bewegt sich in einem System von Bahnen, die so grade sind wie die Avenuen. (Freilich hat das System keinen Bestand.) Das Bild, in dem sich die kleinen Leute darstellen, ist ein improvisiertes Mosaik. Es läßt viele Hohlräume frei.

Siegfried Kracauer (1927)

Mausoleum für Haussmann · G. E. H. (1809–1891)

Bulldozer gab es damals nicht; also mit Eisenbirnen,
   riesenhaft,
bleigefüllt, an Gerüsten schwingend, zerbrach er das alte Paris.
Artiste démolisseur, Virtuos der Spitzhacke, Attila
der Sanierung: auch das Haus, in dem er geboren war,
ließ er schleifen. Die Zukunft groß, glänzend, notwendig.

Die Lust der Zerstörung ist zugleich eine schaffende Lust.
Er räuchert die Labyrinthe der Armut aus (ach Bakunin, so
war es nicht gemeint!); einhunderttausend *Lumpenhändler*,
Paupers, Verbrecher und Huren ergreifen die Flucht
vor Hoch- und Tiefbau, Mietwucher, Spekulation.

Seine Arbeitskraft: grenzenlos, sein Appetit: unersättlich.
Stiernackig, schwer gebaut, breitschultrig. Einsteigen,
ehe es klingelt! Überzeugungen sind hier fehl am Platz.
Bürokrat, Karrierist, *Mitesser des Staatsscheißkerls.*
Herrschaft durch Aktendeckel: Verwaltung ist alles.

(...) Die Planung schafft Platz für Kanonen. Die Boulevards:
   ein System
von Schützengräben gegen den Mob, der in den Vorstädten
   lauert.

Die Lichterstadt ist ein Job für Spezialisten. Ingenieure her,
Spitzel, Buchhalter, Kartographen! Empire und Empirie.
Er selber ist unbestechlich, d. h. er verspeist seine Spesen.
Privatleben: angemessen, schablonenhaft. Spielt Hasard
   an der Börse,
besucht die üblichen Bälle, Salons und Soubretten.

Wuchernde Weltausstellungen, Vaudevilles. Aus dem Geiste
   des Brecheisens
wird der Kitsch geboren: Alles ist neu, alles Neo. (...)

Hans Magnus Enzensberger (1975)

Rast angesichts der Zerstörung

Gegenüber dem Bistro, in dem ich den ganzen Tag sitze, wird
jetzt ein altes Haus abgerissen, ein Hotel, in dem ich sechzehn
Jahre gewohnt habe – die Zeit meiner Reisen ausgenommen.
Vorgestern abend stand noch eine Mauer da, die rückwärtige,
und erwartete ihre letzte Nacht. Die drei anderen Mauern
lagen schon, in Schutt verwandelt, auf dem halb umzäunten
Platz. Wie merkwürdig klein erschien mir heute dieser Platz

im Verhältnis zu dem großen Hotel, das einst auf ihm gestanden hatte! Man müßte glauben, ein leerer Platz sei weiter als ein bebauter. Aber wahrscheinlich kommen mir die sechzehn Jahre, nun sie vergangen sind, so köstlich vor, ja, von Kostbarem erfüllt, daß ich nicht begreifen kann, wie sie auf einem so kargen Platz abrollen konnten. Und weil das Hotel jetzt ebenso zerschmettert ist wie die Jahre, die ich darin verlebt hatte, verronnen sind, erscheint mir in der Erinnerung auch das Hotel weit größer, als es gewesen sein mochte. An der einzigen Wand erkannte ich noch die Tapete meines Zimmers, eine himmelblaue, zart goldgeäderte. Gestern schon zog man ein Gerüst, auf dem zwei Arbeiter standen, vor der Wand hoch. Mit Pickel und Steinhammer schlug man auf die Tapete ein, auf meine Wand; und dann, da sie schon betäubt und brüchig war, banden die Männer Stricke um die Mauer – die Mauer am Schafott. Das Gerüst ging mit den Arbeitern nieder. An beiden Rändern der Mauer hingen die Strickenden herunter. Jeder der beiden Männer zog an je einem Strickende. Und mit Gepolter stürzte die Mauer ein. Eine weiße, dichte Wolke aus Kalk und Mörtel verhüllte das Ganze. Aus ihr traten jetzt weißbestaubt, gewaltigen Müllern ähnlich, die Steine mahlen, die zwei Männer. Sie kamen mir geradewegs entgegen, wie jeden Tag, ein paarmal am Tage. Sie kennen mich, seitdem ich hier sitze. Der jüngere deutete mit dem Daumen über die Schulter rückwärts und sagte: «Jetzt ist sie weg, Ihre Tapete!» – Ich lud beide ein, mit mir zu trinken, als hätten sie mir eine Wand aufgebaut. Wir scherzten über die Tapete, die Mauern, meine teuren Jahre. Die Arbeiter waren Demolisseure; Niederreißen war ihr Beruf, für Aufbauen kamen sie niemals in Betracht. «Und das ist recht so», sagten sie. «Jedem sein Beruf und jedem sein Verdienst! Dies ist der König der Demolierer», sagte der jüngere. Der ältere lächelte. So heiteren Sinnes waren die Zerstörer; und ich mit ihnen.

Joseph Roth (1938)

Die Zaubermittel der Regierung

«Durch welches Zaubermittel weiß sie die Eigentümer der
Häuser, welche weggerissen werden, zu bewegen, ihre Einwilligung dazu zu geben?» Bei dieser letzten Frage lacht man
mir hier, sooft ich sie aufwerfe, ins Angesicht. «Was bedarf
es», sagt man, «dazu erst einer Einwilligung? Man läßt den
Eigentümern andeuten, ihre Häuser zu räumen. Geschieht
dieses nicht in bestimmter Frist, so kommen Bewaffnete und
werfen ihnen den Hausrat auf die Straße. Ist dieses voll-
bracht, so wird das Haus niedergerissen. Das ist die ganze
kurze Verfahrungsart.» – «Und die Bestimmung des Er-
satzes?» – «Macht ebensowenig die geringste Schwierig-
keit. Jeder Hausbesitzer hat ja vor acht bis neun Jahren, da
die Grundsteuer eingeführt werden sollte, sein Haus selbst
schätzen müssen. Diese eigene Schätzung bestimmt seine
jetzige Schadloshaltung.» – «Aber damals waren die Häuser
nicht halb soviel wert als jetzt?» – «Das ist Zufall.» –
«Und jeder schätzte, weil es auf die Einführung eines
bleibenden Grundzinses ankam, sein Eigentum so gering
als möglich.» – «Desto schlimmer für ihn! Er hätte es höher
schätzen sollen.»

Joachim Heinrich Campe (1802)

Stadt der Mode

Ich ging gestern zu einer berühmten Modehändlerin, welche
Puppen durch ganz Europa versendet. Hier sah ich mit Un-
mut ein Heer Automaten, furchtbarer für uns als ein galli-
sches Kriegsheer, weil es uns schon jahrhundertelang brand-
schatzt. Eine Puppe kam mir vorzüglich abgeschmackt
vor. «Ist sie verkauft?» fragte ich. «Oui, Monsieur, elle est
destinée pour le Nord, où l'on aime les couleurs singulières
et le merveilleux.» – «Aber hat man sich in Paris je so gekleidet?» – «Eh, mon Dieu, non, Monsieur! mais on a

des magazins à vuider, il faut de la variété, et il s'agit de satisfaire au goût de chaque nation.» Ich ward erbittert bei dem Gedanken, daß vielleicht bald die Puppe im Putzzimmer einer deutschen Prinzessin anlangt, daß sie dann den Hof und die Stadt umbildet und ganze Garderoben zum Trödel verurteilt, daß sie manchem Ehemann heimliche Seufzer, mancher modesiechen Frau ihren Schlaf kosten wird, daß sie Freundschaften trennt und Gallenfieber ausbrütet, diese mißgestaltete Brut der Phantasie eines elenden Weibes, das, von ihrem Boden herab, uns plündert und verspottet.

Helfrich Peter Sturz (1768)

Wo brennt's?

Es ist wahr, die Franzosen ranken nur so über den Boden weg; die Deutschen wurzeln tief. Jenen fehlt die Dauer und die Frucht, diesen der Wechsel und die Blüte. Aber beide Nationen sind auf dem Wege, sich zu vervollkommnen. – «Wo brennt's?» würde jeder Frankfurter die Leute auf der Straße fragen, würde er plötzlich nach Paris versetzt. Aber, lieber Gott, es ist gar nichts vorgefallen, es geht alles seinen gewöhnlichen Schritt. Ich möchte am Jüngsten Tage hier sein, ich begreife nicht, wie das Durcheinanderrennen wilder werden könnte. Die Leute sind alle toll. Sie laufen nicht, um irgendwo hinzukommen. Sie gehen die Straße hinauf, um wieder zurückzukehren. Es muß viel dazu gehören, die Aufmerksamkeit der Pariser nur auf acht Tage zu fesseln, und ein gewöhnliches Talent, in welchem Fache es auch sei, kann durchaus sich nicht geltend machen. Nicht etwa, weil sie nur das Bessere schätzen, sondern weil sie nur das Neue lieben, und das Mittelmäßige ist stets alt und bekannt.

Ludwig Börne (1819)

Nouvelle Cuisine

An einem Sonntagabend lief vor seinen Augen die Wendeltreppe zu Räumen im ersten Stock des Restaurants ein Per-
sönchen empor, das mit Rockrüschen und Volants, ein Quirl
über seiner Stirn hüpfte. Beine in weißseidenen Strümpfen
nahmen zwei drei Stufen auf einmal, bei jedem Satz federte
der Körper hoch auf in Gelenken. Dazu flogen Haare Federn
Pelzwerk um den Kopf, empörtes Hundekläffen kam von
ihrem vermummten Busen her. Mit einem Sprung schwang
sie sich oben zu zwei Herren an den Tisch, rief klingenden
Stimmchens: «Hunger!» Napoleon, der auf Zehen vor sie
getreten war, durchfuhr's, hier sei seine ganze Speisekarte
fehl am Ort, und während Röte sein Antlitz malte, schlug
das Herz in hastiger aussichtsloser Erregung Generalmarsch,
was er diesem Püppchen bieten könnte.

Als Madame Valentine Forain stellte sie einer der Herren
vor, und Napoleons Unruhe wuchs, als er hörte, er habe die
berühmte Tänzerin, die Paris seit Wochen bezauberte, vor
sich. «Stillen Sie meinen Hunger mit Luft», sagte sie, «die
den Leib nicht beschwert. Sie sehen aus, als verstehen Sie Ihre
Kunst. Diesem süßen Ungeheuer», sie wies auf das safranrote
Hundeschnäuzchen, das aus Spalten ihrer Taille schnüffelte,
«reichen Sie ein Schälchen zerkleinerte Kalbsmilch».

Einen Augenblick blieb Napoleon auf dem Gang zur
Küche im Dunkeln an einem Pfeiler stehen, als habe er einen
Schlag an die Stirn bekommen, müßte sich zu neuem Leben
sammeln. Gleich aber schoß die Stichflamme der Erkenntnis
hoch, hier gelte es Zukunft, er spürte den aus Kämpfen der
letzten Wochen gesammelten Willen zu gänzlich Neuem als
Lichtmeer über sich fluten. An den Herd er glitt, schnitt
mischte quirlte; hob es in kleinster Kasserole nur eben ans
Feuer, nahm's fort, als erster Wrasen stieg, und mit vier
Sprüngen die ganze Treppe nehmend, servierte er das Schüs-
selchen in frühester Hitze: Taubenpüree mit frischen Cham-
pignons.

Sie kostete murmelte schluckte und schlug ein Paar kornblumenblaue Augen zu ihm auf. Er stürzte in die Küche zurück, setzte den Herd in heißere Glut, ließ über eine Handvoll Spargelspitzen, die er den jüngsten Sprossen abgeschnitten, Dampf, in dem er sie garkochte, schlagen. Im letzten Augenblick gab er eine Schwitze von Sahne und Sellerie auf das Ganze. Als drittes letztes Gericht bot er frische geschälte Walnüsse mit Himbeeren *à la crème*. Dem Hündchen hatte er Trüffeln an die Kalbsmilch getan.

Nun stand er in der Nähe, sah, wie nach wenigen Bissen von jeder Platte die sanfte Röte auf ihrer Haut lag, der Körper sich tiefer in des Sofas Kissen drückte, ein Fauchen aus ihrem Mund, winzige Tropfen Feuchtigkeit aus den Augen kamen, ansagend, das zarte Leibchen ziehe Kraft aus dem Genossenen. Keiner der Herren sprach in diesen Augenblicken, da auf der Frau Antlitz andächtiges Lächeln lag, als sei es ausgemacht. Zitternden Zwerchfells lachte Napoleon, schütternden Leibes in heller Seligkeit dazu, bis die Augäpfel in Tränen schwammen. Er war mit ihm eins, lobte Gott in der Höhe!

Die Begegnung wurde geänderten Lebens, neuer Ziele Anfang. Als er am gleichen Abend heimkehrend Suzannes kräftigen Leib in den Bettkissen fand, schnitt er der Schlafenden eine angewiderte Grimmasse. Wütend deckte er ein freiliegendes Rundteil von ihr zu, schloß die Augen und träumte der Tänzerin behende Gestalt in Wolken Seide und Band. (...)

Er fühlte, keine Minute sei zu verlieren, alles Heil ruhe im Anschluß an die verehrte Gastin. So widmete er ihr vom zweiten Erscheinen sein Trachten und Vermögen. Dachte bis zu ihrem Kommen nichts, als was er ihr vorsetzen, wie er ihre Erwartungen übertreffen müßte. Lief vom Markt in Hallen und Krämereien; suchte, tüftelte Frischestes Zartes Rarstes heraus. Zur Vorstellung ihres winzigen Kernes in einer Hülle von Tüll und Tand dichtete er aus Schaum Krusten Farce und Soßen das assoziierende Speisengebild; schabte preßte in Tücher, seihte, überquirlte ein dutzendmal, bis, eine Wolke, das Gekochte schwebend zum Teller sank. Dann sah er es entzückt zwischen zwei leuchtenden Zahnreihen auf schmaler Zunge zergehen. (...)

Nachdem er in einer Seitenstraße bei der Oper das passende Lokal gefunden hatte, verkaufte er die alte Wirtschaft mit Nutzen, ließ die Wände der gemieteten Räume mit weiß silbernen Malereien, die zum reichen Silber, der Wäsche der Tischreihen stimmte, zieren. Ein roter Teppich deckte den Boden. (...) Vier Wochen nach Eröffnung ging die beste Welt, als habe sie nie einen anderen Ort des Stelldicheins gekannt, bei Napoleon ein und aus. Der Ruhm seiner Küche beruhte auf der leichten Platten Vorzüglichkeit. (...) Denn was der Herr des Hauses für die Tänzerin erdacht hatte, vervollkommnete vermehrte er von Tag zu Tag. Schalentiere ließ er aus Krusten, Geflügel von Knochen brechen, nahm Gekröse vom Tier, von Gemüsen Spitzen. Frikassierte, mischte verblüffende Gegensätze, verband Widerstrebendes in Soßen von Sahne, kostbaren Eiersorten Pilzen und duftenden Essenzen. Das letzte Geheimnis seines Erfolges aber war die «kurze Hitze», in der die Speisen garwerden mußten. Oberster Grundsatz hieß: was zu lange Feuer gerochen, ist für den Ruch verdorben. (...)

Binnen Jahresfrist lag ihm Paris zu Füßen. Er beherrschte es als gütiger Fürst durch Kenntnis seines Magens, lächelte, als man ihn zaghaft vereinzelt, dann allgemein König Napoleon im Gegensatz zum Kaiser nannte. Rührung und Glück aber ergriff ihn, als Valentine das erstemal seine Hand drückte. Das war Beweis nicht nur geschäftlichen Erfolges, doch erreichten gesellschaftlichen Ansehens, da die Gefeierte einen unter ihr Stehenden nicht vor aller Welt so ausgezeichnet hätte. Nun wuchs er von Tag zu Tag mehr in eine überlegene menschliche Haltung hinein, die veranlaßte, daß auch der höchstgestellte Gast ihm die Hand gab, gutgelaunt auf die Schulter klopfte.

Carl Sternheim (1915)

Eine Idee

Für Jacques wie für die anderen spielte Paris eine unbegreifliche Rolle. Es war der Rahmen, den sie vorzogen, und ich hatte den Eindruck, daß sie mit einer Illusion lebten.

Ich hatte sie vor meinen Augen wachsen sehen, während ich von Bellevue aus das Panorama betrachtete. Dieser breite Fleck am Ufer der Seine drehte sich wieder einmal um sich selbst, wie es die ganze Erde tat, mit der gleichen Beharrlichkeit und der gleichen Entsagung. Wie die Erde erkaltete Paris und wurde einfach eine Idee. Wieviele Jahre würde sie noch diese Illusionsmacht bewahren, wieviele Jahre würde sie noch die Zeit beherrschen? Ich wagte nicht zu antworten. Während ich den nächtlichen, dickflüssigen Regen fallen sah, fühlte ich, daß alle sich noch zu täuschen wünschten, um die Fortdauer ihrer sonderbaren Liebe zuzulassen.

Paris, sang vielleicht das Orchester, c'est une...

Philippe Soupault (1928)

Noch eine Idee

Warum nur steht diese herrliche Stadt nicht an Tours' Stelle? Dann nämlich bildete sie auch geographisch den Mittelpunkt des Königreiches, und dann schiene statt des jetzigen der strahlende Himmel der Touraine über ihren Bewohnern. Eine solche Lage an den Ufern der Loire böte Paris ungezählte Vorzüge, die es so eben nicht hat, und die ihm aller Reichtum und alles Mühen niemals zu verschaffen vermögen.

Louis-Sébastien Mercier (1782)

Nach dem letzten Kriege

Die Pariser Straßen bei Nacht: von provinzialer Leere und Stille. Daß die Boulevards von Mädchen «gereinigt» sind, ist für *Paris* nichts anderes als ein Zeichen des Verfalls; ebenso die Tatsache, daß die Bordelle geschlossen sind. Es gehörte zur *Fülle* von Paris, daß die Bordelle, die Mädchen existierten. (...)

Alles in allem frage ich mich allerdings: ist der Niedergang, die Entmutigung, die Resignation nach zwei solchen Kriegen am Ende nicht die *menschlichere* Haltung? Ist die «Härte» der Deutschen, ihre «Winterhärte», ihr Perennieren nach diesen Kriegen, ihre «nicht kleinzukriegende Tüchtigkeit» nicht etwas Unmenschliches? Entsprechen die Franzosen, indem sie sich nicht mehr erholen, dem Bilde des homo humanus nicht besser als die Deutschen, die zwei Kriege und den Hitler und die ermordeten Juden und das alles einfach vergessen können und nun hingehen und «weiterarbeiten»?

Wilhelm Hausenstein (1948)

Superlative

Mit klugem Verstande sind alle Einrichtungen auf die schnellste, wohlfeilste und anmutigste Befriedigung unzähliger Bedürfnisse berechnet; der unbedeutendsten Sache, der geringsten Verrichtung wird mit eigner Gewandtheit eine Art von zierlicher Wichtigkeit gegeben, ein Aufputz gefälliger Manier, die auch das Gemeinste nicht als gemein will erscheinen lassen. Man sieht es auch diesem Leben gleich an, daß ihm, dessen Ziel nur der Tag ist, Jahrhunderte im Rücken stehen. Nur eine lange Folge von Geschlechtern, stets erneut, bewegt und tätig in derselben Richtung, nur der unaufhörliche Wetteifer und die tausendfältige Durchkreuzung eitler

Gefallsucht mit schmeichelnder Betriebsamkeit, törichter Verschwendung mit klugem Eigennutz, nur der stete Zusammenfluß größter Laster und schönster Talente konnten dieses Gebilde hervorbringen, das wirklich als ein abgerundetes Ganze erscheint, bis in das kleinste Geäder von demselben Stoffe gemacht, von demselben Geist erfüllt. Pracht und Aufwand mögen anderswo größer sein, Genuß und Schwelgerei sich kräftiger darstellen, aber gewiß hat nirgends die Annehmlichkeit des Lebens so auf alle Klassen sich ausgebreitet, so jede Geringfügigkeit der täglichen Begegnisse durchdrungen, so durch leichte Formen das eigne Bestehen gesichert. Klugheit und Feinheit erhöhen das Leben, aber sie mäßigen es auch, und das Öl der Höflichkeit schwimmt besänftigend und ausgleichend über allen Unebenheiten der erregten Wogen. (...)

Das Bedürfnis des Auffallenden und Eindringlichen zeigt sich bei jeder Gelegenheit. Wer etwas zu verkaufen, seine Dienste anzubieten, etwas bekanntzumachen hat, muß zu den außerordentlichsten Mitteln greifen, um nur bemerkt zu werden. Lächerlich sind in diesem Betreff besonders die Aushängeschilder, die Anschlagzettel, die Inschriften, welche in den belebtern Straßen überall wuchern. (...) Ungemein erlustigte uns auch eine Tafel, die uns etwas näher anging; seit der Vermählung des Kaisers waren die Deutschen im Werte gestiegen, man beachtete sie, man wünschte sie anzuziehen; ein verdorbener Garkoch glaubte den echten Deutschheitsköder entdeckt zu haben, und an seiner schmutzigen, engen Bude zwischen den Tuilerien und dem Louvre stand herrlich:

Hier Be Finden sich die Deuschen
vor das gud Saurgrauth.

Karl August Varnhagen von Ense (um 1840)

AUTOREN- UND QUELLENVERZEICHNIS

ABAELARD (Petrus Abaelardus, 1079–1142). Die Leidensgeschichte und der Briefwechsel mit Heloisa. Übertragen und herausgegeben von Eberhard Brost. 4. verb. Aufl. 1979 Verlag Lambert Schneider, Heidelberg. *Seite 57*

ADORNO, Theodor W. (1903–1969). Ohne Leitbild [1967] in: Ges. Schr. X/1, S. 321. © 1976 Suhrkamp Verlag, Frankfurt a. M. *Seite 170*

ALTENBERG, Peter (1859–1919). Nach Paris, nach Paris! In: Was der Tag mir zuträgt. Fünfundfünfzig neue Studien. © S. Fischer Verlag, Frankfurt a. M. *Seite 28*

AMERY, Jean (1912–1978). Örtlichkeiten. © 1980 Ernst Klett Verlag, Stuttgart. *Seiten 86, 273*

ANDERSCH, Alfred (1914–1980). Wenn es Nacht wird in Paris... In: Texte und Zeichen 2. © 1956 Luchterhand Verlag, Darmstadt. *Seite 95*

ANTOINE, André (1858–1943). Meine Erinnerungen an das Théâtre-Libre [1921]. Übersetzung von Elisabeth Henschel. © 1960 Henschelverlag Kunst und Gesellschaft, Berlin/DDR. *Seite 260*

APOLLINAIRE, Guillaume (1880–1918). Calligrammes [1918]. Übersetzung: Hg. *Seite 143*

ARAGON, Louis (1897–1982). Pariser Landleben – Le Paysan de Paris. Übersetzung von Rudolf Wittkopf. © 1969 Verlag Rogner & Bernhard, München. *Seiten 124, 278*

ARNDT, Ernst Moritz (1769–1860). Reisen durch einen Teil Deutschlands, Ungarns, Italiens und Frankreichs in den Jahren 1798 und 1799 [1802]. *Seiten 156, 213, 301*

BALZAC, Honoré de (1799–1850). (1) und (3) Le Père Goriot. (2) Illusions perdues II. Übersetzungen: Hg. *Seiten 14, 27, 245*

BARBIER, Auguste (1805–1882). La Cuve. In: Iambes. Übersetzung von Emanuel Geibel und Heinrich Leuthold [1862]. *Seite 20*

BARNES, Djuna (1892–1982; Amerikanerin, in den zwanziger Jahren in Paris). Nachtgewächs. Übersetzung von Wolfgang Hildesheimer [1959]. © Suhrkamp Verlag, Frankfurt a. M. *Seite 94*

BARTHES, Roland (1915–1980). Der Eiffelturm. Übersetzung von Helmut Scheffel. © 1970 Verlag Rogner & Bernhard, München. *Seite 227*

BAUDELAIRE, Charles (1821–1867). Le crépuscule du matin. In: Les Fleurs du Mal [1857]. Übersetzung: Hg. *Seite 40*

BEAUMARCHAIS, Pierre Augustin Caron de (1732–1799). Der tolle Tag oder Figaros Hochzeit V, 3. Übersetzung von Gerda Scheffel. © 1976 Insel Verlag, Frankfurt a. M. *Seite 91*

BEAUVOIR, Simone de (1908–1986). Memoiren einer Tochter aus gutem Hause. Übersetzung von Eva Rechel-Mertens. © 1960 Rowohlt Verlag, Reinbek. *Seite 82*

BECKETT, Samuel (geb. 1906; seit 1937 in Paris). Arènes de Lutèce. In: Gedichte [1959]. Aus dem Französischen von Elmar Tophoven. © Limes Verlag, München. *Seite 308*

BENJAMIN, Walter (1892–1940). (1) Gesammelte Schriften IV/1, S. 434. (2) Gesammelte Schriften V/1 – Das Passagen-Werk, S. 645. © 1974, 1982 Suhrkamp Verlag, Frankfurt a. M. *Seiten 33, 278*

BERLIOZ, Hector (1803–1869). Mémoires [1870] ch. 46. Übersetzung: Hg. *Seite 242*

BÖRNE, Ludwig (1786–1837; in Paris 1819, 1822/23, seit 1830). (1) Briefe aus Paris Nr. 63. (2) Schilderungen aus Paris. (3) Studien über Geschichte und Menschen der Französischen Revolution. (4) Brief an Jeanette Wohl. *Seiten 131, 168, 295, 315*

BOISSEREE, Sulpiz (1783–1854; länger in Paris 1803/04 und 1823/24). Tagebücher I. *Seite 184*

BORIE, Victor (1818–1880). Les Halles. In: Paris-Guide. Übersetzung: Hg. *Seiten 146, 147*

BRASSENS, Georges (1921–1981). Le mauvais sujet repenti. © Edition Ray Ventura; Übersetzung von Johannes Westenfelder. *Seite 119*

BRETON, André (1896–1966). Nadja. Übersetzung von Max Hölzer. © 1960 Verlag Günther Neske, Pfullingen. *Seiten 70, 128*

BRUANT, Aristide (1851–1925). Chansons 1 [1965]. Übersetzung: Hg. *Seite 268*

BÜCHNER, Georg (1813–1837). Dantons Tod III, 3. *Seite 68*

BURCKHARDT, Jacob (1818–1897). Briefe [1965]. *Seiten 226, 288*

BUTOR, Michel (geb. 1926). (1) Paris – Rom oder Die Modifikation. Übersetzung von Helmut Scheffel. © 1958 Biederstein Verlag, München. (2) Paris – Passage de Milan. Übersetzung von Helmut Scheffel [1965]. *Seiten 83, 196*

CAESAR, Gaius Iulius (100–44 v. Chr.; Statthalter in Gallien 58–50). Der Gallische Krieg VII, 57–58. Nach der Übersetzung von Ph. L. Haus [1785]. *Seite 307*

CAMPE, Joachim Heinrich (1746–1818). (1) Briefe aus Paris, während der französischen Revolution geschrieben. (2) Reise durch England und Frankreich. *Seiten 169, 314*

CASTELLI, Ignaz Franz (1781–1862; in Paris 1815). Memoiren meines Lebens. *Seite 116*

CELAN, Paul (1920–1970; seit 1948 in Paris). Mohn und Gedächtnis. ©
1952 Deutsche Verlags-Anstalt, Stuttgart. *Seite 45*

CELINE, Louis-Ferdinand (1894–1961). Reise ans Ende der Nacht. Übersetzung von Werner Rebhuhn. © 1958 Rowohlt Verlag, Hamburg.
Seite 265

CENDRARS, Blaise (1887–1961). Feuilles de route – Frachtbriefe. In: Gedichte, Französisch-deutsch, Bd. III. Übersetzung von Jürgen Schroeder.
© 1978 Verlag Die Arche, Zürich. *Seite 294*

CHAMFORT (Sébastien-Roch Nicolas, 1740–1794). Caractères et anecdotes
[1795]. Übersetzung: Hg. *Seite 96*

COLETTE, Sidonie-Gabrielle (1873–1954; wohnte seit 1939 im Palais Royal).
Blaue Flamme. Übersetzung von Uli Aumüller. © 1979 Rowohlt Taschenbuch Verlag, Reinbek (nf 4371). *Seite 114*

COMMYNES, Philippe de (um 1447–1511). Mémoires I. Übersetzung: Hg.
Seite 17

CONRAD, Michael Georg (1846–1927; in Paris 1878–82). Madame Lutetia! Neue Parisische Studien. Wilhelm Friedrich Verlag, Leipzig 1883.
Seite 121

DABIT, Eugène (1898–1936). Hotel du Nord, Paris. Übersetzung von
Bernhard Jolles. Kaden Verlag, Dresden 1931. *Seite 284*

DANTE ALIGHIERI (1265–1321). Die Göttliche Komödie, Par. X. Übersetz-
zung von Philalethes [1866]. *Seite 78*

DAVID, Jacques-Louis (1748–1825; Jakobiner, später Hofmaler Napoleons).
Von Brutus zu Marat. Kunst im Nationalkonvent 1789 bis 1795.
Reden und Dekrete I. Hg. und übersetzt von Katharina Scheinfuß. © 1973
Verlag der Kunst, Dresden. *Seite 67*

DESNOS, Robert (1900–1945; in Paris geboren, in Theresienstadt gestorben).
Le Veilleur du Pont-au-Change. Übersetzung von Anneliese Hager. In:
Pierre Berger: Robert Desnos. Porträt und Poesie. © 1968 Luchterhand
Verlag, Darmstadt. *Seite 53*

DEVRIENT, Eduard (1801–1877). Briefwechsel zwischen Eduard und
Therese Devrient [1909]. *Seite 110*

DIDEROT, Denis (1713–1784). Rameaus Neffe. Übersetzung von Johann
Wolfgang Goethe [1805]. *Seite 100*

DÖBLIN, Alfred (1878–1957; in Paris 1934/40 und 1953/56). Journal
1952/53. In: Autobiographische Schriften und Letzte Aufzeichnungen.
© 1980 Walter Verlag, Olten. *Seite 197*

EHRENBURG, Ilja (1891–1967; in Paris 1909/17 und häufig zwischen 1921
und 1939). Die ungewöhnlichen Abenteuer des Julio Jurenito... Übersetzung von Alexander Eliasberg. © 1967 Kindler Verlag, München.
Seite 262

ELISABETH CHARLOTTE (LISELOTTE) VON DER PFALZ (1652–1722, in Frankreich, vornehmlich in und um Paris, 1675–1722). Briefe. 1958 Langewiesche-Brandt, Ebenhausen bei München. *Seite 115*

ENZENSBERGER, Hans Magnus (geb. 1929). Mausoleum. 37 Balladen aus der Geschichte des Fortschritts. S. 81. © 1975 Suhrkamp Verlag, Frankfurt a. M. *Seite 311*

FARGUE, Léon-Paul (1878–1947). Der Wanderer durch Paris. Übersetzung von Katharina Spann. [Frankfurt a. M. 1967] *Seite 41*

FISCHART, Johann (um 1546–1590). Geschichtsklitterung [1575; nach Rabelais, Gargantua, 1534] ch.20. *Seite 65*

FONTANE, Theodor (1819–1898). Korrespondenz für die Neue Preußische (Kreuz-)Zeitung. *Seite 224*

FORSTER, Georg (1754–1794; in Paris 1790 und seit 1793 als Abgeordneter der Mainzer Republik). (1) Brief an Therese Forster. (2) Erinnerungen aus dem Jahr 1790. *Seiten 102, 232*

FREUD, Sigmund (1856–1939). (1) Geleitwort zu J. G. Bourke, Der Unrat... (1913). In: Gesammelte Werke X. (2) Charcot. In: Gesammelte Werke I. © 1946, 1952 Imago Publishing, London; deutsche Rechte beim S. Fischer Verlag, Frankfurt a. M. *Seiten 60, 302*

GAULLE, Charles de (1890–1970). Memoiren 1942–1946. Die Einheit, Das Heil. Übersetzung von Wilhelm und Modeste Pferdekamp. © 1961 Droste Verlag, Düsseldorf. *Seite 186*

GERNHARDT, Robert (geb. 1937). Wörtersee. © 1981 by Robert Gernhardt, Frankfurt a. M. *Seite 15*

GIETZ, Heinz (geb. 1924) und Hans Bradtke (geb. 1920) [Text und Musik]. © 1961 Edition Rialto Hans Gerig, Köln. *Seite 267*

GIRAUDOUX, Jean (1882–1944). Die Irre von Chaillot [1946]. Übersetzung von Wilhelm Michael Treichlinger (1946). © S. Fischer Verlag, Frankfurt a. M. *Seite 222*

GLASER, Georg K. (geb. 1910; in Paris nach 1933 und seit 1945). Aus der Chronik der Rosengasse und andere kleine Arbeiten. © 1985 J. H. W. Dietz Nachf., Berlin–Bonn. *Seite 140*

GOLL, Ivan (1891–1950). Die Eurokokke. © Fondation Goll, Saint Die des Vosges. *Seiten 264, 283*

GOMBROWICZ, Witold (1904–1969; in Paris 1926/27 und öfters seit 1963). Die Tagebücher III, 1962–1969. Übersetzung von Walter Tiel. © 1970 Verlag Günther Neske, Pfullingen. *Seite 16*

GONCOURT, Edmond de (1822–1896) und Jules de (1830–1870). Journal. Mémoires de la vie littéraire. Übersetzungen: Hg. *Seiten 159, 231*

GRABBE, Christian Dietrich (1801–1836). Napoleon oder Die hundert Tage II,1. *Seite 305*

GREEN, Julien (geb. 1900). Treibgut. Übersetzung von Eva Rechel-Mertens. © 1967 Verlag Jakob Hegner, Köln. *Seiten 42, 230*

GRETRY, André-Ernest-Modeste (1741–1813). Versuche über die Musik. Hg. und übersetzt von Karl Spazier [1800]. *Seite 178*

GRILLPARZER, Franz (1791–1872). Reisetagebuch 1836. *Seiten 19, 114, 246*

HANDKE, Peter (geb. 1942; Mitte der siebziger Jahre in Paris). Die Stunde der wahren Empfindung. S. 38. © 1975 Suhrkamp Verlag, Frankfurt a. M. *Seite 198*

HARIG, Ludwig (geb. 1927). Sprechstunden für die deutsch-französische Verständigung... © 1971 Carl Hanser Verlag, München. *Seite 155*

HARTLAUB, Felix (1913–1945). Tagebuch aus dem Kriege. In: Das Gesamtwerk. © 1955 S. Fischer Verlag, Frankfurt a. M. *Seiten 31, 200*

HAUFF, Wilhelm (1802–1827). Brief an Moritz Pfaff. *Seite 118*

HAUSENSTEIN, Wilhelm (1882–1957). (1) Pariser Erinnerungen. Aus fünf Jahren diplomatischen Dienstes 1950–1955. © 1961 Günter Olzog Verlag, München. (2) Impressionen und Analysen. Letzte Aufzeichnungen [1969]. © Renée-Marie Parry Hausenstein, London. *Seiten 107, 320*

HEBBEL, Friedrich (1813–1863; in Paris 1843/44). Tagebücher. *Seiten 53, 120, 174, 179, 190*

HEGEL, Georg Wilhelm Friedrich (1770–1831). Brief an seine Frau. *Seite 44*

HEINE, Heinrich (1797–1856; seit 1831 im Pariser Exil). (1) Französische Zustände. V. (2) Die Romantische Schule II,1. (3) Gemäldeausstellung in Paris. (4) Lutetia XXXVIII. (5) Pomare. In: Romanzero I. *Seiten 104, 112, 162, 175, 280*

HEMINGWAY, Ernest (1899–1961). Paris – Ein Fest fürs Leben. Übersetzung von Annemarie Horschitz-Horst. © 1965 Rowohlt Verlag Reinbek. *Seite 48*

HESSEL, Franz (1880–1941; in Paris 1906/13, 1925/27, 1938/40). Vorschule des Journalismus. Ein Pariser Tagebuch. In: Ermunterung zum Genuß. Kleine Prosa. © 1981 Verlag Brinkmann & Bose, Berlin. *Seiten 19, 265, 270, 280*

HEYM, Georg (1887–1912). Der fünfte Oktober. *Seite 88*

HIRSCH, Käthe (geb. 1892?). Deutsches Exil 1933–45, Band 13: Hanna Schramm, Menschen in Gurs. Mit einem dokumentarischen Beitrag von Barbara Vormeier. © 1977 Verlag Georg Heintz, Worms. *Seite 234*

HUGO, Victor (1802–1885). (1) Notre-Dame de Paris 1482. III,2. (2) und (3) Choses vues 1830–46 [1972]. Übersetzungen: Hg. *Seiten 36, 130, 239*

HUMBOLDT, Wilhelm von (1767–1835; in Paris 1789 mit Campe, zwischen 1797 und 1799, 1814/15 in diplomatischem Auftrag). Pariser Tagebücher 1789. *Seite 61*

JACOBUS de Voragine (um 1230–1298). Legenda aurea. Übersetzung von Richard Benz. © 1969 Verlag Jakob Hegner, Köln. *Seite 274*

JAGER, Johann Peter (1765–1825; O. S. Aug., in Paris 1786–1790, dort 1790 ordiniert). (1) Meine Reise durch Frankreich [1925]. (2) Beschreibung von Paris [1925]. *Seiten 50, 177*

JOUHANDEAU, Marcel (1888–1979). Pariser Bilder. Übersetzung von Friedhelm Kemp [Frankfurt a. M. 1969]. © Editions Gallimard, Paris. *Seiten 210, 215*

JÜNGER, Ernst (geb. 1895). Das erste Pariser Tagebuch [1949]. In: Sämtliche Werke I,2. © 1979 Ernst Klett Verlag, Stuttgart. *Seiten 51, 133*

KAFKA, Franz (1883–1924; in Paris 1910 und 1911). Tagebücher 1910 –1923. © 1948, 1949 Schocken Books, New York; deutsche Rechte beim S. Fischer Verlag, Frankfurt a. M. *Seiten 46, 195*

KAHNWEILER, Daniel-Henry (1884–1979; seit 1907 Kunsthändler in Paris). Meine Maler – Meine Galerien. Gespräche mit Francis Crémieux. Übersetzung von Susanne B. Milczewski. © 1961 Verlag DuMont Schauberg, Köln. *Seite 271*

KARAMSIN, Nikolai Michailowitsch (1766–1826). Briefe eines russischen Reisenden [1799/1801]. Übersetzung von Johann Richter [1799/1802]. *Seiten 89, 145, 216, 239*

KARL WILHELM FERDINAND VON BRAUNSCHWEIG (1735–1806). *Seite 33*

KASSNER, Rudolf (1873–1959). Von den Elementen menschlicher Größe. In: Sämtliche Werke III. [Pfulingen 1976.] © Eugen Rentsch Verlag, Erlenbach–Zürich. *Seite 64*

KLEIST, Heinrich von (1777–1811). Brief an Luise von Zenge. *Seite 49*

KOEPPEN, Wolfgang (geb. 1906). Reisen nach Frankreich, S. 124, 138. © 1979 Suhrkamp Verlag, Frankfurt a. M. *Seiten 78, 252*

KRACAUER, Siegfried (1889–1966). Straßenvolk in Paris. In: Straßen in Berlin und anderswo, S. 127. © 1964 Suhrkamp Verlag, Frankfurt a. M. *Seite 310*

KRAUS, Karl (1874–1936). Mona Lisa und der Sieger, in: Untergang der Welt durch schwarze Magie [1922] 1974. S. 41. © 1986 Suhrkamp Verlag, Frankfurt a. M. *Seite 160*

LABICHE, Eugène (1815–1888) und Edouard Martin (1828–1866). Le voyage de Monsieur Perrichon, I. Übersetzung: Hg. *Seite 298*

LA BRUYERE, Jean de (1645–1696). Les Caractères ou les Mœurs de ce siècle V. Übersetzung: Hg. *Seite 146*

LAVEN, Paul (1902–1979). Fair Play. Meister des Sports im Kampf [1950]. © Limpert Verlag, Bad Homburg. *Seite 219*

LEAUTAUD, Paul (1872–1956). (1) Journal littéraire Bd. XVIII. © 1964 Mercure de France, Paris. Übersetzung: Hg. (2) Literarisches Tagebuch 1893–1956. Ausgewählt und übersetzt von Hanns Grössel. © 1978 Rowohlt Taschenbuch Verlag, Reinbek (dnb 117). *Seiten 238, 241*

L'ESTOILE, Pierre de (1546–1611). Journal. Übersetzung: Hg. *Seite 147*

LINGG, Hermann von (1820–1905). Belagerung von Paris. In: Dem neuen Reich entgegen; 1850–1871. Hg. von Helene Adolf [DLE, Politische Dichtung VI, 1930]. *Seite 30*

LISSAGARAY, Prosper-Olivier (1839–1901; im Exil 1871/80). Geschichte der Kommune von 1871. Übersetzung von NN [1877]. *Seite 275*

MANN, Heinrich (1871–1950). Die Jugend des Königs Henri Quatre. © 1958 Aufbau Verlag, Berlin; Rechte für die BRD beim Claassen Verlag, Düsseldorf. *Seite 152*

MARX, Karl (1818–1883; in Paris 1843/45 und 1849). Der 18. Brumaire des Louis Bonaparte. [Die Parenthese im ersten Absatz ist aus dem vorhergehenden Text einmontiert.] *Seite 182*

MEHRING, Walter (1896–1981; in Paris 1924/28, 1933/34, 1938/40). (1) Bouquins, Bouquinistes, Bouquineurs. In: In Menschenhaut, aus Menschenhaut, um Menschenhaut herum. Phantastika. (2) Wedding-Montmartre. © Claassen Verlag, Düsseldorf. *Seiten 47, 203*

MERCIER, Louis-Sébastien (1740–1814). Tableau de Paris I ch.50, II ch.185, I. ch.4. Übersetzungen: Hg. *Seiten 72, 77, 319*

MILLER, Henry (1891–1980; zwischen 1928 und 1939 überwiegend in Paris). Hin und Her in China. In: Schwarzer Frühling. Erzählungen; Übersetzung von Kurt Wagenseil. © 1960 Rowohlt Verlag, Reinbek. *Seite 276*

MODERSOHN-BECKER, Paula (1876–1907; zwischen 1900 und 1907 häufig in Paris). Briefe an die Familie und an Otto Modersohn. *Seite 256*

MOZART, Wolfgang Amadeus (1756–1791). Brief an den Vater. *Seite 136*

NEMEITZ, Joachim Christoph (1679–1753; in Paris 1714/16 als Hofmeister). Séjour de Paris oder Getreue Anleitung, welchergestalt Reisende von Condition sich zu verhalten haben, wenn sie ihre Zeit und Geld nützlich und wohl zu Paris anwenden wollen [1717]. *Seite 199*

NICOLAI, Friedrich (1733–1811). Leben und Meinungen des Herrn Magisters Sebaldus Nothanker. *Seite 34*

NIN, Anais (1914–1977; Amerikanerin, bis 1940 überwiegend in Paris). Tagebücher II (1934–39). Übersetzung von Herbert Zand. © 1969 Christian Wegner, Reinbek. *Seite 202*

NORDAU, Max (1849–1923; seit 1880 in Paris). Ausgewählte Pariser Briefe. Engel Verlag, Leipzig/Berlin/Wien 1884. *Seiten 124, 185*

OELSNER, Konrad Engelbert (1764–1828; seit 1789 überwiegend in Paris). Bruchstücke aus den Papieren eines Augenzeugen ... zur Geschichte der Französischen Revolution I [1797]. *Seite 165*

PAQUET, Alfons (1881–1944). Kamerad Flemming. In: Gesammelte Werke II. © 1970 Deutsche Verlags-Anstalt, Stuttgart. *Seite 206*

PERDIGUIER, Agricol (1805–1875). Mémoires d'un compagnon. Übersetzung: Hg. *Seite 129*

PHILIPPE, Charles-Louis (1874–1909). Bubu de Montparnasse ch. 7. Übersetzung: Hg. *Seite 261*

POLGAR, Alfred (1873–1955). (1) Die großen Boulevards, und (3) Friedhof. In: Kleine Schriften II. (2) Triumphbogen. In: Kleine Schriften I. © 1983, 1982 Rowohlt Verlag, Reinbek. *Seiten 129, 188, 290*

PONGE, Francis (geb. 1899). Die Seine, in: Lyren; Ausgewählte Werke I. Übersetzung von Gerd Henniger. © 1965 S. Fischer Verlag, Frankfurt a. M. *Seite 38*

PREVERT, Jacques (1900–1977). (1) Encore une fois sur le fleuve, in: Histoires. © 1963 Editions Gallimard, Paris. Übersetzung: Hg. (2)

Die Kinder des Olymp. Übersetzung von Manfred Schneider. © 1985 Fischer Taschenbuch Verlag, Frankfurt. *Seiten 52, 132*

PREVOST D'EXILES, Antoine-François (1697–1763). Histoire du Chevalier des Grieux et de Manon Lescaut. Übersetzung: Hg. *Seite 80*

PROUST, Marcel (1871–1922). Auf der Suche nach der verlorenen Zeit. Übersetzung von Eva Rechel-Mertens. (1) Im Schatten junger Mädchenblüte, S. 307. (2) In Swanns Welt, S. 537. (3) und (4) Die Welt der Guermantes, S. 39, 237. © 1953/55 Suhrkamp Verlag, Frankfurt a. M. *Seiten 210, 214, 249, 267*

PURRMANN, Hans (1880–1966). Das Café du Dôme. In: Leben und Meinungen des Malers Hans Purrmann. Hg. von Barbara und Erhard Göpel [1961]. © Limes Verlag, München. *Seite 254*

QUENEAU, Raymond (1903–1976). Zazie in der Metro. Übersetzung von Eugen Helmlé, S. 94, 15, 10. © 1960 Suhrkamp Verlag, Frankfurt a. M. *Seiten 69, 97, 192*

RAUMER, Friedrich von (1781–1873). Briefe aus Paris und Frankreich im Jahre 1830 [1831]. *Seiten 15, 108*

REICHARDT, Johann Friedrich (1752–1814). Vertraute Briefe aus Paris 1802/1803. *Seite 122*

RILKE, Rainer Maria (1875–1926; zwischen 1902 und 1914 überwiegend in Paris). (1) Die Aufzeichnungen des Malte Laurids Brigge. (2) Neue Gedichte II. (3) Brief an Clara Rilke. In Sämtliche Werke und Briefe I © 1955–1966, 1950 Insel Verlag, Frankfurt a. M. *Seiten 74, 248, 303*

ROMAINS, Jules (1885–1972). Die guten Willens sind. (1) and III: Junge Liebe. (2) Band V: Die Hochmütigen. Übersetzung von Franz Hessel [1936]. © Rowohlt Verlag, Reinbek. *Seiten 85, 244.*

ROTH, Joseph (1894–1939; seit 1925 immer wieder in Paris). (1) Amerika über Paris, und (2) Musée Grévin. In: Werke III. (3) Werke IV. © 1976 Verlag Allert de Lange, Amsterdam, und Verlag Kiepenheuer & Witsch, Köln. *Seiten 25, 127, 312*

ROUSSEAU, Jean-Jacques (1712–1778). Les rêveries du promeneur solitaire [1782]. Übersetzung: Hg. *Seite 286*

SAHL, Hans (geb. 1902). Memoiren eines Moralisten; Erinnerungen I. © 1983 Ammann Verlag, Zürich. *Seite 256*

SARTRE, Jean-Paul (1905–1980). (1) Interview mit dem Nouvel Observateur. In: Mai '68 und die Folgen Bd. I. Übersetzung von Dietrich Leube. © 1974 Rowohlt Taschenbuch Verlag, Reinbek (rororo 1757). (2) Ein Spaziergänger im aufständischen Paris, in: Paris unter der Besatzung. Übersetzung von Hanns Grössel. © 1980 Rowohlt Taschenbuch Verlag, Reinbek (rororo 4593). *Seiten 84, 93*

SCHICKELE, René (1883–1940). Meine Freundin Lo. In: Romane und Erzählungen I. © 1983 Verlag Kiepenheuer & Witsch, Köln. *Seite 148*

SCHLEGEL, Friedrich (1772–1829; in Paris 1802/04). Europa I,2. [Die Verfasserschaft ist nicht ganz sicher.] *Seite 304*

SCHUBART, Christian Friedrich Daniel (1739–1791). Gedichte [1968]. *Seite 134*

SCHWOB, Marcel (1867–1905). Chroniques [1981]. Übersetzung: Hg. *Seite 123*

SERT, Misia geb. Godebska, gesch. Natanson, verw. Edwards (1875–1950). Misia; Pariser Erinnerungen [1952]. Übersetzung von Hedwig Andertann. © 1954 Insel Verlag, Frankfurt a. M. *Seite 244*

SEUME, Johann Gottfried (1763–1810). Spaziergang nach Syrakus im Jahre 1802. *Seite 113*

SEVIGNE, Marie de Rabutin-Chantal, Marquise de (1626–1696). Brief an ihre Tochter. Übersetzung: Hg. *Seite 139*

SIEBURG, Friedrich (1893–1964). Unsere schönsten Jahre. Ein Leben mit Paris [1950]. © Deutsche Verlags-Anstalt, Stuttgart. *Seiten 167, 296*

SIMENON, Georges (geb., 1903). Maigret vor dem Schwurgericht. Übersetzung von Wolfram Schäfer. © 1979 Diogenes Verlag, Zürich. *Seite 70*

SOUPAULT, Philippe (geb. 1897). Die letzten Nächte von Paris. Übersetzung von Ré Soupault. © 1982 Verlag Das Wunderhorn, Heidelberg. *Seiten 46, 201, 223, 319*

SPERBER, Manès (1905–1984; seit 1934 in Paris). Wie eine Träne im Ozean. Romantrilogie II,2. © 1976 Europa Verlag, Wien. *Seite 91*

STEIN, Gertrude (1874–1946; seit 1902 überwiegend in Paris). Paris Frankreich. Persönliche Erinnerungen. Übersetzung von Marie-Anne Stiebel. S. 7, 14. © 1975 Suhrkamp Verlag, Frankfurt a. M. *Seiten 197, 230*

STERNE, Laurence (1713–1768). Empfindsame Reise. Übersetzung von Johann Joachim Christoph Bode [1768]. *Seite 292*

STERNHEIM, Carl (1878–1942). (1) Lutetia; Berichte über europäische Politik Kunst und Volksleben. In: Gesamtwerk VI. (2) Napoleon. In: Gesamtwerk IV. © 1966, 1964 Luchterhand Verlag, Darmstadt. *Seiten 110, 316*

STRINDBERG, August (1849–1912; zwischen 1883 und 1886, 1894 und 1899 häufig in Paris). (1) Legenden II. (2) Inferno; Memoiren ch. 7; Übersetzung von Emil Schering. In: Werke IV,4 [1908]. © Albert Langen – Georg Müller Verlag, München. *Seiten 150, 257*

STURZ, Helfrich Peter (1736–1779). Briefe, im Jahre 1768 auf einer Reise im Gefolge des Königs von Dänemark geschrieben [1778/79]. *Seiten 106, 314*

SUE, Eugène (1804–1857). Die Geheimnisse von Paris; Übersetzung von Johann August Diezmann [1843]. *Seiten 56, 179*

TRUBLET, Nicolas-Charles-Joseph (1697–1770). Gedanken über die Konversation. In: Die Kunst des Gesprächs. Hg. von Claudia Schmölders. Übersetzung von Claudia Schmölders. © 1979 Deutscher Taschenbuch Verlag, München. *Seite 154*

TUCHOLSKY, Kurt (1890–1935; in Paris 1924/29). (1) Gesammelte Werke 4, S. 431. (2) Das Museum der Eitelkeiten. In: Gesammelte Werke 5, S. 304. © 1975 Rowohlt Verlag, Reinbek. *Seiten 21, 247*

TWAIN, Mark (1835–1910). Die Arglosen im Ausland. Übersetzung von Ana Maria Brock. In: Gesammelte Werke in fünf Bänden; Hg., mit Anmerkungen und einem Nachwort versehen von Klaus-Jürgen Topp. Band 3. © 1977 Hanser Verlag, München, Wien, und Aufbau-Verlag, Berlin, Weimar. *Seite 295*

UHLAND, Ludwig (1787–1862). Brief an die Eltern. *Seite 271*

VALERY, Paul (1871–1945). (1) Amt und Geheimnis der Akademie. Übersetzung von Peter M. Schon, in: Der französische Geist. Die Meister des Essays von Montaigne bis zur Gegenwart. Hg. von Gustav René Hocke. Dessau 1938. (2) und (3) Briefe; Übersetzung von Wolfgang A. Peters. © 1954 Insel Verlag, Frankfurt a. M. *Seiten 97, 138, 289*

VARNHAGEN VON ENSE, Karl August (1785–1858; in Paris u. a. 1810 und 1814/15). Denkwürdigkeiten des eigenen Lebens [1837/42]. *Seiten 103, 158, 320*

VILLON, François (1431–nach 1463). (1) Ballade des Dames du temps jadis. In: Le Testament. (2) L'Epitaphe de Villon. Übersetzungen: Hg. *Seiten 47, 282*

WAGNER, Richard (1813–1883; öfters, ohne viel Erfolg, in Paris). Brief an Theodor Uhlig. *Seite 31*

WALSER, Robert (1878–1956). Die Rose. In: Das Gesamtwerk III, S. 347. © 1978 Suhrkamp Verlag, Zürich/Frankfurt. *Seite 26*

WEDEKIND, Frank (1864–1918; in Paris 1891/95). Bei den Hallen. In: Prosa (Werke II). © 1969 Aufbau Verlag, Berlin, Weimar. *Seite 148*

WEISS, Peter (1916–1982). Notizbücher 1971–1980, S. 858, 392/456. © 1981 Suhrkamp Verlag, Frankfurt a. M. *Seiten 80, 105*

WILDE, Oscar (1854–1900; seit 1898 in Paris). Briefe an Robert Ross und Reginald Turner. Übersetzung von Harald Raykowski. *Seite 254*

XANROF (Léon Fourneau, 1867–1953). La Tour Eiffel. In: La Tour Eiffel au temps de Monsieur Eiffel. Hg. von Georges Renoy. © 1976 Rossel Edition, Bruxelles und Paris, und Georges Renoy. Übersetzung von Johannes Westenfelder. *Seite 226*

ZWEIG, Stefan (1881–1942, Freitod). Tagebücher. © 1984 S. Fischer Verlag, Frankfurt a. M. *Seite 18*

Seite 81 (Der Rat ... erklärt). La Chienlit. Dokumente zur französischen Mai-Revolte. Übersetzung von Bernhard Blankenhorn u. a. © 1969 Joseph Melzer Verlag, Darmstadt.

Seite 144 (Jakobsturm). Das Paris der Surrealisten, hg. von Pierre Gallissaires. Übersetzung von P. Gallissaires und H. Mittelstädt. © 1981 Nautilus/Nemo Press, Hanna Mittelstädt, Hamburg.

Die Überschriften in diesem Buch sind – mit wenigen Ausnahmen – vom Herausgeber formuliert, also keine originalen Überschriften.

Einige der in diesem Band abgedruckten urheberrechtlich freien Texte, vor allem Übersetzungen, sind redaktionell bearbeitet. Die Rechtschreibung wurde weitgehend der heute üblichen angepaßt. Bei einigen älteren deutschen Autoren wurde die ursprüngliche Schreibweise beibehalten.

Wir danken den in den Quellenvermerken genannten Verlagen für die freundliche Genehmigung zum Abdruck der Texte. Nicht für jedes Zitat war die urheberrechtliche Situation zu klären. Der Deutsche Taschenbuch Verlag ist für Hinweise dankbar.

BILDERVERZEICHNIS

Umschlagbild von der Agentur Prenzel/IFA, München
Bild auf Seite 13 von Lorenz Wachinger
Bilder auf den Seiten 37, 117 und 277 von Denis Dublineau
Bilder auf den Seiten 55, 73, 99, 135, 151, 173, 191, 221, 237, 251, 263, 309 von Gertrud Helm und Peter Schulze
Bild auf Seite 87 von Anne Kleinlein
Bilder auf den Seiten 205 und 291 von Dagmar Wendt

ORTSREGISTER